Os Templários e o Sudário de Cristo

BARBARA FRALE

Os Templários
e o Sudário de Cristo

Tradução:
Fulvio Lubisco

MADRAS®

Publicado originalmente em italiano sob o título *I Templari e la Sindone di Cristo*, por il Mulino.
© 2009, Società editrice il Mulino.
Direitos de edição e tradução para o Brasil.
Tradução autorizada do italiano.
© 2014, Madras Editora Ltda.

Editor:
Wagner Veneziani Costa

Produção e Capa:
Equipe Técnica Madras

Tradução:
Fulvio Lubisco

Revisão da Tradução:
Décio Gomes Scaravelli

Revisão:
Jerônimo Feitosa
Maria Cristina Scomparini
Margarida A. G. de Santana

Dados Internacionais de Catalogação na Publicação (CIP)
(Câmara Brasileira do Livro, SP, Brasil)

Frale, Bárbara
Os Templários e o Sudário de Cristo / Bárbara Frale ;
tradução Fulvio Lubisco. -- São Paulo : Madras, 2014.
Título original: I Templari e La Sidone di Cristo
Bibliografia

ISBN 978-85-370-0907-9

    1. Templários - História 2. Santo Sudário
    I. Título.
    14-02869 CDD-232.966
    Índices para catálogo sistemático:
    1. Ordem dos Templários e o Santo Sudário :
    Cristologia 232.966

É proibida a reprodução total ou parcial desta obra, de qualquer forma ou por qualquer meio eletrônico, mecânico, inclusive por meio de processos xerográficos, incluindo ainda o uso da internet, sem a permissão expressa da Madras Editora, na pessoa de seu editor (Lei nº 9.610, de 19.2.98).

Todos os direitos desta edição, em língua portuguesa, reservados pela

MADRAS EDITORA LTDA.
Rua Paulo Gonçalves, 88 – Santana
CEP: 02403-020 – São Paulo/SP
Caixa Postal: 12183 – CEP: 02013-970
Tel.: (11) 2281-5555 – Fax: (11) 2959-3090
www.madras.com.br

Índice

Introdução 7
Primeiro Capítulo – O Misterioso Ídolo dos Templários 13
    O fascínio de um mito 13
    Da lenda à política 16
    Bafomé e outros demônios 20
    Segredos de papel 23
    Os seguidores do glorioso "Baussant" 28
    Perder o Santo Sepulcro e a honra 32
    O grande manto de infâmias 36
    Um processo sem veredito 39
    A presença arcana 42
    Um mosaico de fragmentos 45
    Retratos do Islã 48
    A sombra de Ridefort 51
    Tantas faces 55

Segundo Capítulo – "Ecce Homo!" 61
    Uma sacralidade especial 61
    Intuições 65
    A imagem de um homem sobre uma tela 69
    O poder do contato 74
    Ícone físico 78
    "Et habitavit in nobis" 82
    De carne e sangue 88
    Quatro vezes o dobro 94
    De Bizâncio a Lirey? 100

A tragédia da quarta cruzada 104
Mais preciosas do que gemas 109
Das cavernas de Qumran às irmãs de Chambéry 114

Terceiro Capítulo – Contra Todas as Heresias 121
Mapa de um massacre 121
O "cinto de sangue" e o "Sinal de Jonas" 125
Imagens 132
Misteriosos traços de escritura 139
Títulos? 143
A pista do "problema judaico" 146
Seguir o caminho de Pedro 151
Sobrevivências 155
Entre Provença e Languedoc 161
Amaury de la Roche 165
Um novo Sepulcro 170
Tomé e a ferida 174

Fontes e Bibliografia 179

Índice Remissivo dos Nomes 211

Introdução

Enquanto trabalhava na redação desta obra, acabei notando um fato curioso: ao lerem apenas o título e sem se focarem no conteúdo, os especialistas aos quais apresentei o texto tiveram a imediata impressão de que eu estivesse falando do Sudário de Turim como sendo o verdadeiro Sudário fúnebre de Jesus Cristo. Portanto, sinto a necessidade de avisar ao leitor, a partir desta primeira página, que o título do livro é *Os Templários e o Sudário de Cristo*, porque esses religiosos-guerreiros da Idade Média muito provavelmente teriam conservado o Sudário de Turim por certo período de tempo e nele contemplaram a prova de que o Cristo (e não simplesmente Jesus de Nazaré) realmente passara pela morte. Para o leitor, essa diferença poderá parecer um detalhe fútil, mas posso assegurar que não é, como o livro o demonstrará amplamente.

Se o Sudário de Turim é autêntico ou não, essa é uma questão ainda em aberto e, de qualquer forma, fora do escopo deste livro. O que a pesquisa pretende estudar é o culto do Sudário junto aos Templários, e não há dúvida de que, para eles, o Sudário procedia do próprio Santo Sepulcro, o Sudário que, em sua época, envolvera o corpo de Cristo antes de Ele ressurgir da morte. Esta realidade obriga o leitor, de certa forma, a colocar-se no lugar desses religiosos, simbolicamente, é claro, pois, se quisermos estudar um determinado universo e entender o seu pensamento, devemos nele aprofundar-nos, procurando enxergar a realidade através dos olhos desse mesmo ambiente. Em várias passagens do livro, falar-se-á do Sudário como relíquia-mor da Paixão de Cristo, porque essa foi exatamente a ótica dos Templários.

Em 1988, a tela foi submetida ao teste de datação por meio do radiocarbono (C^{14}), um sistema químico-físico capaz de fornecer resultados confiáveis (embora com certa margem de incerteza), caso o objeto tenha sido conservado em condições particulares e sem ter sido contaminado por material orgânico; o caso ideal seria, por exemplo, o material de uma tumba etrusca, vedada no século VI a.C., retirado somente pelo arqueólogo que a descobrisse. As análises foram confiadas a três laboratórios especializados nesse tipo de testes que chegaram ao resultado de que o Sudário datava da época tardia da Idade Média, com uma margem de aproximação de 130 anos, ou seja, entre 1260 e 1390 d.C. Entretanto, a questão não foi definitivamente concluída: de um lado, as análises do radiocarbono levantaram um número incalculável de polêmicas porque, segundo algumas pessoas, o método utilizado não teria respeitado as regras adequadas para os procedimentos científicos; por outro lado, muitas vozes foram levantadas para enfatizar que o radiocarbono nunca teria fornecido resultados confiáveis ao ser aplicado ao Sudário de Turim, por se tratar de um achado arqueológico que sofreu numerosas formas de contaminação e pelo fato de ainda haver muito a ser descoberto sobre sua história.

Durante o pontificado do falecido papa João Paulo II, apaixonado pelo Sudário porque lhe trazia à mente a maneira realista dos sofrimentos padecidos por Jesus Cristo, o cardeal Anastácio Ballestrero, que então era o Guardião pontifício dessa tela, chamou-o de "ícone venerável do Cristo". Essas palavras foram acolhidas com uma espécie de tangível decepção por parte de muitos fiéis que queriam algo diferente, isto é, que o papa declarasse o Sudário a relíquia mais importante de Jesus em nosso poder. No clima nervoso do momento aconteceu que Ballestrero, até pouco antes considerado o campeão do Catolicismo reacionário, foi rotulado de "um iluminista trajando vestes púrpuras", adjetivo muito depreciado pelos padres (*La Repubblica*, 14 de outubro de 1988). Na realidade, essa definição é compreensível ao pensar que o conceito teológico de ícone não equivale ao conceito de imagem sagrada e com essas palavras o Sudário não poderia ser comparado com a *Pietà* de Michelangelo ou com outras obras de arte capazes de representar a Paixão com realismo e grande poesia.

Segundo a teologia cristã, particularmente a do Cristianismo do Oriente, o ícone não é simplesmente uma imagem, mas algo profundamente diferente. É algo vivente e, de alguma forma, vivificante, capaz de proporcionar benefícios concretos ao espírito. Embora tenha a sua importância, este fato nunca foi notado pelos escritores que se encarregaram do Sudário. A opção de chamá-lo "ícone venerável" resultou de um longo e apurado estudo realizado por peritos que, certamente, bem conheciam o vocabulário.

Realmente, essa expressão lembra diretamente o pensamento dos teólogos que trabalharam no Segundo Concílio de Niceia (787 d.C.) e para os quais a imagem prodigiosa de Cristo é o lugar de contato com o divino, pois exprime a vontade de olhar para esse objeto dessa mesma forma, com plena reverência e perplexidade, a forma pela qual a Igreja antiga o contemplara.

Tudo gira em torno de um conceito muito simples: estudar seriamente o Sudário de Turim significa, de toda maneira, meditar sobre as feridas de Jesus. A expressão do cardeal Ballestrero foi uma definição bem delicada, respeitosa, do profundo mistério que emana desse objeto, talvez um pouco erudita demais para ser compreendida por todos. Por outro lado, vários papas expressaram claramente suas convicções: Pio XI o definiu como uma imagem que "certamente não era de produção humana" e João Paulo II, como "a relíquia mais esplêndida da Paixão e da Ressurreição" (*L'Osservatore Romano*, 7 de setembro de 1936 e 21-22 de abril de 1980).

Pessoalmente, tenho a impressão que, se a Igreja declarasse oficialmente o Sudário como o verdadeiro lençol fúnebre de Jesus, se tornaria muito difícil, senão impossível, continuar com a realização de testes científicos. De fato, ele se tornaria a mais sagrada relíquia em poder da cristandade, embebida do sangue de Cristo, e todas as manipulações se tornariam como uma luz quase desrespeitosa. Mas, ao contrário, a cristandade ainda quer muito interrogar e pesquisar esse objeto enigmático, pois ainda tem muito a perguntar-lhe. É bem difundida a sensação de que o Sudário tenha muito para contar a respeito do Judaísmo da época romana, ou seja, o próprio contexto do lugar onde Jesus de Nazaré viveu, pregou e morreu. Tudo isso representa um campo de estudo muito interessante, bem além de qualquer avaliação religiosa. De fato, pouco sabemos desse período da História judaica em virtude das devastações realizadas pelos imperadores romanos: Vespasiano (em 70 d.C.) e Adriano (em 132 d.C.), que provocaram a destruição de Jerusalém com todos os seus arquivos e a deportação da população judaica da Síria-Palestina.

Alguns importantes vestígios presentes no Sudário de Turim prometem contar muito sobre os usos do Judaísmo durante a fase do segundo templo. Um dos mais importantes historiadores do hebraísmo antigo, Paulo Sacchi, assim escreve: "Quer acreditemos ou não na divindade de Jesus de Nazaré, Ele falou a língua de seu tempo aos homens de seu tempo, enfrentando diretamente problemas de seu tempo" (*Storia del Secondo Tempio* [História do Segundo Templo], p. 17). Interrogado com delicadeza e respeito, o Sudário apresentará suas revelações.

Neste livro, não trataremos de nenhuma das complexas questões relativas à autenticidade da tela nem de seu significado na perspectiva religiosa. Quem quiser aprofundar-se nesses aspectos encontrará respostas adequadas nos textos de monsenhor Giuseppe Ghiberti, *Sindone, vangeli e vita cristiana* (Sudário, Evangelhos e vida cristã) e *Evangelizzare con la sindone* (Evangelizar com o Sudário). Esta obra quer apenas apresentar uma discussão de cunho histórico e, é claro, que sob o perfil histórico, o Sudário de Turim (ou o que quer que ele seja) constitui um documento material de enorme interesse.

As páginas seguintes formam a primeira parte de um estudo que se completa com um segundo volume (*La sindone di Gesù Nazareno* [O Sudário de Jesus Nazareno]), dedicado inteiramente às novas questões históricas que surgem das recentes descobertas realizadas no próprio Sudário. Alguns dos principais argumentos que serão tratados estão aqui mencionados e isso em razão da própria necessidade, pois o discurso confronta problemas que dizem respeito à arqueologia do mundo judaico e greco-romano do Primeiro Século. Portanto, ele trata de temas que vão bem longe do advento dos Templários, temas que não poderiam ser contidos em um só volume. A pesquisa foi iniciada há mais de dez anos, em 1996. Na primavera de 1998, um telejornal da RAI (Rádio e TV Italiana) anunciou que sobre o linho do Sudário haviam sido individualizados traços de antigas escritas. Nessa época eu estava preparando o meu doutorado em História na Universidade "Ca' Foscari" de Veneza e trabalhando em uma tese sobre os Templários. Eu já havia notado que nos documentos originais do processo impetrado contra eles havia alguns depoimentos que descreviam um objeto idêntico ao Sudário de Turim. Sabendo que um estudioso formado pela Universidade de Oxford, Ian Wilson, tinha encontrado traços interessantes de uma passagem do Sudário entre os Templários, pensei realizar uma verificação sobre a questão e passei a ocupar-me com essas enigmáticas escritas, pensando na possibilidade de terem sido colocadas pelos próprios religiosos-guerreiros do Templo. O resultado me pareceu tão impressionantemente complexo e envolvente que decidi programar uma pesquisa com tempo suficiente para conseguir provas satisfatórias. Hoje, acredito conscientemente que essas existam talvez bem mais de quanto eu esperasse inicialmente, e isso, em grande parte, eu devo a alguns estudiosos que, com especial gentileza, me proporcionaram preciosas contribuições.

Quero aqui enfatizar que as ideias expressas no livro refletem unicamente minhas opiniões pessoais e não podem absolutamente ser atribuídas a outros. De qualquer forma, qualquer valor que tenha o resultado alcançado, creio que nada teria conseguido em dez anos de pesquisa obstinada e apaixonante não fossem os influentes conselhos, as sugestões e, às vezes, as críticas instrutivas. Meu maior reconhecimento e gratidão são ao professor Franco Cardini, que confiou na pesquisa em seus difíceis primeiros passos, e à Sua Eminência Reverendíssima, o cardeal Raffaele Farina, arquivista e bibliotecário da Santa Igreja Romana, que a sustentou no momento delicado de sua conclusão. Desses dois estudiosos tão diferentes, mas ambos enamorados pela figura histórica de Cristo, aprendi muito, inclusive em nível humano.

Padre Marcel Chappin S.I. (vice-prefeito do Arquivo Secreto Vaticano, Pontifícia Universidade Gregoriana) revisou por completo os esboços do livro, enriquecendo-o com inúmeros conselhos e elucidações.

Aos colegas Simone Venturini (Arquivo Secreto Vaticano) e Marco Buonocore (Biblioteca Apostólica Vaticana), dedico um agradecimento especial pela paciência com a qual me ajudaram a retomar o estudo do hebraico, da civilização do Oriente Médio antigo, da arqueologia e epigrafia greco-romana, nos quais me aprofundei durante o curso universitário e que, depois, deixei de lado para dedicar-me à Idade Média.

Emmanuela Marinelli (Conexão pró-Sudário) generosamente colocou à minha disposição sua experiência de estudo e uma enorme biblioteca de específicos escritos a respeito do Sudário.

Quero também agradecer a Marcel Alonso (Centre International d'Études sur le Linceul de Turin), Gianfranco Armando (Arquivo Secreto Vaticano), Pier Luigi Baima Bollone (Universidade de Turim), Luca Becchetti (Arquivo Secreto Vaticano), Luigi Boneschi, P. Claudio Bottini (o.f.m., *Studium Biblicum Francescanum* de Jerusalém), Thierry Castex (Centre International d'Études sur le Linceul de Turin), Simonetta Cerrini (Universidade de Paris-IV), Paolo Cherubini (Universidade de Palermo), Willy Clarysse (Universidade Católica de Lovanio), Tiziana Cuccagna (Liceu Ginásio "G. C. Tacito" de Terni), Alain Demurger (Universidade de Paris-IV), Ivan di Stefano Manzella (Universidade de Tuscia-Viterbo), Enrico Flaiani (Arquivo Secreto Vaticano), Stefano Gasparri (Universidade "Ca' Foscari" de Veneza), Giuseppe Lo Bianco (Arquivo Secreto Vaticano), dom Franco Manzi (Seminário Arquiepiscopal de Milão), monsenhor Aldo Martini (Arquivo Secreto Vaticano), Remo Martini (Universidade de Siena), Tommaso Miglietta

(Universidade de Trento), Giovanna Nicolaj ("Sapienza" Universidade de Roma), Franco Nugnes (Diretor da revista *Velocità*), Gherardo Ortalli (Universidade "Ca' Foscari" de Veneza), monsenhor Romano Penna (Pontifícia Universidade Lateranense), dom Luca Pieralli (Pontifício Instituto Oriental), monsenhor Sergio Pagano (Prefeito do Arquivo Secreto Vaticano), Alessandro Pratesi (Escola Vaticana de Paleografia, Diplomática e Arquivista), Delio Proverbio (Biblioteca Apostólica Vaticana), padre Émile Puech (o.f.p., Escola Bíblica de Jerusalém), mons. Gianfranco Ravasi (prefeito da Pontifícia Comissão pela Cultura), padre Vincenzo Ruggieri (S.I., Pontifício Instituto Oriental), S. Ex. Revma. Christoph Schönborn (cardeal arcebispo de Viena), Renata Segre Berengo (Universidade "Ca' Foscari" de Veneza), Francesco Tommasi (Universidade de Perugia), Paolo Vian (Biblioteca Apostólica Vaticana), Gian Maria Vian (diretor do jornal *Osservatore Romano*).

A Marino Berengo, Marco Tangheroni e André Marion, falecidos antes do término deste livro, dirijo os meus sentimentos de afeto e de nostalgia.

Não pude encontrar-me com tantos outros autorizados estudiosos por motivos práticos, mas espero que o futuro me dê esta oportunidade.

Meu marido, Marco Palmerini, dono de uma notável cultura científica e bom conhecedor do Sudário, proporcionou importante contribuição à qualidade da pesquisa passando-a pelo filtro de sua crítica minuciosa. Também minha colega, Nadia Fracassi, praticamente viveu o desenvolvimento do livro com participação ativa. Ao compartilharmos juntos opiniões sobre vários temas, eu tive a possibilidade de esclarecer minhas ideias de maneira importante e, pelo menos em nível moral, considero-os coautores desta obra.

Ugo Berti Arnoaldi, minha referência de confiança pela editoração, contribuiu de maneira decisiva na melhoria da qualidade do texto sob a ótica do perfil narrativo. Eu não poderia precisar quantas vezes li e reli tudo o que escrevi de uma forma um tanto erudita demais, mas que, aos poucos, transforma-se em uma redação que é lida com prazer.

Dedico este livro ao amigo Claudio Cetorelli, jovem e brilhante antiquário romano. No verão do ano 2000, ao passar suas férias no litoral, ele se jogou ao mar e conseguiu salvar um homem que estava se afogando. Porém, o seu coração não resistiu ao cansaço. Quem o acudiu disse que sua última e débil expressão foi um sorriso.

Primeiro Capítulo
O Misterioso Ídolo dos Templários

O fascínio de um mito

Era quase Natal do ano de 1806 e o imperador Napoleão Bonaparte encontrava-se em um acampamento perto do castelo polonês de Pultusk, nas margens do Rio Narew, cerca de 70 quilômetros ao norte de Varsóvia. Ele estava no ápice de seu poder: um ano antes, a grande vitória de Austerlitz e o sucessivo tratado de Presburgo permitiram-lhe estender o controle sobre quase toda a Europa e, em agosto daquele ano, a Confederação do Reno decretara, em Ratisbona, o ingresso de vários estados alemães na órbita política francesa, pondo um fim à história milenar do Sagrado Império Romano. Também em 14 de outubro, ele havia infligido uma grande derrota ao exército prussiano, nas cercanias de Jena. Agora, ele se prepara para combater as tropas russas que compareceram para parar seu preocupante avanço em terras polonesas e destinadas a sofrer uma poderosa derrota perto de Pultusk, no dia de Santo Estevão.

Com seu exército alarmado pelo gelo e pela escassez de víveres, o imperador ficava meditando e pensando sobre certa questão que, certamente, lhe era particular. Pensava e repensava na tragédia intitulada *Les Templiers* (Os Templários), escrita por seu compatriota François Raynouard, um advogado de origem provençal e apaixonado pela História. O drama recorre ao evento do processo promovido pelo rei da França, Felipe IV, o Belo, contra a ordem religiosa e militar mais poderosa da Idade Média, a dos "Pobres Cavaleiros de Cristo", mais conhecidos pelo nome de Templários.

A tragédia narrava exatamente o injusto fim sofrido por esses cavaleiros religiosos que também eram hábeis diplomáticos e experientes banqueiros, segundo Raynouard, inocentes vítimas da avidez do rei da França que os atacara à traição a fim de apoderar-se de seu patrimônio. Essa história não era do agrado do imperador porque, em primeiro lugar, Napoleão, ao coroar-se imperador na presença do papa Pio VII, na Catedral de Notre-Dame, a 2 de dezembro de 1804, considerava-se herdeiro moral do grande carisma que os soberanos franceses da Idade Média haviam possuído, ungidos que foram com a sagrada Crisma que, segundo a tradição, uma pomba trouxera do Céu durante o batismo do rei Clodoveu. Aquele retrato cruel e cínico de Felipe, o Belo, neto do grande e santo rei Luís IX, parecia-lhe estar fora de perspectiva. Mas, principalmente, Raynouard havia impiedosamente decepcionado as sólidas convicções que toda uma cultura, da qual o próprio Napoleão era um ilustre representante, nutria pela famosa ordem dos frades guerreiros, a qual, do apogeu do poder, prestígio e riqueza, caíra repentinamente em ruína acusada injustamente de heresia. Era uma história aventurosa, repleta de mistérios e sugestões obscuras e parecia excepcionalmente atraente para o novo gosto romântico que tinha a tendência a colorir tudo com as tintas da irracionalidade. Mas o imperador tinha um espírito pragmático e seu interesse nessa história era por algo completamente diferente.

O fim dos Templários foi, em seu tempo, a chave de um preciso plano político. E, paradoxalmente, continuava a sê-lo, embora se tratasse de um evento ocorrido cinco séculos atrás.[1] Essa forma fantasiosa e nostálgica de olhar para a antiga ordem militar surgiu na Europa no início do século XIX e nasceu do casamento entre o sincero desejo de renovar a sociedade e do conhecimento não propriamente objetivo da História. Já, ao final do século XVIII, em todos os países do Ocidente havia uma burguesia que enriquecera com o comércio e com a nascente produção industrial, acumulando verdadeiros patrimônios e permitindo que os próprios filhos frequentassem as melhores escolas junto aos escalões da mais antiga nobreza. Empreendedores e bem preparados,

---

1. Partner, *I Templari*, p. 155-159.

os membros desse emergente grupo social sentiam-se prontos para participar do governo da nação, mas isso raramente acontecia porque a sociedade ainda era estruturada de maneira antiga, isto é, segundo um sistema rígido e fechado que concentrava as alavancas do poder nas mãos da aristocracia. Aos herdeiros dessas fortunas acumuladas com a prática "plebeia" do comércio, caso quisessem elevar-se socialmente e inserir-se no círculo dessa mesma nobreza, só restava o casamento com a filha de um ilustre nobre caído recentemente em desgraça, ou seja, disposto a aceitar que o próprio sangue azul se misturasse com outro de origem humilde. Com a celebração do casamento, o novo membro da elite assumia o mesmo estilo de vida de seus novos amigos e parentes, sendo "absorvido" pelo sistema.

A renovação do pensamento que teria produzido o iluminismo induziu a nova classe emergente a buscar um caminho autônomo para o poder, um caminho que principalmente permitisse agir concretamente a fim de promover o crescimento da sociedade e torná-la mais justa. Olhava-se com admiração para o passado, especialmente as áreas da Europa como Flandres, Alemanha, França ou Inglaterra, onde se haviam formado poderosas corporações de comerciantes e de artesãos as quais, por meio da solidariedade de grupo, puderam prosperar e defender-se da prepotência da nobreza de sangue.

As corporações de pedreiros que haviam edificado as grandes catedrais góticas como, particularmente, a de Chartres, eram suspeitas de conter conhecimentos científicos de vanguarda para essa época e de tê-los mantido por séculos no mais rígido segredo. A legítima curiosidade histórica mesclou-se à necessidade de encontrar raízes ilustres e isso fez com que, no início do século XIX, fossem formados verdadeiros clubes, animados por ideais iluministas e convencidos de estarem perpetuando uma tradição de sociedades secretas que se reportavam diretamente à Antiguidade bíblica. Até o seu nome derivou daquele com o qual se representavam essas antigas corporações de pedreiros: em francês, *maçonnerie*. A sociedade da época conservava uma decidida paixão pelo conceito de nobreza, principalmente a de origem antiga, quando nas névoas da Idade Média os antepassados das maiores dinastias haviam concluído as ações destinadas a construir para os herdeiros um futuro de bens e de privilégios. As antigas ordens cavalheirescas provocavam um fascínio enorme e, mesmo que a imagem não fosse clara, elas eram consideradas um tipo de canal privilegiado, um caminho preferencial, capaz de levar ao ápice do poder pessoas com dons naturais, as quais, contudo, não tiveram a sorte de nascer dentro da casta aristocrática.

E a ordem dos Templários, a ordem mais famosa e discutida, parecia encontrar-se exatamente no ponto onde tudo convergia para esse tipo de interesse.

Da lenda à política

Talvez os conhecimentos científicos que permitiram a construção das grandes catedrais fossem, no fundo, os mesmos com os quais, milênios antes, o lendário arquiteto fenício, Hiram, dera vida ao também lendário Templo de Salomão. O Templo não era apenas uma construção grandiosa, mas também o santuário feito para hospedar a Presença Arcana, o Deus Vivente, e, como tal, pressupunha-se tocado somente por mãos de pessoas iniciadas nos mais altos mistérios. Imaginou-se que, em certo momento, as antigas doutrinas de Hiram viessem a ser transmitidas à Idade Média europeia, quando os ocidentais chegaram a Jerusalém com a primeira cruzada (1095-1099) para formar o reino cristão da Terra Santa.

Na história da Idade Média e das cruzadas havia uma presença especial que tivera o seu nome relacionado ao Templo de Salomão: tratava-se da *Militia Salomonica Templi*, mais conhecida como a Ordem dos Templários. Fundada em Jerusalém no dia seguinte à chegada da primeira cruzada, que ali se dirigira com o objetivo de defender os peregrinos na Terra Santa, a Ordem dos Templários acumulara uma fortuna praticamente irrestringível que a tornou, 50 anos depois de sua fundação, a ordem religiosa-militar mais poderosa da Idade Média. Isso durou dois séculos, quando ocorreu uma obscuríssima denúncia de heresia e de bruxaria, culminando com a morte de seu último Grão-Mestre na fogueira.[2]

Famosos intelectuais, como Dante Alighieri, que viveram na época do processo, haviam denunciado, sem meios termos, que o ataque aos Templários era essencialmente um subterfúgio do rei da França, Felipe IV, o Belo, a fim de apoderar-se do patrimônio da ordem, grande parte do qual se encontrava em território francês. Entretanto, desde o século XVII, alguns apaixonados por magia, como o filósofo Cornélio Agrippa, tinham levantado a possibilidade de que rituais estranhos e ocultos fossem praticados pela Ordem, rituais celebrados à luz de velas e na presença de misteriosos ídolos e até de gatos pretos.[3]

---

2. *Ibidem*, p. 115-132.
3. *Ibidem*, p. 106-109.

Ninguém tinha uma ideia certa do papel do papa nesse evento, o então papa gascão, Clemente V (1305-1314); esse personagem aparecia sempre titubeante, parecendo seguir submissamente a vontade real. Porém, ele conseguira arrastar o processo contra os Templários por um período de sete anos, praticamente até sua morte, ocorrida um mês depois da morte do Grão-Mestre do Templo. Muitas fontes, hoje acessíveis, eram então desconhecidas, mas até mesmo aquelas conhecidas eram estudadas por um método totalmente diferente do minucioso modelo utilizado atualmente.

Nessa época, a História era considerada como fazendo parte das Belas Artes, isto é, um passatempo útil capaz de divertir e de levantar o espírito. Portanto, do passado selecionavam-se apenas os fatos que poderiam proporcionar ensinamento moral ou fascinar a imaginação tal como um romance de aventura.

Do pontífice, cujo nome de origem era Bertrand de Got, sabia-se que nascera em terra francesa, que iniciara o processo do cativeiro papal em Avinhão, que absolvera da excomunhão Guillaume de Nogaret, a verdadeira "alma negra" do reino de Felipe, o Belo, nomeado jurista do rei, para que o soberano pudesse realizar suas mais excêntricas empresas. O rei da França sempre vencera as questões levantadas pela autoridade papal e, até mesmo no caso do processo contra os Templários, muitos fatos pareciam indicar que a Igreja se acomodara facilmente às pretensões do soberano. Mas havia outro fato que fazia pender o prato da balança a favor dessa ideia, um fato completamente estranho aos estudos históricos e, no entanto, capaz de desenvolver um peso de primeiro plano.

A atitude da Igreja no início do século XIX era de enorme cautela nos confrontos das novas ideias iluministas que se apresentavam arrojadamente, ideias que pretendiam promover a renovação do pensamento como também de muitas dinâmicas sociais. Na raiz dessas ideias havia vários fatores importantes. Grande parte dos prelados que ocupavam posições de primeiro plano na hierarquia eclesiástica procedia das mesmas famílias nobres que administravam o poder civil. Havia uma mesma mentalidade e uma maneira idêntica de enxergar o mundo. A Igreja sempre foi um organismo imune aos condicionamentos sociais que dominavam o século, no sentido de que era possível atingir o ápice do poder espiritual e temporal por meio das próprias qualidades naturais, mesmo sendo de origem bem humilde. Vários papas, entre os mais famosos e reconhecidos, procediam de famílias decididamente pobres; bastaria pensar no célebre papa Gregório VII que, adolescente, ganhava seu sustento como carregador, ou no contemporâneo papa João XXIII, filho de uma numerosa família de agricultores que trabalhava incansavelmente para poder ganhar o suficiente para as refeições diárias. Isso, claro, de maneira teórica, porque a realidade dos fatos muitas vezes era diferente: os vastos patrimônios, associados a tantos encargos eclesiásticos, tornavam-nos presas muito ambicionadas pela nobreza que, ao inserir os filhos mais novos na fila da hierarquia eclesiástica, encontrava meios de assegurar-lhes uma vida de privilégios e sem a obrigação de dividir o patrimônio familiar. Nesse sentido, o momento de maior corrupção ocorreu na Renascença, quando foi adotada a prática de vender a preços fixos as funções mais ricas, como os bispados, as púrpuras cardinalícias e a dignidade de abade de monastérios rentáveis.[4]

O escândalo e a incapacidade de elaborar em curto prazo uma válida reforma dos costumes haviam provocado motivos de contestações políticas cujo resultado culminou com o cisma protestante. No início do século XIX, dois séculos depois da contestação de Martin Lutero, ainda não haviam sido apaziguadas as violentas polêmicas desencadeadas entre os séculos XVII e XVIII pelo pensamento protestante que acusava o papado de ter envolvido a humanidade em uma rede de invenções criadas para seu próprio benefício na única e autêntica estrutura da doutrina cristã, a estrutura primitiva.

Em Magdeburgo havia sido fundada uma escola de estudos históricos a fim de demonstrar toda a interminável série de falsidades a qual se acreditava ter sido acumulada pela Igreja Católica durante mais de mil anos, com o único objetivo de dobrar os fiéis aos próprios interesses materiais. Seus agregados, denominados "os centuriões de Magdeburgo" em razão do nome das obras que publicavam em série (*Centurias*), possuíam indubitáveis qualidades intelectuais e, embora tivessem enfeitado suas reconstruções com ampla prestação da imaginação, proporcionaram muitos desafios às gerações de estudiosos católicos.[5]

A fenda do grande cisma infligida por Lutero tinha, afinal, provocado um trauma bem longe de ser exaurido, e toda novidade, mesmo que parecesse apenas colocar em discussão a tradição do pensamento católico, consolidada e, portanto, tranquilizante, aparecia como o prenúncio de outro ataque. Galileu Galilei foi uma das vítimas mais ilustres dessa reação. Logo se estabeleceu a tendência de enxergar a Igreja como um poderoso instrumento aliado do indesejado e oprimente poder

---

4. Capitani, *Gregorio VII*, p. 189, 203; Traniello, *Giovanni XXIII*, p. 646; Rapp, *Il consolidamento del papato*, p. 119-123.

5. Stöve, *Magdeburger Centuriatoren*, col. 1185.

laico, bem como vários grupos maçons adotaram um próprio caráter anticlerical que, anteriormente, não possuíam.

Da ideia que a razão fosse o caminho preferencial, senão o único, para conseguir uma vida humana melhor, nasceu progressivamente um conceito quase divino do próprio intelecto: uma Razão como faísca de divindade confiada ao homem por Deus, Ele próprio puro raciocínio, exaltado como grande Arquiteto que realizara a construção do Universo. Os mistérios com os quais o Sumo Arquiteto colocara o Cosmos em movimento chamavam à mente os mistérios com os quais outro lendário arquiteto, Hiram, o Fenício, havia edificado o Templo na Cidade Santa de Jerusalém. O Templo havia sido requisitado por Salomão a quem a Sabedoria Divina concedera imensuráveis riquezas, assim como o Templo reclamava dos Templários, destruídos porque eles também possuíam fabulosas riquezas e talvez – tudo parecia demonstrá-lo – por serem os herdeiros dos segredos de Hiram. Essa mesma Igreja Católica, tão retrógrada a ponto de impedir o mínimo progresso do pensamento, nada mais era do que a herdeira do papado medieval, uma instituição que encobriu durante séculos as frágeis bases de sua verdade histórica e que desencadeou sua arma mais terrível, a Inquisição, contra os que guardavam provas válidas que poderiam desmascará-la.

Todas essas várias ideias, independentes uma da outra, mas parte de um mesmo contexto, acabaram por se fundir e seus perfis adaptaram-se até colimar uma à outra tal como peças de um quebra-cabeça. De simples vítimas da razão de estado e da fraqueza política de Clemente V, os Templários tornaram-se pouco a pouco os desafortunados heróis de uma sabedoria milenar superior e mais antiga do Cristianismo que poderia ter difundido progresso e bem-estar social, mas foi sacrificada para defender os injustos privilégios de uma instituição sempre aliada ao poder absoluto e de seus múltiplos abusos. O templarismo, ou seja, uma visão da antiga ordem muito romanceada e projetada na realidade social do século XIX, tornou-se um fenômeno tão fascinante e percebido entrando como protagonista na história da cultura popular europeia. Porém, havia diversidades substanciais na maneira pela qual o fenômeno se manifestou nos vários países.

Na França, os Templários apareceram como os defensores do pensamento livre contra a opressão dos dois "dinossauros" do regime antigo, ou seja, a Coroa e a Igreja. Na Alemanha, ao contrário, foram promovidos estudos sobre os Templários para atingir os mesmos grupos radicais e subversivos que neles se inspiravam.

O príncipe de Metternich, guia da reação contra as convulsões que Napoleão provocava na Europa, implementou uma política cultural destinada a ofuscar a credibilidade dos modernos grupos maçons neotemplários: o objetivo era revelar que esses heroicos irmãos de uma ordem secreta dos quais os franceses e a Revolução tinham orgulho por pertencerem à mesma origem, na realidade, nada mais eram que um bando de hereges pervertidos, inimigos de Deus, da Igreja e do Estado.

De defensores do livre pensamento e guardiães de sublimes conhecimentos que foram na França e na Inglaterra, na Áustria, os Templários tornavam-se o baluarte da mais irredutível heresia. Provavelmente Napoleão estivesse a par dessa instrumentalização política e, se assim fosse, isso devia, sem dúvida, aumentar o seu interesse.[6]

Bafomé e outros demônios

No mesmo ano em que o imperador dos franceses teria escrito sua crítica à não muito brilhante tragédia sobre os Templários de François Raynouard, era lançado em Londres pela sociedade Bulmer e Cleveland um livro de Joseph von Hammer-Purgstall intitulado *Spiegazione degli alfabeti antichi e dei geroglifici* (Explicação dos alfabetos antigos e dos hieróglifos). O autor era um jovem estudioso austríaco da cidade de Graz, em Stiria, que, em 1796, entrara para o serviço diplomático e, três anos depois, fazia parte da embaixada em Constantinopla. Em seguida, participou, no Oriente Médio, de diversas expedições britânicas contra Napoleão, estudando as antigas civilizações e viajando muito.

Essa intensa atividade de pesquisa e a notável e inata abertura mental de sua personalidade o levariam a tornar-se, em cerca de 50 anos, um dos maiores orientalistas de seu tempo, autor, entre outros, de um manual sobre a história do Império Otomano cujo mérito é devidamente reconhecido por ter sido o primeiro a percorrer um setor inexplorado de estudos. Em 1847-1849, ele teria coroado sua carreira assumindo a função de presidente da muito prestigiosa Academia Austríaca das Ciências, destinada a contar entre os seus membros homens do calibre de Christian Doppler e Konrad Lorenz.[7]

Em 1806, ele passava para a imprensa suas primeiras experiências de pesquisa, provavelmente para atender ao desejo de seu influente padrinho, o príncipe de Metternich, e, seguramente, influenciado pela "lenda negra"

---

6. Partner, *I Templari*, p. 133-154.
7. Koch, *Hammer-Purgstall, Joseph Frb. Von*, p. 401.

dos Templários, que eram tão de moda em sua época. Ele inseria em sua panorâmica dos antigos alfabetos uma hipótese sugerida pela simples semelhança de sons que, no entanto, não deixou de provocar sensação.

Hammer-Purgstall havia, de fato, identificado uma palavra escrita em caracteres hieroglíficos que, segundo sua leitura, soava como *Bahúmid* e, traduzida para o árabe, significava "bode". Hoje podemos reconstruir como foi desenvolvido o seu trabalho, e essas bizarrias do estudioso adquirem uma explicação lógica. Notamos que, efetivamente, alguns depoimentos, alheios à Ordem do Templo, apresentados no processo decorrido na Inglaterra, contaram sobre estranhas vozes a respeito da Ordem segundo as quais os Templários guardavam um ídolo em forma de bode. Além disso, em alguns depoimentos do processo realizado no sul da França, aparecia essa estranha denominação, *Bafomé*, que tanto atraiu a atenção de Hammer-Purgstall porque parecia aproximar-se de sua palavra misteriosa. Esses poucos testemunhos, de fato escabrosos, no máximo uma dezena, na realidade representam uma gota no oceano com respeito aos outros mil depoimentos, ainda hoje conservados, do processo contra os Templários e que, em sua grande maioria, não sugerem nenhum vestígio de monstros ou de bodes.

Mas o estudioso desse século, levado pelo gosto romântico que dominava a sua época assim como obstado por um método de pesquisa bem pouco científico, teve, em boa fé, um grande fascínio: ele não deu nenhum valor às proporções e apenas enxergou essas pouquíssimas descrições, ricas de detalhes inquietantes, deixando de lado um universo inteiro de confissões muito mais confiáveis e racionais. E, com grande satisfação do príncipe de Metternich, ele desenhou para a Ordem dos Templários um retrato esotérico utilizando tintas decididamente foscas.[8]

Para Hammer-Purgstall, as peças do quebra-cabeça pareciam encaixar-se perfeitamente e essa sugestão levou-o a empenhar-se mais profundamente na pesquisa. Mas foi somente em 1818, depois de Waterloo e do exílio de Napoleão para a Ilha de Santa Helena, depois do Congresso de Viena e do início da Restauração, que as hipóteses apresentadas por Hammer-Purgstall chegaram a assumir uma forma amadurecida. E isso foi alcançado amplamente por meio de outras fontes. Nesse ano era lançada a obra destinada a conseguir a maior fama nesse setor: *Il mistero del Bafometto rivelato* (O mistério do Bafomé revelado). O autor abandonava sua precedente convicção de que o estranho nome usado para o ídolo templar tivesse nascido de um antigo termo hieroglífico e envolvesse uma teoria muito mais complexa: a palavra não derivava mais da língua

---

8. Shottmüller, II, p. 90; Finke, II, p. 323.

egípcia, mas era uma composição de dois termos gregos que, juntos, significavam "batismo do espírito". Sua opinião provava que os Templários haviam herdado do passado, por intermédio dos hereges cátaros, difundidos nessa época no sul da França, as doutrinas da antiga seita dos Ofitos. Essa seita derivava o seu nome do fato de que seus seguidores dedicavam um culto especial à serpente (em grego *ophis*), a respeito da qual a Bíblia faz referência no livro do Gênesis. Para eles, o Deus da Bíblia não era o princípio do Bem, mas do Mal, por ter obrigado o homem a uma condição de ignorância por mesquinhez e ciúmes. E foi a própria serpente, não inimiga, mas amiga do gênero humano, a revelar o caminho para alcançar a verdade, ou seja, o percurso para a *gnose* (em grego "conhecimento"), o conhecimento divino.[9] Essa religião primitiva, mais antiga do que o próprio Cristianismo, teria sobrevivido na sombra com seus segredos, evitando, por milênios, as perseguições por parte da Igreja e dos vários poderes que a apoiavam. Na época, uma das maiores acusações feitas pelo rei da França contra os Templários era que eles obrigavam seus adeptos a renegar Jesus e a cuspir na cruz. Isso poderia ser sobreposto ao que se referia o teólogo cristão Origene (século III) sobre os Ofitos: eles impunham aos novos membros a obrigação de injuriar Jesus.

Pouco depois da divulgação das teorias de Hammer-Purgstall aconteceu que o duque de Blacas, um famoso colecionador de objetos esotéricos, encontrou como por encanto dois cofrinhos estranhos atribuídos à época medieval que retratavam um tipo de culto demoníaco. Foi então que Bafomé recebeu a sua consagração oficial e teve a forma já famosa que, das fontes templárias, raríssimas e em plena contradição entre si mesmas, não havia sido possível extrair: parecia uma espécie de diabo, com chifres e patas de bode, seio feminino e órgãos genitais masculinos.[10]

O talento perverso do ocultista Eliphas Levi, no fim do século XIX, teria retomado esses falsos sugestivos de forma neogótica, encontrando neles material muito útil para suas especulações, assim como teria cunhado para o nebuloso Bafomé esse aspecto diabólico com o qual ele é retratado ameaçador até hoje em tantas figuras de fantasia. Os apaixonados pelo ocultismo têm a liberdade de acreditar no que quiserem, mas não há dúvida de que, na avaliação das provas históricas, Bafomé é apenas um horrível boneco criado pela fantasia do romanticismo e usado ainda hoje para fraudar os ingênuos.[11]

---

9. Peterson, *Ofiti*, coll. 80-81; Camelot, *Ophites*, col. 100-101.
10. Hammer-Purgstall, *Mémoire sur deux coffrets*, p. 84-134; Mignart, *Monographie du coffret*, p. 136-221.
11. Partner, *I Templari*, p.160-162; Introvigne, *Il "Codice da Vinci"*, p. 116-129.

A verdade sobre o "ídolo" misterioso venerado pelos Templários deve ser procurada em uma direção totalmente diferente.

Segredos de papel

Embora seus livros tivessem, em sua época, um timbre de verdadeiras revelações, Hammer-Purgstall inventara muito pouco e a substância do conteúdo não era absolutamente farinha de seu mesmo saco. A ideia de que os Templários fossem continuadores secretos de uma sabedoria religiosa antiquíssima e subversiva com respeito ao Cristianismo oficial havia sido levantada quase 20 anos antes, porém mais resumidamente, pelo livreiro alemão Christian Friedrich Nicolai. Nicolai era dono de uma cervejaria em Berlim, um lugar que também servia de ponto de encontro para os intelectuais. Entre eles, ligado ao dono por amizade pessoal, estava o poeta Gotthold Ephraim Lessing, provavelmente a personalidade mais ilustre do iluminismo alemão.[12]

Em 1778, Lessing publicara um livro destinado a tornar-se uma verdadeira e própria "bomba". Ele era parte de um texto mais amplo escrito anos antes pelo professor de línguas orientais Samuel Reimarus cujo título provocativo era *Apologia degli adoratori razionali di Dio* (Apologia dos adoradores racionais de Deus) e que o seu autor mantivera em segredo. Agora, Lessing o publicava póstumo com o título mais satisfatório *Dello scopo di Gesù e dei suoi discepoli. Un altro frammento dell'anonimo di Wolfenbüttel* (Do escopo de Jesus e de seus discípulos. Outro fragmento do anônimo de Wolfenbüttel).

Segundo Reimarus, Jesus nada teria de divino e sua atividade teria sido simplesmente a de um Messias político, uma espécie de patriota que queria liberar os judeus do domínio dos romanos. Ao morrer, seus discípulos não se resignaram com o fato e teriam decidido esconder o seu corpo para, em seguida, espalhar a notícia de que havia ressurgido para fundar uma nova religião.

Samuel Reimarus foi o primeiro que, na cultura cristã ocidental, separou Jesus do Cristo depois que, por tantos séculos, esses dois termos haviam sido um único e indissolúvel termo. É nesse instante que nasceu a Jesulogia, ou seja, um novo endereço de pesquisa que apontava para a reconstrução do verdadeiro vulto histórico de Jesus, além de quanto se acreditava ter sido inventado pela Igreja Católica

---

12. Jung, *Nicolai (Christoph) Friedrich*, p. 446; Schilson, *Lessing, Gotthold Ephraim*, col. 851-852.

com seus dogmas enquanto, antes disso, existia apenas uma cristologia, isto é, o estudo da vida de Jesus à luz dos Evangelhos e da teologia.[13] Tanto Lessing quanto Nicolai tendiam para o que, na época, se indicava como "Cristianismo da razão", ou seja, algo muito próximo da filosofia deísta: especificamente, negava-se a divindade do Cristo para afirmar a existência do único Deus Criador, princípio racional do Bem Absoluto e origem de todas as coisas.

Alguns ambientes radicais amadureceram a convicção de que o papado e a Igreja tivessem, obstinada e desonestamente, ocultado por milênios uma verdade com o puro objetivo de enobrecer suas próprias origens, fazendo-as derivar diretamente de Deus, e a atitude fortemente reacionária de certos ambientes católicos, obstinados na clausura absoluta, estimulava nos adversários o convencimento de que tivessem muito para ocultar.

Em 1810, Napoleão tornara-se dono de grande parte da Europa e decretou que toda a documentação dos reinos vencidos, inclusive o Estado da Igreja, fosse transferida para Paris para fazer parte do Arquivo Central do Império. Assim o volume desmedido dos documentos pertencentes aos papas foi embalado e posto em viagem para a França. Graças à tradição esotérica que se havia desenvolvido, a chegada dos documentos do processo contra os Templários foi cercada por grandes expectativas e até por mórbidas curiosidades: esses papéis, mantidos na escuridão durante séculos dentro das poderosas muralhas do Vaticano, teriam, certamente, revelado desconcertantes conhecimentos. Era presumido e, em grande parte em razão do fato de que o arquivo papal sempre fora *secretum*, isto é, reservado à Cúria Romana, e que ninguém estranho a esse ambiente teria qualquer possibilidade de acessá-los.

Entre os oficiais franceses encarregados de supervisionar os trabalhos da expedição desencadeou-se uma espécie de frenesi: parecia claro que a verdade a respeito desse caso tão obscuro e complexo seria revelada por completo e inalterada para quem abrisse por primeiro as atas do processo. O mordomo pessoal do prefeito do Arquivo Vaticano, monsenhor Marino Marini, viu-se em apuros porque alguns generais pretendiam abrir algumas dessas caixas antes mesmo que a comitiva saísse de Roma e, enquanto o pragmático Miolla procurava pela bula de excomunhão contra Napoleão a fim de eliminar minuciosamente uma muito incômoda verdade, o barão Étienne Radet começara a vasculhar em outro lugar ansioso por encontrar o processo contra os Templários.

---

13. Penna, *I ritratti*, I, p. 11-13.

Até mesmo depois da queda de Napoleão e a restauração da monarquia, quando o arquivo papal pôde ser repatriado, monsenhor Marini teve de lutar ainda porque o novo governo havia "involuntariamente" segurado alguns documentos de grande interesse histórico, entre os quais o processo da Inquisição contra Galileu Galilei e o processo contra a Ordem dos Templários. Apenas a sua esperteza lhe permitiu reavê-los: ele teve a ideia de enfatizar ao novo governo que esses atos de Felipe, o Belo, lançavam uma luz obscura sobre a imagem da monarquia francesa que eles tanto queriam reabilitar. E, dessa maneira, seria melhor que esses documentos voltassem para o Arquivo do Vaticano, o qual era então fechado ao público.[14]

O duque de Richelieu decidiu que era sábio ceder aos protestos da Santa Sé como também às afiadas motivações apresentadas pelo prelado. Seguramente, foi com grande tristeza que os documentos do processo contra os Templários, estudados tão minuciosamente por Raynouard, que, no entanto, nada encontrou sobre as arcanas verdades tão esperadas em sua época, saíram de Paris para, finalmente, voltar à segurança dos recessos do Vaticano onde os mistérios de Bafomé e de muitos outros demônios continuariam sendo ocultados quem sabe por quantos outros séculos.

Entretanto, em 10 de dezembro de 1879, o recém-criado registro para os pedidos de consulta ao Arquivo Secreto Vaticano recebia sua primeira solicitação. Durante séculos, vários personagens haviam conseguido, de forma especial, a permissão de entrar no grande palácio onde eram guardados os documentos da milenária história dos papas, mas somente agora, pela primeira vez, a possibilidade de ter acesso a esses preciosos papéis era colocada à disposição dos estudiosos de maneira estável e contínua.[15]

Depois da metade do século XIX, os estudos históricos deram um salto de gigante porque o pensamento geral, cúmplice do nascente clima do positivismo, havia abandonado o gosto pelo irracional, que tanto fascinava a cultura romântica, para abraçar uma aproximação aos fatos muito mais realistas. A paleografia e a diplomática haviam feito progressos enormes, disciplinas que ensinam, respectivamente, a decifrar as complexas escritas do passado e a reconhecer por meio de métodos seguros os documentos autênticos dos falsos. Começou então uma mui feliz estação cultural que presenciou a publicação de tantas

---

14. Marini, *Memorie storiche*, p. CCXXIII-CCXLIX, sobre o processo contra Galilei cfr. Pagano, *I documenti del processo*.

15. Sobre o evento ver Pagano, *Leone XIII e l'apertura dell'Archivio Segreto*, p. 44-63.

fontes medievais por obra de profissionais históricos e não mais por eruditos privados que realizavam seus estudos por pura paixão e, às vezes, de maneira quase que amadorística. Isso levou à formação de um grande número de prestigiosos repositórios, válidos ainda hoje, como, por exemplo, para a área alemã os *Monumenta Germaniae Historica*, que contêm, entre outros, muitos editos de Carlos Magno e outros importantíssimos textos do Sagrado Império Romano.

Entre 1841 e 1851, o historiador francês Jules Michelet publicava, em uma série igualmente credenciada e prestigiosa, a *Collection des Documents inédits sur l'Histoire de France* (Coleção de documentos inéditos sobre a História da França), o conteúdo de um antigo registro que pertenceu ao reinado de Felipe, o Belo, conservado então na Biblioteca Real de Paris, e outros documentos semelhantes. Era uma edição excelente, para a época, que oferecia um conteúdo finalmente científico dentre alguns dos documentos mais importantes do processo realizado contra os Templários. A edição de Michelet é usada até hoje, embora não muitos saibam que a peça principal, o ato do longo processo realizado em Paris, entre 1309 e 1312, deriva de uma cópia que o rei da França mandou extrair para a sua Chancelaria, enquanto o original, em seu tempo despachado para o papa, encontra-se no Arquivo Vaticano e ainda permanece inédito.

Nos documentos não havia nenhuma menção a Bafomé, sobre os mágicos cofrinhos gnósticos nem sobre os outros mistérios obscuros que o povo relacionava aos Templários. De resto, nem a personalidade de Michelet nem tampouco a seriedade do repositório histórico teriam tolerado a presença de fantasias semelhantes. Até a cultura popular da época havia alcançado um bom amadurecimento, tanto que os temas que até 20 anos antes eram de moda nesse momento talvez não interessassem mais, e isso graças a essa melhoria no método dos estudos que o papa Leão XIII tomou – a não fácil decisão de abrir as portas do Arquivo Secreto.

No dia 1º de junho de 1879, a morte repentina de monsenhor Rosi Bernardini, prefeito do Arquivo, fez com que a escolha de seu sucessor recaísse sobre a pessoa de um estudioso que também era uma das maiores figuras da cultura alemã da época: o cardeal Josef Hergenröther. Anos mais tarde, o famoso historiador do papado, Ludwig von Pastor, definiria essa escolha como a aurora de uma época nova para os estudos acerca do Catolicismo e sobre a história da civilização ocidental.[16]

---

16. Gualdo, *Sussidi per la consultazione*, p. 34-40; Gadille, *Le grandi correnti dottrinali*, p. 111-132, à p. 113.

Logo após a abertura ao público, o historiador austríaco Konrad Schottmüller, compatriota de Joseph von Hammer-Purgstall, trabalhou durante vários anos na pesquisa por meio do método histórico moderno e na publicação daqueles que lhe pareciam os principais atos do processo contra os Templários. Sua obra foi continuada, no início do século XIX, por Heinrich Finke e, ao todo, eles realizaram a mais completa e confiável edição das fontes vaticanas sobre o processo, ainda hoje disponível.

O estudo massivo dos documentos relativos ao processo dos Templários conservados no Vaticano seguramente foi uma grande desilusão para muitos quando as primeiras edições científicas começaram a divulgar, como domínio público, os textos contidos em antigos pergaminhos que haviam sido guardados no forte de Castel Sant'Angelo. Das esperadas e sensacionais revelações não havia vestígio algum, mas em compensação havia muitas verdades ocultadas até então e que, finalmente, tornavam possível escrever a história do processo com critérios sérios e modernos.

Em 1978, o historiador Malcom Barber publicava, por meio de uma prestigiosa série da Cambridge University Press, um volume intitulado *Il processo dei Templari* (O processo dos Templários), marcando o início de uma nova e muito fértil estação nesse setor de estudos sobre a Idade Média; pela primeira vez, era possível ver como transcorreu todo o processo graças a documentos autênticos. Alguns anos mais tarde, em 1985, era lançado outro texto fundamental escrito por um historiador da Sorbonne, Alain Demurger, intitulado *Vita e morte dell'ordine dei Templari* (Vida e morte da Ordem dos Templários), que retomava os passos de Barber, desenvolvendo outros aspectos com o mesmo método científico.

Quando depois, em 1987, o historiador Peter Partner publicava pela Oxford University Press o seu *Maghi assassinati: i Templari e il loro mito* (Magos assassinados: os Templários e seu mito), os estudiosos do mundo todo tiveram também a clara visão de como foram geradas, às vezes por sugestão cultural ou propriamente forjadas, as diversas lendas esotéricas sobre os Templários que, por mais de dois séculos, fascinaram e animaram as discussões em muitos círculos intelectuais e políticos. A visão dos documentos originais não deixava mais espaço para essas fantasias cavalheirescas coloridas de magia que os autores do passado haviam cultivado, procurando interpretar a história dos Templários à luz de cofrinhos, inscrições hieroglíficas ou textos de autenticidade duvidosa escritos, no mínimo, 300 anos depois do fim da Ordem.

Depois desses três marcos da pesquisa histórica, a visão coletiva sobre a antiga e famigerada ordem cavalheiresca não teria sido mais a mesma. Agora se descobriram provas seguras de que o processo havia sido uma enorme e trágica maquinação de objetivo político com fortes interesses econômicos e muitos pontos ainda obscuros; a opinião já expressada bem claramente por alguns personagens famosos da época, entre os quais, conforme já mencionado, o próprio Dante Alighieri, que, uma forma ou de outra, assistiram aos fatos do processo e deixaram seus testemunhos. No *Purgatório*, o poeta toscano manda dizer ao rei da França, Ugo Capeto, de maneira explícita, que o seu descendente Felipe, o Belo, destruíra os Templários por pura avidez.[17]

Os seguidores do glorioso "Baussant"

A fundação da Ordem dos Templários remonta aos inícios do século XII. Nos anos seguintes à primeira cruzada, um cavaleiro francês chamado Hugues de Payns, senhor de um feudo perto da cidade de Troyes e vassalo do conde de Champagne, tinha reunido alguns companheiros na cidade de Jerusalém, logo após a retomada cristã, formando uma confraria de militares laicos convertidos que viviam junto aos Canônicos do Santo Sepulcro.

Em 1119, um bando de predadores sarracenos massacrou um grupo de peregrinos cristãos que se dirigiam aos Lugares Santos. A repercussão do evento atingiu o mundo todo, que se comoveu com a sorte dos indefesos viandantes. As hierarquias do reino de Jerusalém estavam cada vez mais preocupadas em virtude do problema que se tornaria crônico na história da Terra Santa: as tropas disponíveis eram totalmente insuficientes para colocar a campo uma válida defesa e a população vivia sob a contínua ameaça dos ataques. Talvez em consequência da tragédia ocorrida no ano anterior, em 1120, Hugues de Payns e os seus companheiros assumiram diante do patriarca de Jerusalém o compromisso de lutar em defesa dos peregrinos cristãos. Depois de abandonar, por escolha própria, o bem-estar de suas condições sociais e abraçando a pobreza em sinal de conversão para expiação de seus pecados, os cavaleiros convertidos de Hugues de Payns passaram a se chamar "pobres companheiros de Cristo"; viviam das esmolas que a população

---

17. Dante Alighieri, *Purgatório*, XX, 91-96.

lhes oferecia e vestiam roupas descartadas, essas também fruto de beneficência.[18]

Alguns anos mais tarde, o grupo foi aumentando de número e chegou a contar 30 pessoas. Como esse grupo não podia mais ser hospedado junto aos Canônicos da Basílica do Sepulcro, o rei de Jerusalém, intuindo agora a potencialidade dessa confraria, decidiu assumi-la e mantê-la sob sua proteção. Assim os pobres companheiros de Cristo foram alojados em uma ala do palácio que o soberano já usara como mansão (Fig. 1). O edifício situava-se junto a algumas ruínas identificadas como restos do antigo Templo de Salomão. As pessoas passaram então a chamá-los de *Militia Salomonica Templi* ou *Milites Templi* e depois de *Templarii*.[19]

Hugues de Payns e seus companheiros tomaram os três votos monásticos, de pobreza, obediência e castidade, diante do patriarca de Jerusalém, mas sem ser ordenados sacerdotes, algo incompatível com a prática militar que caracterizava sua missão. Eles formavam um tipo de confraria a serviço do Santo Sepulcro e tinham encontrado na Igreja uma dignidade igual à de tantos monges que, sem se tornar sacerdotes, viviam sua existência de penitência e oração nos conventos das várias ordens religiosas. Talvez fossem justamente essas suas vocações especiais que sugeriram ao rei de Jerusalém, Balduino II, o passo futuro: se a confraria se tornasse uma verdadeira e própria Ordem da Igreja de Roma, com todas as isenções e privilégios do caso, a nova entidade estaria imune de possíveis instrumentalizações; esse seria um grande recurso para a defesa da Terra Santa.

O projeto estava diante de muitas dificuldades: na milenar história do Cristianismo, a profissão das armas nunca foi vista com bons olhos e alguns dos antigos Pais da Igreja consideravam a profissão militar um ato de ofensa a Deus. Para resolver esse problema, foi chamado o maior místico da época, Bernardo abade de Clairvaux, que, segundo alguns estudiosos, era ligado à família de Hugues de Payns por vínculos de parentesco; em uma carta a ele dirigida, o rei de Jerusalém pede-lhe para patrocinar o nascimento da nova Ordem e estudar para ela uma regra religiosa especial pela qual o serviço de Deus "não estivesse em conflito com os clamores da guerra".[20]

---

18. Sobre as origens cfr. p. ex. Barber, *The New Knighthood*, p. 1-37; Demurger, *Vita e morte*, p. 20-23, e Id. *Chevaliers du Christ*, p. 36-40.

19. Demurger, *Vita e morte*, p. 54-57; A denominação primitiva é reconstruída por Tommasi, *"Pauperes commilitones Christi"*, p. 443-475.

20. Demurger, *Vita e morte*, p. 22.

Em 1126 ou 1127, Hugues de Payns saiu do Oriente e dirigiu-se para a Europa a fim de apresentar a missão benéfica de seu projeto aos diversos senhores feudais, procurando, ao mesmo tempo, novos adeptos. Encontrou-se também com o famoso abade que até então se mostrara surdo aos seus pedidos. O chefe da confraternidade religiosa ouviu de sua própria boca as dificuldades com as quais os cristãos de Jerusalém se deparavam. Bernardo reavaliou a proposta do soberano e chegou à conclusão que a atividade militar desses frades, se limitada à única defesa dos peregrinos e dos outros indefesos cristãos, poderia ser considerada uma coisa boa e até muito útil para o reino da Terra Santa. A partir desse momento, o abade dedicou-se à fundação da nova Ordem com todo o peso de sua autoridade. Bernardo explicou seu grande entusiasmo para com o novo projeto em um tratado intitulado *In lode della nuova milizia* (Em louvor da nova milícia) no qual o Cavaleiro Templário era celebrado como um santo guerreiro. Ele também envolveu outras personalidades religiosas de sua época, como o ancião e venerado Stefano Harding que elaborara a regra de importantes fundações monásticas. Ele também conseguiu o *benestare* (a aprovação) do papado por meio do apoio de Aymeric de Borgonha, chefe da Chancelaria pontifícia e braço direito de papa Honório II. Graças ao seu precioso patrocínio, em janeiro de 1129, durante um concílio ecumênico realizado em Troyes, o cardeal Matteo d'Albano, o legado apostólico, conferiu a aprovação pontifícia à nova Ordem da milícia templária e aprovou a regra em nome do papa. Um belo e recente livro da historiadora Simonetta Cerrini ilustra com muita clareza o espírito autêntico da regra templar e o contexto de sua aprovação.[21]

Os membros da confraria do Templo viviam em comunidade, separados do mundo, e dividiam seu tempo entre orações e o serviço em armas pela defesa da população cristã. Eles eram organizados em duas principais classes hierárquicas: os *milites*, os que haviam sido nomeados cavaleiros e que trajavam vestes brancas em sinal de pureza e perfeição, e os sargentos (*servientes*), que deviam contentar-se com roupas escuras e desempenhavam funções de trabalho.

O favor popular e a proteção dos governantes tornaram a Ordem uma poderosa instituição, caráter que seria incrementado ao longo do tempo graças às suas especiais imunidades. Em 1139, papa Inocêncio II, um aluno de Bernardo, conferiu aos Templários um privilégio, intitulado *Omne datum optimum*, que aplicava as bases para a independência

---

21. Hiestand, *Kardinalbischof Matthäus von Albano*, p. 17-37; Cardini, *I poveri commilitoni*, p. 81-114; Cerrini, *La rivoluzione dei Templari*.

da Ordem de qualquer autoridade, tanto laica quanto eclesiástica. As sucessivas concessões fizeram com que a ordem se tornasse completamente autônoma, respondendo apenas à pessoa do papa.[22]

Em 1147, papa Eugênio III decretou que a veste dos Templários recebesse uma cruz vermelha como sinal distintivo, lembrando o sangue que os frades guerreiros derramavam em defesa da fé (Fig. 3).[23] Em síntese, na nova Ordem foi adotado o princípio de *Ora et Labora* (Ore e Trabalhe), que regulava a vida de todos os monastérios beneditinos; porém, nesse caso o trabalho manual desempenhado pelos frades do Templo referia-se à atividade militar. Somente 30 anos depois de sua fundação, a Ordem conheceu tal crescimento que foi necessário dividir suas instalações em várias províncias, e esse crescimento continuou durante todo o século XII. Pouco antes do ano 1200, o Templo já estava presente em toda a bacia do Mediterrâneo, do norte da Europa até a Sicília e da Inglaterra até a Armênia, com centenas de propriedades, entre fortalezas, sedes e bens fundiários de vários tipos (Fig. 2). As províncias foram submetidas ao governo de um superintendente geral, chamado *Visitatore* (Visitador), que tinha por responsabilidade visitar as várias regiões da órbita templar para, em seguida, reportar-se ao Grão-Mestre e à Assembleia Geral da Ordem, a qual se reunia uma vez por ano.

Ao final do século XIII, a Ordem já tinha dois visitadores, um para o Oriente e outro para o Ocidente.[24] Admirados por sua reputação de heróis da fé, invejados pelas suas riquezas e pelos muitos privilégios dos quais a Ordem havia sido favorecida, os Templários tinham também um notável carisma religioso na sociedade da época. Os dignitários eram considerados peritos de autoridade no reconhecimento de relíquias autênticas, das quais a Ordem possuía uma coleção incalculável. É legítimo perguntar em base a quais fatos as pessoas da época amadureceram essa convicção, ou seja, como faziam os Templários para distinguir a genuinidade desses objetos. É claro que o conhecimento profundo do mundo oriental, onde a Ordem foi fundada, em muito os favorecia, mas, de acordo com algumas fontes, parece que os sacerdotes da Ordem usavam as relíquias de Jesus porque seu sacro poder reforçava o efeito da oração durante os exorcismos.[25]

---

22. D'Albon, *Cartulaire général de l'Ordre du Temple*, nn. 5, 8, 10.i.
23. Curzon, *Règle*, § 16; Cerrini, *Une expérience neuve*, § 6; Barbero, *L'aristocrazia nella società francese*, p. 243-324; Demurger, *Vita e morte*, p. 66-67.
24. Curzon, *Règle*, §§ 87-88; Michelet, *Le Procès*, II, p. 361-363.
25. Cfr. p. ex. Michelet, *Le Procès*, I, p. 646-647; Schottmüller, II, p. 392-393.

Os guerreiros do Templo eram enquadrados em uma férrea disciplina militar que, no momento dos enfrentamentos, os tornava um contingente compacto com grande capacidade de coordenação. Aos dons militares, unia-se um grande espírito de equipe que a ordem procurava favorecer de todos os modos, e o uso de um código de honra que, muito rígido, não tolerava desvios. Sua bandeira era o glorioso estandarte ou pendão chamado *baussant*, com as cores branca e preta. Ele simbolizava o orgulho e a excelência do Templo. Com os combatentes da outra ordem religioso-militar, a dos Hospitalários, eles formavam a parte fundamental do exército cristão na Terra Santa. Contudo, entre as duas ordens existia uma diferença importante: a Ordem dos Templários foi fundada como instituição religiosa destinada exclusivamente à defesa militar da Terra Santa; o Hospital de São João, em Jerusalém, foi fundado como confraria para a cura dos peregrinos doentes e somente mais tarde foi transformado em Ordem, também militar, para ajudar na defesa do reino.[26]

Perder o Santo Sepulcro e a honra

Em 1187, o sultão do Egito, Saladino, que conseguira compactar a frente islâmica contra os estados cruzados, infligiu ao exército cristão uma trágica derrota perto do lugar chamado "Chifres de Hattin". Foi um massacre dos Templários e dos Hospitalários capturados; muitas fortalezas passaram para as mãos dos muçulmanos, perdeu-se Jerusalém e o Santo Sepulcro não mais voltou em mãos cristãs, a não ser por um curto período de tempo na época do imperador Federico II, que negociou um acordo com o sultão Al-Kamil, um acordo que, para muitos, pareceu ser uma traição.[27]

A perda de Jerusalém foi um golpe enorme para a Ordem do Templo que nascera justamente para defender a Terra Santa. Os historiadores colocaram em grande relevo as gravíssimas perdas que os Templários sofreram em termos materiais, mas talvez ainda haja muito a dizer sobre os efeitos devastadores causados no que hoje definiríamos como "moral da tropa". Os Templários tinham uma ligação fortíssima com o Sepulcro de Cristo e justo nesse lugar extremamente sagrado – centro ideal e material da cristandade – nascera a primeira confraria de Hugues de Payns. Perder o Sepulcro significava perder a honra.

---

26. Gaier, *Armes et combats*, p. 47-56; Demurger, *Chevaliers du Christ*, p. 41-43, 131-147.

27. Sobre o evento, ver por completo o volume *The Horns of Hattin*, de resp. de B. Z. Kedar, Jerusalém 1988, e Lyons e Jackson, *Saladin*, p. 255-277.

No início do século XIII houve um grande movimento coletivo para lançar uma nova cruzada a fim de recuperar a Cidade Santa, e o papa Inocêncio III, muito sensível a esse respeito, procurou ajudar de todas as maneiras as ordens militares que haviam sido colocadas de joelhos com a vitória de Saladino. Entre 1199 e 1203 foi organizada uma nova expedição no Oriente, sob o comando da cidade de Veneza e de alguns grandes barões franceses. Porém, ao chegar a Constantinopla, o exército cruzado foi atiçado pelo desejo de possuir as grandes riquezas dessa cidade e aproveitou-se da gravíssima fase de decadência política pela qual o Império Bizantino estava atravessando.

Apesar da excomunhão lançada por Inocêncio III, aquela que deveria ser a quarta cruzada para a recuperação do Santo Sepulcro transformou-se em um tremendo banho de sangue consumado a prejuízo de outros irmãos das confrarias que também eram cristãos, embora fossem de uma igreja que se separara de Roma com o cisma de 1054. Os venezianos, que haviam desviado o objetivo de Jerusalém para as riquezas de Bizâncio, dividiram com os franceses o enorme espólio saqueado da cidade, um tesouro incalculável de metais preciosos, obras de arte e relíquias únicas no mundo. Os territórios do ex-Império Bizantino também foram divididos entre os vitoriosos e foi então fundado um novo império latino do Oriente.

O evento deixou uma sombra escura na imagem das cruzadas em geral. Era evidente que certas ideias não eram tão consideradas pelas pessoas como o eram no passado. Os interesses econômicos e políticos superavam tudo e todos. A partir desse momento, a sociedade cristã começou a duvidar que fosse possível reconquistar o Santo Sepulcro.[28]

No transcorrer do século XIII, a reconquista islâmica na Terra Santa continuou sem interrupção e as ordens militares tiveram de resignar-se com as contínuas derrotas. A Ordem do Templo teve, aos poucos, de adaptar-se ao novo estado das coisas mudando em parte suas funções: como não era mais possível concentrar o serviço na atividade militar porque a frente islâmica era forte demais, era possível incrementar as atividades financeiras, acumulando dinheiro que um dia, quando possível, seria usado para reconquistar Jerusalém. Dessa forma, o Templo tornou-se uma espécie de banco a serviço da cruzada. Os papas dele se serviram para guardar e investir o dinheiro das doações angariadas para a Terra Santa, e a Ordem, famosa por sua férrea reputação de honestidade, foi usada como tesouraria até por soberanos cristãos.[29]

---

28. Sobre o evento, ver as contribuições em *Quarta Crociata*.
29. Demurger, *Trésor des Templiers*, p. 73-85; Di Fazio, *Lombardi e Templari;* Metcalf, *The Templars as Bankers;* Piquet, *Des banquiers au moyen âge.*

Entre 1260 e 1270, o sultão Baibars reduziu o reino cristão a uma mínima faixa costeira que pertencia à cidade de Acre, na Síria. A sociedade ocidental começou a ter sérias dúvidas sobre a utilidade das ordens militares e muitos se perguntavam se seria justo manter esses gigantes cheios de privilégios que apenas sofriam derrotas e não tinham qualquer capacidade de recuperar os Lugares Santos.

Em 1291, também Acre foi conquistada, apesar de uma desesperada resistência na qual os Templários deram prova de heroísmo. O próprio Grão-Mestre, Guilherme de Beaujeu, morreu no campo de batalha tentando encobrir a fuga dos companheiros. O último baluarte na Terra Santa também estava perdido e, assim, a época das cruzadas foi encerrada com uma derrota.[30] O acontecimento teve repercussões gravíssimas para as ordens militares que se viram forçadas a procurar uma nova sede no Oriente. Templários e Hospitalários estabeleceram-se na ilha de Chipre, enquanto os Teutônicos, membros de uma ordem fundada na metade do século XIII, deslocaram seus objetivos na conquista da Europa Oriental.[31]

A queda de Acre convenceu o papa Nicolau IV que era necessário reunir os Templários e os Hospitalários em uma única e nova Ordem, maior e mais forte, e, finalmente, com capacidade de recuperar a Terra Santa. Tratava-se de um projeto que já havia sido comentado no Concílio de Lyon, em 1274, quando também foi ventilada a possibilidade de confiar a responsabilidade da nova Ordem única a um dos soberanos cristãos, de preferência viúvo ou solteiro a fim de respeitar a natureza monástica dos instituídos. A iniciativa resultou em nada conclusivo, porque os Grão-Mestres do Templo e do Hospital se opuseram orgulhosamente.

Em 1305, o novo papa, Clemente V, retomou o projeto da fusão e para isso pediu aos chefes do Templo e do Hospital que se pronunciassem com respeito à questão e que elaborassem um plano para a nova cruzada. O Grão-Mestre Jacques de Molay pronunciou-se absolutamente contrário à ideia, pois, se as duas ordens se tornassem uma única ordem nas mãos de um soberano europeu, essa monarquia poderia manipulá-la para servir aos seus próprios interesses políticos, esquecendo-se de Jerusalém e da Terra Santa.

Quanto à nova expedição cruzada, o chefe dos Templários fez entender ao papa que não seria necessário confiar a liderança militar a Felipe, o Belo, mas preferivelmente para o rei Jaime de Aragão. O

---

30. Demurger, *Vita e morte*, p. 235-236; Barber, *The New Knighthood*, p. 119-220.
31. Demurger, cfr. p. ex. p. 213, 217, 236-237; Favreau-Lilie, *The Military*, p. 201-227; Edbury, *The Templars in Cyprus*, p. 189-195.

soberano ibérico poderia ser muito útil graças à sua pronta e válida esquadra de navios – um fato importante – e, além disso, ele era um homem que respeitava profundamente a autoridade apostólica, sendo que sua mentalidade estava em linha com a dos Templários, que consideravam o papa senhor e dono da Ordem. Felipe, o Belo, ao contrário, proclamava-se totalmente autônomo com respeito à autoridade pontifícia. Poucos anos antes, entre 1294 e 1303, o rei da França entrou em conflito aberto contra o papa Bonifácio VIII e foi por ele excomungado. O atentado de Anagni, destinado a capturar o papa e deportá-lo, em condição de prisioneiro, para algum lugar além dos Alpes, havia impedido que a bula de excomunhão fosse tornada pública, mas a posição do rei, de qualquer maneira, continuava muito comprometida. Havia, enfim, um aspecto que não podia passar despercebido. Felipe queria fazer passar as tropas cruzadas pelos territórios da Armênia com a intenção oculta de conquistar esse reino cristão, embora não católico, e torná-lo uma província da França.

O Templo possuía uma província na Armênia e as autoridades locais haviam informado aos Templários que nunca deixariam entrar a cavalaria francesa dentro de suas fortalezas temendo um ataque traiçoeiro. O memorial escrito por Jacques de Molay desmascarava as verdadeiras intenções da monarquia francesa com respeito à futura cruzada e, sem dúvida, boicotava os planos de Felipe, o Belo. O rei e seus conselheiros certamente enxergaram na Ordem do Templo um sério obstáculo a seus projetos de política internacional. Ainda em 1306, Felipe, o Belo, encontrou-se no centro de uma comoção popular em função de algumas suas manobras financeiras que fizeram o país sofrer uma pavorosa inflação. O soberano precisava urgentemente de dinheiro para sanar a situação e na Torre do Templo de Paris (uma fortaleza de tamanho impressionante) estavam guardados grandes capitais líquidos. Foi nesse momento que se iniciou a manobra do ataque contra a Ordem.[32]

No início de 1307, Jacques de Molay embarcava em Chipre dirigindo-se para a Europa a fim de encontrar-se com Clemente V, enquanto o chefe dos Hospitalários teve de adiar viagem forçado que estava a dirigir certas operações militares de responsabilidade da Ordem. O Grão-Mestre não mais voltaria ao Oriente. Poucos meses depois seria iniciado o longo processo cujos eventos, tristemente famosos, podem ser resumidos em poucas fases essenciais.

---

32. Frale, *L'ultima battaglia dei Templari*, p. 43-48; Lizérand, *Le dossier*, p. 2-15.

O grande manto de infâmias

Na aurora do dia 13 de outubro de 1307, os soldados do rei da França apresentaram-se armados em todas as propriedades templárias do reino para prender os frades residentes. Eles foram logo submetidos a interrogatórios. Sob tortura, os inquisidores conseguiram as desejadas confissões que foram redigidas de maneira oficial e despachadas ao papa como evidências. Os oficiais seguiam à letra uma ordem de captura que Felipe, o Belo, promulgara e depois difundira secretamente no anterior dia 14 de setembro. O soberano afirmava ter agido depois de consultar o papa e por solicitação da Inquisição da França em vista de uma forte suspeita de heresia surgida contra os Templários. Constava da ordem o seguinte:

> Aqueles que são recebidos dentro da Ordem pedem pão e água. Depois, o Preceptor ou o mestre que os recebe, leva-os, em segredo, atrás do altar ou na sacristia. Então, sempre em segredo, ele mostra a cruz e a figura de Nosso Senhor Jesus Cristo e ordena-lhes renegar três vezes o profeta, ou seja, Nosso Senhor, do qual há uma imagem, e de cuspir três vezes na cruz. Em seguida, são solicitados a se despirem e a pessoa que os acompanha beija-os na base da espinha dorsal, embaixo das calças, depois no umbigo e, finalmente, na boca. O Preceptor então diz que, se algum frade da Ordem quisesse unir-se a eles carnalmente, não deveriam recusar porque devem suportá-los segundo os estatutos da Ordem. É por esse motivo que muitos deles praticam a sodomia. E cada um coloca acima da camisa, ao redor do pescoço, uma cordinha que ali deve ser mantida por toda a vida. Essas cordinhas foram tocadas e colocadas ao redor de um ídolo que tem a forma de uma cabeça de homem com uma longa barba. Eles beijam e adoram essa cabeça em suas assembleias provençais. Mas isso não é de conhecimento de todos os frades. É de conhecimento apenas do Grão-Mestre e dos Anciãos. Além disso, os sacerdotes de sua Ordem não consagram o Corpo de Nosso Senhor: a esse respeito é preciso inquirir os padres Templários mais a fundo.[33]

Com uma rapidez incrível para a época, fruto de uma apurada estratégia preparada durante anos, os oficiais de Felipe, o Belo, colheram centenas de confissões em todo o reino que foram apresentadas a Clemente V como provas certas de heresia antes mesmo que a Cúria Romana tivesse tempo de reagir. Os juristas da coroa queriam dessa maneira atar as mãos do papa, deixando-lhe pouquíssimo espaço de ação. Logo depois da detenção, Guillaume de Nogaret, o advogado do rei que havia sido enviado a Anagni para prender o papa Bonifácio VIII, organizou

---

33. *Ibidem*, p. 16-19.

algumas assembleias populares durante as quais a culpabilidade dos Templários era revelada publicamente como um fato certo. Foi ordenado aos padres franciscanos e dominicanos que pregassem ao povo sobre a heresia dos Templários de maneira a criar um verdadeiro sentimento de repulsa por parte da gente simples.

As investigações prosseguiram em toda a França em um ritmo serrado até o início do ano seguinte. Em pouco tempo, o castelo de acusações, erigido pelos juristas reais, deu passos de gigante e, às acusações já denunciadas na pasta de outubro de 1307, acresceram-se outras que se formaram com material recolhido em vários lugares à medida que prosseguiam as pressões e torturas. Foi um trágico *crescendo* alimentado amplamente pela fantasia popular e isso continuaria ao longo do processo como um rio em cheia que, orientado para o mar, recolhe em seu percurso todo tipo de detrito presente em seu caminho. À negação de Cristo e ao ultraje à cruz, as culpas denunciadas originalmente pelo rei da França foram acrescidas por muitas outras acusações que fizeram elevar as imputações contra os Templários de sete para mais de 70.[34]

Clemente V passou por uma primeira fase de completa confusão durante as semanas que seguiram a captura, suspeitando que o rei estivesse agindo de má-fé, o que se tornou certeza quando, ao final de novembro de 1307, dois cardeais enviados para Paris a fim de interrogar os Templários detidos pelo rei voltaram para a Cúria informando ao papa que o rei proibira até mesmo que vissem os detentos. Em dezembro aconteceu uma segunda tentativa com os mesmos cardeais. Mas, dessa vez, eles possuíam a faculdade de excomungar Felipe, o Belo, caso o encontro com os prisioneiros lhes fosse negado novamente. Isso permitiu a Jacques de Molay denunciar todas as violências e as graves irregularidades que os Templários detidos haviam sofrido. No seguinte mês de fevereiro, o papa suspendeu toda a Inquisição da França pelas graves irregularidades e pelo abuso do poder, e isso fez com que o processo estagnasse.

Toda a primavera desse ano transcorreu com um aguerrido embate diplomático entre o rei, que já se apoderara dos bens do Templo, mas querendo ainda obter a condenação dos Templários, e o pontífice que se recusava a tomar qualquer decisão sem antes examinar pessoalmente os prisioneiros. Diante da obstinação de Clemente V, o rei compreendeu que não tinha escolha e permitiu que um pequeno grupo de Templários, entre os quais o Grão-Mestre e outros dignitários da Ordem, fosse transferido para Poitiers, onde a Cúria Romana estava localizada na época, para um encontro com o papa. Entre 28 de junho e 2 de julho

---

34. Frale, *L'ultima battaglia dei Templari*, p. 311-323.

de 1308, Clemente V pôde finalmente realizar sua investigação sobre os Templários. Mas, mesmo que o papa fosse a única pessoa no mundo com autoridade para investigar a Ordem, paradoxalmente, foi somente nesse momento que ele teve, pela primeira vez, a possibilidade de ver os prisioneiros pessoalmente, depois que as confissões, extraídas sob longo período de tortura, já eram de conhecimento de toda a Europa, as provas totalmente prejudicadas e a honra da Ordem esmagada por um grande manto de infâmias.

Após apurar o uso excessivo da tortura nos interrogatórios realizados pelos oficiais do rei da França, Clemente V constatou que, além das montagens encenadas pelos juristas reais, os Templários haviam admitido a existência de uma tradição, um costume realizado no mais rígido segredo que obrigava o novo membro da Ordem a renegar Cristo e a cumprir o ato ultrajante de cuspir na cruz. Os frades justificaram o ato dizendo: *modus est ordinis nostri*, "é um costume de nossa Ordem". A existência desse cerimonial secreto, uma espécie de prova de obediência ao final da própria e verdadeira cerimônia de admissão, deslocava e colocava a responsabilidade desse ritual sobre a própria instituição templária: era claro que os frades não poderiam ser culpados, pois eram forçados pelos superiores da Ordem a cometer esses atos indignos. Os sarracenos costumavam torturar os prisioneiros cristãos para obrigá-los a renegar o Cristianismo e, como sinal tangível da abjuração, era exigido que eles cuspissem no crucifixo. O estranho ritual dos Templários repetia esse costume com uma dramatização muito realista que incluía ameaças, surra e até confinamento. Seu objetivo era temperar o caráter do novo membro da Ordem com uma experiência traumatizante, isto é, colocando-o imediatamente diante do que sofreria se ele fosse capturado por inimigos. Provavelmente isso também servia para ensinar-lhe o que era a total obediência exigida pela Ordem, a renúncia à própria liberdade e a confiança no juízo dos superiores com uma submissão praticamente total.

A esses dois atos indignos iniciais, outros elementos estranhos haviam sido agregados, atos que hoje poderíamos associar aos chamados trotes, brincadeiras muito pesadas e humilhantes que os veteranos aplicavam aos recém-chegados. Entre outros, havia a prática dos "três beijos" (na boca, no umbigo e nas nádegas) e a não negação aos irmãos que procurassem uma relação homossexual. O convite à sodomia era uma simples humilhação sem consequência concreta. Entre as confissões dos frades aprisionados, havia somente seis dentre os mil que falaram efetivamente de relações homossexuais com os irmãos.[35]

---

35. *Ibidem*, p. 169-205.

Um processo sem veredito

Diante do papa, os Templários tiveram a possibilidade de explicar que os gestos do ritual de admissão eram uma simples dramatização que não correspondia à realidade dos fatos. Tudo não passava de um aborrecimento desagradável ao qual era preciso submeter-se por ser imposto pela Ordem. O fato de ter renegado Cristo por imposição excluía a liberdade pessoal e não poderia haver verdadeira culpa se o ultraje à religião não houvesse sido realizado de maneira voluntária.

Clemente V ficou convencido de que os Templários não eram hereges, mesmo que a Ordem não pudesse ser absolvida por ter tolerado a existência de uma tradição militar, vulgar e violenta, totalmente indigna de homens que tomaram os votos religiosos.

Ao final, o seu juízo foi severo, mas não de condenação: não hereges, tampouco isentos de manchas, os Templários deviam fazer reparações solenes, pedindo o perdão da Igreja por suas culpas para, em seguida, ser absolvidos e reintegrados na Comunhão católica.

Entre 2 e 10 de julho de 1308, o papa procedeu a ouvir esses pedidos de perdão e a absolver os Templários na qualidade de penitentes. Porém, nessa sua manobra faltava uma parte importante: o Grão-Mestre e os outros dignitários da Ordem haviam sido retidos por soldados do rei no forte de Chinon, às margens do Rio Loire, com a desculpa de que estavam muito fracos para cavalgar até Poitiers. Clemente V compreendeu logo que o rei pretendia decapitar o valor da investigação apostólica: se o papa, de fato, não chegasse a ouvir os chefes do Templo, que eram os que conheciam toda a verdade, seria possível dizer sempre que o seu juízo não fosse completo e significativo por ter sido derivado de testemunhas de pouca importância.

Após a conclusão de sua investigação sobre os poucos Templários que diante dele foram apresentados, Clemente V enviou, secretamente, três cardeais ao castelo de Chinon, os quais, de 17 a 20 de agosto de 1308, ouviram os chefes do Templo e receberam seus pedidos de perdão, sendo absolvidos em nome do papa. Não foi o que hoje chamamos de perdão, mas uma absolvição sacramental que também incluía os aspectos jurídicos, pois as acusações contra os Templários diziam respeito apenas a uma ofensa contra a religião.[36]

Agredido em seu direito pela detenção ilegal dos Templários e, ainda outra vez, enganado pelo estratagema do rei que queria impedir o seu encontro com os chefes da Ordem, o papa podia considerar a missão

---
36. Frale, *Il papato e il processo ai Templari*, p. 139-192.

dos cardeais a Chinon como uma vitória moral. Infelizmente, esse foi o único sucesso que ele pôde conseguir em virtude da extrema fraqueza de sua condição política. No seguinte mês de outubro, pouco depois de o evento de Chinon ser revelado, os estrategistas de Felipe, o Belo, puseram em ação uma manobra já preparada que atacava diretamente a Igreja de Roma: o bispo Guichard de Troyes, precedentemente caído em desgraça junto à corte da França e, depois, envolvido em um escândalo econômico, foi acusado de bruxaria e queimado na fogueira por ordem real, apesar de ter sido anteriormente absolvido dessas acusações por Clemente V. O evento repetia a trama de um processo ocorrido poucos anos antes a prejuízo do bispo Pamiers Bernard Saisset, perseguido por Felipe, o Belo, e, em seguida, condenado por lesa-majestade à revelia da vontade do papa.

O fato estava relacionado ao processo contra Bonifácio VIII e ao dos Templários, formando, em conjunto, um plano desestabilizador: um bispo, um papa e uma ordem religiosa inteira acabaram sendo acusados por reatos gravíssimos, como heresia e bruxaria, o que demonstrava que a Igreja de Roma estava completamente permeada de corrupção. O plano dos juristas de Felipe, o Belo, era exumar o cadáver de Bonifácio VIII a fim de submetê-lo a um processo público, ao término do qual ele seria condenado à fogueira sob a acusação de heresia, injúria e bruxaria. Os restos mortais de Bonifácio VIII na fogueira colocariam toda a Igreja em uma posição de ilegalidade: consequentemente, o pontificado inteiro de Bonifácio VIII seria considerado inválido, assim como tudo o que aconteceu depois da abdicação de Celestino V, o que culminaria com a invalidação da eleição do próprio Clemente V.

Com o Colégio cardinalício dividido e boa parte dos bispos franceses fiéis a Felipe, o rei ameaçava um cisma que separaria a Igreja da França da Igreja de Roma. Clemente V estava diante de um terrível dilema: ele devia escolher entre condenar a Ordem do Templo, tal como o soberano pretendia, ou salvá-la e, assim fazendo, enfrentar a fogueira de Bonifácio VIII e o cisma da Igreja francesa com todas as suas nefastas consequências.[37]

O pontífice preferiu tutelar a integridade da instituição pela qual era responsável, sacrificando uma parte e tutelando o todo. A Ordem do Templo já estava arruinada, derrubada que fora pela onda do escândalo e pela difamação. Muitos frades já tinham morrido nas prisões do rei e outros tantos haviam perdido para sempre a sua motivação.

---
37. Frale, *L'ultima battaglia dei Templari*, p. 265-299.

Na primavera do ano de 1312, reuniu-se em Viena um concílio ecumênico que devia decidir, entre outros, a sorte da Ordem Templária. O pontífice não escondeu que o juízo era extremamente controverso, sendo que boa parte dos padres conciliares se opunha à sua condenação. Depois de longa reflexão, pareceu-lhe que a única maneira de resolver a questão era a de evitar escândalos irreparáveis e, ao mesmo tempo, servir ao interesse da cruzada. Resumindo: evitar a emissão de um veredito (*difinitiva sententia*) e optar por tomar uma providência administrativa (*provisio*), isto é, um ato de autoridade tornado necessário por razões de ordem prática. Grande perito do direito canônico, ele procurou um expediente para não condenar a Ordem do Templo de cuja inocência estava convencido, pelo menos das acusações mais graves. Na bula *Vox in excelso*, o papa declarou que a Ordem não podia ser condenada por heresia e, portanto, ela era "encerrada" por um procedimento administrativo e sem um veredito, a fim de evitar um perigo à Igreja. Os bens dos Templários foram transferidos para outra grande Ordem religioso-militar, a dos Hospitalários, que assim ficaram protegidos da avidez da coroa francesa e podiam servir ainda para a recuperação do Sepulcro e de Jerusalém, motivo pelo qual tantas pessoas, no passado, haviam doado os próprios bens ao Templo.

Felipe, o Belo, não aceitou de bom grado essa decisão. De qualquer forma, os Hospitalários puderam ter uma parte consistente do que havia sido o patrimônio do Templo.[38] O fim da Ordem Templária não era justo, porém revelava-se historicamente oportuno. Era preciso aplacar o escândalo causado pelo processo e dispersar a dúvida que as confissões dos Templários haviam provocado. Por causa desse escândalo, a Ordem tornara-se odiosa aos soberanos e a todos os católicos e, portanto, não seria mais possível encontrar um homem honesto disposto a ser Templário. De todas as formas, a Ordem acabaria se tornando inútil à causa da cruzada pela qual ela havia sido criada. Além disso, se uma decisão não fosse tomada rapidamente a respeito, os bens do Templo seriam completamente dilapidados pelo rei.

Portanto, Clemente V decidia "tirar do meio" a Ordem Templária abstendo-se de emitir uma sentença definitiva, mas proibia-lhe usar o nome, o traje e os sinais distintivos do Templo sob pena de excomunhão automática para quem ousasse, no futuro, proclamar-se Templário. Dessa forma, o papa eliminava a Ordem da realidade histórica do tempo; porém, recusando-se a emitir uma sentença de fato, ele deixava

---

38. O restante da bula está em Villanueva, *Viaje literario*, V, p. 207-221; Barber, *The Trial*, p. 227-234.

em suspenso o juízo sobre a Ordem. Ao final, não houve um culpado, mas somente um imputado severamente punido por reatos diferentes daqueles pelos quais fora acusado. Algo semelhante aconteceu também no processo *in memoriam* de Bonifácio VIII, o que não deve ser surpresa, porque os dois processos estavam ligados como "mão na luva", e sua solução foi o fruto de um longo tratado diplomático conduzido à força de negociações e, às vezes, até de chantagem por ambas as partes.

O destino dos chefes Templários ainda estava em suspenso e eles esperavam o juízo do papa quando, em 18 de março de 1314, depois de ter proclamado que a Ordem estava inocentada, o Grão-Mestre Jacques de Molay e o Preceptor da Normandia, Geoffroy de Charny, foram raptados pelos soldados do rei e condenados a ser queimados vivos em uma ilhota do Rio Sena, sem que o papa fosse consultado.

Velho, doente há muito tempo e duramente provado por esse cansativo braço de ferro contra a monarquia francesa, Clemente V não estava mais em condição de trabalhar. Ele morreu cerca de um mês mais tarde e com seu desaparecimento começou para a Igreja de Roma o período de cativeiro em Avinhão. Os papas sucessores, ocupados com outras emergências, preferiram não tratar da estranha situação da Ordem Templária, nunca condenada, mas praticamente "encerrada" em decorrência de um procedimento totalmente excepcional.[39]

A presença arcana

Pesquisas mais recentes, realizadas nos documentos do processo contra os Templários, permitiram esclarecer muitas coisas, demonstrando, entre outras, que o teorema acusatório de Felipe, o Belo, teve um efeito impactante por apoiar-se sobre certo fundo de verdade. Algumas acusações, como a negação de Cristo, o ato de cuspir na cruz e os beijos indecentes, derivavam de poucos fatos reais que foram oportunamente exagerados e adaptados para ser apresentados como provas de heresia.

Alguns anos antes de atacar o Templo, o rei da França combinara de, secretamente, introduzir espiões na Ordem a fim de colher informações sobre tudo o que pudesse ser usado para prejudicá-la. Depois, um grupo de juristas da coroa, guiados por Guillaume de Nogaret, trabalhou nas informações para construir um processo acusatório oficial. Esses hábeis técnicos do direito partiram de alguns pontos-chaves e

---

39. Frale, *L'ultima battaglia dei Templari*, p. 300-304; Demurger, *Jacques de Molay*, p. 263-277.

deles fizeram derivar algumas verdades utilizando a dedução, tal como é feito nas ciências matemáticas na construção de um teorema. Não é exagero dizer que Nogaret e seus colegas edificaram o "teorema da heresia templária". A técnica escolhida foi a da "meia verdade": cada acusação a ser demonstrada foi ligada a um fato verdadeiro, desagradável ou condenável, mas cometido sem intenções pecaminosas. Nos interrogatórios, os Templários admitiam o fato em si e por si, como, por exemplo, que foram forçados a renegar Jesus, para depois negar a acusação ligada a essa questão, a saber, que não acreditavam no Cristo. Porém, nesse momento sua posição era pouco confiável.[40] Da mesma forma, um idêntico esquema de dedução foi usado para argumentar que os Templários, em massa, haviam voltado as costas a Cristo para dedicar-se ao culto de um misterioso ídolo.

A acusação partia de um fato material e evidente: os Templários portavam em suas próprias túnicas uma cordinha de fio de linho. Era algo que não podia ser negado por ser visível a todos. Além disso, sua existência era contemplada na parte dos estatutos templários que regulavam o traje dos frades. Os Templários sabiam que devia haver algo de valor simbólico e não prático e, de fato, eles tinham a obrigação de nunca tirá-la do corpo, nem à noite quando dormiam. Porém, ignoravam qual fosse precisamente esse valor. Apoiando-se nesse dado incontestável, o uso dessa cordinha de linho, Nogaret e os estrategistas reais argumentavam que esse objeto tinha, na realidade, um valor perverso: eles exploravam o fato de que a maioria dos Templários ignorava a função desse objeto e afirmavam que ele havia estado em contato com algo diabólico, um obscuro e misterioso ídolo que tinha a forma de uma cabeça de homem com longa barba. Sob a acusação, os Templários reservavam a esse ídolo liturgias, abertas apenas aos altos dignitários, cerimônias solenes durante as quais ele era adorado, beijado e as cordinhas nele friccionadas para serem, depois, distribuídas a todos os frades da Ordem.

A cordinha de linho era um objeto muito banal que, em si mesmo, não tinha nada de útil para poder difamar os Templários, mas era uma coisa que dizia respeito à Ordem por inteiro, a cada um e a todos os seus membros. Por outro lado, o ídolo era algo de exclusivo que podia servir para atacar as outras hierarquias. Afirmando que as cordinhas dos Templários haviam sido "contaminadas" pelo ídolo obscuro, Nogaret fazia recair a suspeita de idolatria em cada um dos frades do Templo, "contaminado", talvez sem saber, pelo ídolo graças à cordinha que portava sobre a túnica todos os dias.

---

40. Frale, *L'ultima battaglia dei Templari*, p. 207-263.

Dentre todas as culpas imputadas aos Templários, a de idolatria é, sem dúvida, a mais tenebrosa e não é surpresa que semelhante sugestão tenha inspirado tantos escritores de romances. Curiosamente, porém, essa acusação não foi o "cavalo de batalha" de Nogaret no processo, nem foi a sua principal arma, mas um tipo de pequeno corolário adjunto, como ligação a outras acusações.

Em seu documento de denúncia, Felipe, o Belo, especificava claramente que somente pouquíssimos Templários tinham conhecimento do ídolo. Por que essa incongruência? A resposta é simples: a parte da acusação, que havia construído o seu teorema sobre bases sólidas mediante as informações fornecidas pelos espiões infiltrados durante quase dez anos, sabia muito bem que os três atos inconvenientes do ritual de admissão eram práticas comuns em todas as divisões da Ordem. Todos, ou quase todos, os Templários podiam ser induzidos por meio de ameaças ou outros métodos a admitir fatos que pertenciam à realidade cotidiana da vida no Templo, fatos que podiam ser manipulados e instrumentalizados. A existência do ídolo e de seu culto, o que quer que representassem, era, ao contrário, uma questão absolutamente importante, e a esperança de obter algumas confissões resultava, no máximo, duvidosa.

No que diz respeito ao misterioso objeto, esse parecia muito encorajador para Nogaret, pois lhe permitiria criar uma comparação de grande efeito para escandalizar o papa. Assim como Moisés descobrira, com raiva e dor, que em sua ausência os judeus haviam abandonado o culto ao Deus Único para adorar o bezerro de ouro por eles fabricado, assim também o papa Clemente V receberia as provas de que os Templários, embora frades de uma ordem religiosa, adoravam em segredo um ídolo estranho de própria criação. Porém, havia uma grande dificuldade: somente os altos dignitários do Templo tinham conhecimento desse ídolo e, portanto, a previsão era a de angariar um número mínimo de confissões.

O objetivo de Felipe, o Belo, era desmantelar completamente a Ordem dos templários e, para isso, ele devia convencer o papa de que todo o corpo templário estava contaminado por maus costumes e pela heresia. Ao rei não bastava a condenação somente dos chefes da Ordem, pois eles seriam demitidos para, depois, ser substituídos, mas uma incriminação em massa, o que resultaria na total extinção da Ordem. Poucas confissões, embora muito espantosas, não eram suficientemente incriminadoras para a acusação no caso de aparecerem dez ou 20 Templários dispostos a admitir que praticassem bruxarias e que evocassem demônios. Isso de nada serviria, pois pareceria um defeito individual (embora gravíssimo e imperdoável) que atingiria apenas os réus confessos; e, nesse momento, a Inquisição passaria a condenar tão somente os culpados declarados.

É por isso que Nogaret e Felipe, o Belo, precisavam de grandes números; eles precisavam encontrar algumas culpas, até culpas menos graves, mas tão difundidas na Ordem a ponto de ser difícil encontrar um Templário que fosse imune a esses males. O ritual militar de admissão encaixava-se perfeitamente, pois a existência do cerimonial secreto, com seus gestos de aspecto tão ofensivo para a religião cristã, era ideal. Sabia-se que esse ritual era praticado normalmente, embora de formas diferentes e, portanto, quase todos os membros da Ordem poderiam admitir ter praticado um desses atos culpáveis, como a negação de Cristo ou o fato de cuspir no crucifixo. E, como a praxe judiciária da época não era nada moderada, na confusão geral provocada pelo escândalo seria fácil sustentar que toda a Ordem possuía tendências anticristãs. O ídolo era um detalhe muito atraente, mas inconsistente. O povo frequentava a missa nas igrejas do Templo, via os frades orarem, comunicarem-se e seguirem todas as pertinentes liturgias, sem a presença de qualquer tipo de ídolo. Dar ao culto do ídolo um lugar de relevância no teorema acusatório era desaconselhável porque seria arriscar que todo o castelo parecesse baseado em meras calunias.

Brilhante advogado que era, Nogaret preferiu apostar nas acusações que os frades pudessem confirmar com maior probabilidade e relegou a questão do ídolo a um obscuro e apavorante detalhe. E, assim, ele especificou no ato acusatório que a existência desse simulacro era desconhecida pela grande maioria dos frades. Conforme previsto com relação à idolatria, ela contribuíra com um mínimo número de confissões e raras descrições muito contraditórias que os estrategistas de Felipe, o Belo, procuraram assim mesmo manipular e colorir com tonalidades bem sombrias.

Um mosaico de fragmentos

A análise dos documentos não deixa dúvidas: apenas uma pequena, pequeníssima minoria dos Templários que compareceu ao processo teve a capacidade de dizer alguma coisa sobre esse assunto e, até mesmo entre essa pequena minoria, grande parte somente falou a respeito por ter ouvido comentários de outras pessoas, ou seja, sem ter qualquer experiência direta e pessoal com o ídolo. Era bem pouca coisa para ser atribuída contra a Ordem em comparação à quase totalidade dos testemunhos que nada falavam sobre o ídolo. Dos 1.114 depoimentos apresentados pelos Templários no decorrer do processo, somente 130 contêm, pelo menos, alguma menção ao ídolo, mas a grande parte desses testemunhos limita-se a confirmar o que o acusatório sugeria. Evidentemente, trata-se de afirmações extraídas por torturas ou outras formas de violência.

Os depoimentos que fornecem alguma informação sobre o ídolo são apenas 52, os quais convertidos em números, significam 4,6% do total. Pelo menos a respeito desse fato, Felipe, o Belo, dizia a verdade. Somente pouquíssimos frades da Ordem tinham conhecimento dessa questão em comparação com a grande maioria que não tinha a mínima ideia a esse respeito. Podemos considerar esse dado como confiável, pois os inquisidores e os juristas certamente possuíam meios bem persuasivos. Esses pouquíssimos testemunhos, verdadeiras moscas brancas se for lícito usar a expressão, nem todos descrevem um mesmo objeto, mas, ao contrário, os detalhes são bem diferentes uns dos outros.

Acredito que tudo isso tenha desencorajado os estudiosos a desenvolver pesquisas científicas nesse campo. De fato, a grande variedade de formas faz parecer o todo como uma grande confusão de coisas expressas aleatoriamente. Tentou-se separar esses depoimentos em grupos etiquetados, considerando suas descrições como trágicas mentiras em consequência das torturas.

Para complicar as coisas, ainda há o fato de que alguns frades testemunharam mais de uma vez no transcorrer do processo e suas afirmações mudam entre um e outro depoimento por motivos diferentes, cujos porquês podemos apenas intuir (a tortura, a promessa de prêmios, a vontade de vingar alguma rixa, etc.). Um caso exemplar é o do frade Raoul de Gisy, Preceptor da sede de Latigny e encarregado de cobrar os impostos reais na comarca de Champagne. Essa pessoa relatou uma primeira versão bem quente dos fatos, segundo a qual ele vira o ídolo sete vezes: tratava-se da imagem de um demônio. Em outra versão, completamente diferente, ele viu o ídolo uma só vez sem ter a mínima ideia do que fosse realmente. A explicação está no fato de que Raoul de Gisy fez sua primeira confissão em 9 de novembro de 1307, no interrogatório realizado no dia seguinte ao aprisionamento ilegal, diante de Guillaume de Nogaret e do inquisidor da França, quando o rei precisava urgentemente de provas gravíssimas contra os Templários a fim de justificar diante do papa o fato de que havia detido os Templários violando os direitos da Igreja. O segundo testemunho foi liberado em 15 de janeiro de 1312 em uma investigação dirigida por uma comissão de bispos, quando o papa já havia tomado em mãos a direção do processo e os interrogatórios ocorriam com maiores garantias.[41]

O histórico pode estar desorientado, como pode acontecer ao arqueólogo quando, aberto o sítio de um antigo poço de descarga, encontra diante de si, misturados desordenadamente, milhares de pequeníssimos fragmentos dos mais diversos tipos de vasos: vasos para moldes, material e cores, vasos que certamente ele deverá apuradamente identificar e recompor. Apesar da diferença de disciplinas, para pôr em ordem toda essa miscelânea e chegar a um conhecimento suficientemente válido, o método é o mesmo. É necessário trabalhar com paciência e minuciosamente isolar em grupos separados todos os fragmentos do mesmo tipo, descartando aos poucos os materiais estranhos: os verdadeiros e próprios detritos que, casualmente, acabaram misturando-se nesse monte de material.

Conseguimos enxergar algumas verdades lendo com atenção as circunstâncias pelas quais ocorreram os interrogatórios individuais dos frades, pois são de grande ajuda na compreensão de muitas coisas sobre o processo contra os Templários. Sabemos, por exemplo, que, em certos casos, os Templários foram interrogados uma primeira vez, mas os inquisidores não ficaram satisfeitos com suas afirmações, pois quase todos os itens da acusação haviam sido negados. Em vez de considerarem válidos esses depoimentos, os prisioneiros foram antes torturados; depois, deram-lhes um tempo para refletir e, finalmente, foram interrogados uma segunda vez; porém, dessa vez, suas confissões, agregadas de "particularidades" que os torturadores julgaram satisfatórias, foram acolhidas e averbadas. Além disso, sabemos que o processo passou por várias fases, bem diferentes entre si, considerando os métodos e a boa-fé com os quais os interrogatórios foram conduzidos. Portanto, também as informações que os inquisidores queriam conseguir mudam totalmente, dependendo do período e do lugar onde o interrogatório era realizado. Quem fazia as perguntas podia manipular as respostas de maneira decisiva.[42]

A questão do ídolo é uma das mais complexas porque era uma acusação que somente deveria ser caracterizada com as cores da fantasia, um pouco por causa da violência da tortura e um pouco pela sugestão dos próprios inquisidores.

Superado o primeiro impacto bem desconcertante, parece claro que, com relação a todas essas descrições do ídolo, há apenas

---
41. Michelet, *Le procès*, II, p. 363-365; I, 394-402.
42. Cfr, p. ex. Frale, *L'interrogatorio ai Templari*, p. ex. p. 243, 253-254, 258, 259, etc.

cinco tipos de objetos que mais aparecem, com detalhes um pouco diferentes. Três desses tipos eram objetos usados para o culto, semelhantes a tantos outros que os fiéis da Idade Média viam todos os dias nas igrejas: uma escultura-relicário de meio busto, uma pintura em madeira e, enfim, o retrato de um homem de forma um pouco estranha e indefinida. Sem dúvida, o fato de que esses retratos fossem venerados em segredo pelos Templários provocava a curiosidade irresistível dos inquisidores em querer saber a identidade do homem representado pelo ídolo. Mas a única presença desses simulacros nas igrejas da Ordem não era suficiente para sustentar a acusação de heresia. Para esse fim, os dois últimos objetos adequavam-se perfeitamente porque tinham condições de exercer um enorme poder de sugestão sobre a mente do homem medieval. Se a acusação tivesse conseguido encontrar um desses objetos nas sedes templárias e levá-lo diante do papa, é possível que isso bastasse para obter rapidamente a condenação de toda a Ordem.

O primeiro desses presumidos ídolos que os inquisidores queriam que os frades descrevessem era Maomé, a fim de poder apresentá-lo como prova de que os Templários tivessem atraiçoado a fé cristã, passando secretamente para o Islã. O segundo era uma imagem monstruosa ou diabólica que seria usada para sustentar o fato de que os Templários estivessem praticando bruxaria.

Retratos do Islã

A identificação do ídolo como um retrato sagrado para o Islã resulta de seis depoimentos, mas essa identificação não é segura nem idêntica em todos os casos. O frade Guillaume Collier de Buis-les-Baronnies disse de maneira muito explícita que os Irmãos chamavam essa estranha figura de *Magometum*, enquanto dois frades interrogados em Florença e em Clermont disseram ter visto um ídolo chamado, respectivamente, *Maguineth* e *Mandaguorra*. Na investigação realizada em Carcassonne, o frade Gaucerand de Montpézat declarou que o ídolo era feito na figura de "Bafomé", e Raymond Rubei especificava que a ele se referiam por uma palavra árabe: *Yalla*.[43]

Na investigação realizada na sede de São Pedro, em Tuscia, o sargento Gualtiero di Giovanni, de Nápoles, contou que, durante a sua cerimônia de admissão no Templo, ocorreu uma verdadeira discussão

---

43. *Ibidem*, p. 243-245; Bini, *Dei Tempieri*, p. 474; Sève, *Le Procès*, p. 114; Finke, II, p. 323.

teológica para negar os dogmas do Cristianismo, e o ídolo, uma representação de Alá, era o centro da discussão:

> ...disse que frade Alberto obrigou-o a renegar Cristo e que não devia acreditar nele. Frade Gualtiero lhe perguntou: – E em quem devo acreditar, então?
> – O mesmo frade Alberto respondeu: – Naquele Deus grande e único que é adorado pelos sarracenos.

Depois, ele acrescentou que não precisava acreditar no Pai, no Filho e no Espírito Santo porque esses eram três deuses diferentes e não um Deus único. Finalmente, ele concluiu afirmando que o Grão-Mestre do Templo e os Preceptores responsáveis de uma província tinham uma imagem representando esse grande Deus, que o adoravam e expunham seu retrato durante as assembleias gerais e nas reuniões de maior importância. A esse depoimento talvez seja possível equiparar o de Pierre Segron quando o Preceptor disse que não devia acreditar em Jesus Cristo, mas somente no Pai Onipotente. Porém, essa última confissão não contém qualquer menção à religião islâmica.[44]

Sobre a forma do nome desse presumido retrato, há um depoimento muito claro que o denuncia: *Magometum*, uma forma bem próxima da pronúncia autêntica. Segundo dois frades interrogados em Carcassonne, ele tinha o nome de *bafoméum*, uma palavra que deriva da primeira, mas é transformada quando o som original do árabe é transposto para a língua francesa. É essa bizarra forma que deu vida às fantasiosas etimologias propostas em um momento por Hammer-Purgstall e que hoje encontram crédito apenas junto aos leitores apaixonados pelo gênero de ficção científica. As outras duas variantes, *Maquineth* e *Mandaguorra*, também são distorções fonéticas da palavra original; enquanto a estranha invocação ao ídolo, referida por um Templário, isto é, *Yalla*, pode repetir a forma árabe de *Alá*, com uma forte aspiração inicial que o escrevente encarregado de redigir as minutas traduz em latim com a letra Y.

Mas é possível presumir que os Templários, talvez uma mínima minoria, se tornassem realmente muçulmanos?

O estranho ritual de admissão praticado depois da lícita cerimônia e previsto em suas normas tinha em sua base uma relação direta com o mundo islâmico. No Oriente, era conhecido o fato de que os sarracenos obrigavam os prisioneiros cristãos a renegar Jesus Cristo e a cuspir na cruz sob pena de morte, como o demonstra a crônica do franciscano Fidenzio da Padova. O fato está

---

44. Gilmour-Bryson, *The Trial*, p. 255; Frale, *L'interrogatorio ai Templari*, p. 252-253.

que os Templários repetiam esse mesmo procedimento, conforme já mencionado, por meio do ritual de obediência por eles elaborado, a fim de pôr à prova os seus recrutas. Os juristas franceses chegaram a esse conhecimento depois de anos de pesquisas secretas. Conseguir confirmar a acusação de que os Templários haviam se convertido em massa ao Islã teria sido de vital importância para obter a condenação, melhor ainda seria, caso fosse possível, demonstrar que o fantasmagórico ídolo, a respeito do qual o rei havia coletado alguma informação, era, na realidade, uma imagem de Maomé.

Existem dois fatos que comprovam a absoluta falsidade dessa acusação. São elementos de incoerência, coisas incompatíveis entre si mesmas que, no entanto, na mentalidade europeia do início do século XIV, poderiam ser, de certo modo, parecidas. Em primeiro lugar, sabe-se que a religião islâmica proíbe retratar o rosto do profeta, e todas as imagens de Maomé são, na realidade, representações de seu corpo com o rosto coberto por uma cortina de fogo sagrado. O ídolo atribuído aos Templários é, ao contrário, um retrato claramente normal, apresentando o vulto de um homem de barba. Portanto, ele nunca poderia ser considerado um retrato de Maomé. As mesmas considerações valem também para o testemunho do Templário segundo o qual o ídolo era uma imagem de Alá. O Corão proíbe taxativamente a representação de Deus, sob qualquer forma, porque isso denotaria idolatria, e a cultura islâmica sempre foi muito atenta ao respeito dessa norma.

O segundo elemento é ainda mais indicativo: de acordo com um depoimento, o retrato desse presumido *Machomet* tinha até chifres.[45] Isso demonstra, sem qualquer dúvida, que o relato nada tem a ver com o Islã, mas é simplesmente fruto das torturas infligidas pelos inquisidores que queriam conseguir a qualquer custo um depoimento que satisfizesse seus desejos. Nenhum cristão que realmente tivesse estado em contato com grupos islâmicos jamais poderia imaginar que eles adorassem o Diabo. Apesar das diferenças religiosas, os muçulmanos eram pessoas muito devotas e tinham, em comum com os cristãos, alguns pontos essenciais da fé, como, por exemplo, o fato de adorar um Deus único, Criador e Pai misericordioso e bom.

Precisos testemunhos históricos demonstram que em Jerusalém existia certo diálogo inter-religioso e, por outro lado, é de conhecimento o fato de que São Francisco de Assis foi recebido pelo sultão do Egito e com ele teve um debate teológico. Na Terra Santa, os muçulmanos eram essencialmente adversários políticos, pessoas que disputavam

---

45. Frale, *L'interrogatorio ai Templari*, p. 245-246.

com os cristãos a posse de Jerusalém e o controle da Síria-Palestina. Porém, durante toda a história do reino de Jerusalém estão documentadas muitas alianças entre os governantes cristãos e os vários emires locais, alianças que se baseavam no interesse comum e eram realizadas deixando de lado as diferenças religiosas.[46]

Em um país como a França, onde não existiam comunidades muçulmanas inseridas no seio da população, as pessoas tinham ideias muito vagas sobre os costumes religiosos islâmicos. O povo, em grande parte ignorante, acostumado que estava com a ideia simplista de que o objetivo de viajar para a Terra Santa era o de matar os inimigos da fé, podia ser facilmente convencido de que esses "inimigos da fé" possuíssem algo de obscuro e demoníaco em si mesmos. Muito provavelmente esse tipo de ilações não encontraria um campo fértil na Espanha ou em Chipre, onde os contatos com pessoas de religião islâmica eram frequentes e os cristãos tinham ideias muito mais claras a seu respeito.

Na ótica de Nogaret, não fazia qualquer diferença se os frades veneravam Maomé ou o Diabo, desde que pudessem ser acusados de um crime imperdoável com o qual sugestionar com arte as massas populares.

A sombra de Ridefort

Na fase atual da pesquisa, acredito que os Templários que disseram ser o ídolo um retrato de Maomé talvez tivessem visto uma imagem de forma vagamente humana, mas estranha ou diferente daquela dos santos presentes em todas as igrejas católicas. Nada conhecendo a respeito da identidade do homem retratado, mas pressionados pela tortura, eles foram levados a prestar essas declarações. Não resta dúvida de que esse era o retrato de um homem, mas, como não era possível saber de quem se tratava, então deveria ser, forçosamente, alguma coisa de ilícito.

O fato está que no mundo medieval não existia a possibilidade de interpretar livremente uma obra de arte porque todas as imagens eram rigidamente controladas e, portanto, os personagens eram visivelmente reconhecidos. A arte sacra medieval tem formas iconográficas fixas justamente porque o objetivo é o de instruir as almas além de guiá-las. O papa Gregório Magno (590-604) já havia recomendado enfaticamente o respeito a esse preceito. Os fiéis eram em grande parte analfabetos

---

46. Tommaso da Celano, *San Francesco*, p. 73; Cardini, *Francesco d'Assisi*, p. 178-208.

e não tinham a possibilidade de entender conceitos muito elaborados. Portanto, as figuras que ilustravam a história sacra nas paredes das igrejas representavam um grande patrimônio popular, pois formavam a doutrina da gente simples.[47]

Existia uma tradição antiga e consolidada, conhecida por todos e que servia de guia: São Pedro devia sempre segurar uma grande chave como símbolo de seu poder, e Santo Antônio Abade devia sempre figurar com a batina e o meigo porquinho acocorado a seus pés, para que o fiel pudesse reconhecê-los imediatamente. Os artistas deviam observar características fixas, sua liberdade criativa devia ser limitada a detalhes de importância secundária e, em cada caso, suas obras deviam ser examinadas pela competente autoridade eclesiástica para serem aprovadas. Uma sacra representação não conforme à tradição da Igreja era considerada suspeita e acabava sendo condenada. De fato, ela poderia criar confusão em quem não tivesse cultura necessária para defender-se do erro.

Se o ídolo dos Templários tivesse sido a imagem tradicional de um santo qualquer, os frades o teriam reconhecido imediatamente. Mas todos os que viram esse retrato concordam em dizer que não conseguiram entender quem fosse, pois não havia elementos próprios para identificá-lo. As exposições ocorriam frequentemente à noite e à luz flutuante das velas, dando ao ambiente o aspecto de um culto misterioso e sinistro. Forçados a venerar o retrato de algum desconhecido e sabendo que se tratava de um culto secreto, os frades eram sugestionados e viviam nesse lugar com terror.

Os agentes do rei da França exploravam esse fato e o associaram à acusação de que os Templários haviam se convertido ao Islã mediante um fácil (e anti-histórico) silogismo. "A Ordem dos Templários é favorável aos muçulmanos e em suas cerimônias venera-se o vulto do homem cuja identidade é desconhecida. Provavelmente esse homem misterioso seja o profeta do Islã, ou seja, Maomé." Obviamente a acusação não tinha base na realidade porque a religião islâmica proíbe que Maomé seja retratado. Portanto, mesmo que fosse verdade e que muitos Templários se tornassem muçulmanos, esse culto descrito no processo não teria qualquer condição de existir.

Mas Nogaret não estava preocupado com a veracidade da acusação desde que parecesse ter um mínimo de crédito aos olhos dessa sociedade ocidental que era solicitada a condenar a Ordem do Templo. O grande estrategista do rei havia desenterrado um episódio ocorrido

---

47. Gregorio Magno, *Lettere*, IX, epist. LII, em PL. 77, 971.

há mais de cem anos, um episódio que, na época, fora difundido e momentaneamente tinha ofuscado o bom nome da Ordem.

Em 1187, quando Saladino conseguiu sua memorável vitória em Chifres de Hattin e recuperou Jerusalém para o Islã, ele se comportou com grandíssima generosidade nos confrontos com a população cristã, concedendo a liberdade não somente aos ricos que podiam pagar seu resgate, mas também aos pobres por puro amor de Deus. Apenas contra os Templários e os Hospitalários, um verdadeiro espinho na carne no plano militar, o sultão não quis demonstrar piedade e mandou que todos fossem decapitados. Nesse contexto, o Grão-Mestre Templário, Gerard de Ridefort, caído prisioneiro dos inimigos, foi visto voltar são e salvo para casa quando todos acreditavam que estivesse morto. Sabendo quais eram os sentimentos do sultão para com os Templários, o fato pareceu estranho e suspeito a todos. De resto, Ridefort era conhecido como um aventureiro, um oportunista, um traidor dos amigos e que subira de posição na Ordem traindo amigos. Ele não gozava absolutamente de boa reputação e isso se tornou ainda pior quando se soube que conseguira sua liberdade negociando-a com a cessão das fortalezas dos Templários. Enfim, ele havia traído a Ordem da forma mais vil possível.[48]

As condições negociadas entre Ridefort e Saladino haviam, com certeza, escandalizado a tal ponto a sociedade cristã que o eco do escândalo ficou registrado na crônica de Saint-Denis. Aliás, a sociedade cristã estava pasma com a derrota sofrida em Jerusalém. As ordens militares eram consideradas por todos as principais responsáveis por essa perda e a procura de um bode expiatório era inevitável. O vil, arrogante e indigno Ridefort parecia ser, por sua natureza, a pessoa ideal.

Foi exatamente essa fonte que Guillaume de Nogaret procurou pescar a fim de acusar os Templários de se terem convertido ao Islã. Vozes semelhantes também se levantaram ao fim do século XIII, quando, na Terra Santa, alguns acordos diplomáticos negociados pelos chefes cristãos com o inimigo islâmico não haviam sido compreendidos no Ocidente, fazendo com que surgissem apaixonadas polêmicas. Durante o processo se apresentou, de repente, Guillaume de Nogaret, que levantou esse assunto forçando Jacques de Molay a apresentar uma explicação:

---

48. Runciman, *Storia delle crociate*, II, p. 628, 660-675; Lyons e Jackson, *Saladin*, p. 250, 303-304.

Nas crônicas depositadas na abadia de Saint-Denis estava escrito que na época de Saladino, sultão da Babilônia, o Grão-Mestre Templário e os outros chefes da Ordem fizeram ato de homenagem ao sultão. Ao tomar conhecimento da grande adversidade pela qual os Templários estavam passando, o mesmo Saladino declarou publicamente que eles estavam sofrendo essa tragédia por estarem manchados pelo vício da sodomia e porque haviam prevaricado a própria fé e leis. O Grão-Mestre Jacques de Molay ficou estarrecido com essa declaração e respondeu que nada sabia a esse respeito. Porém, sabia que na época em que Guilherme de Beaujeu fora chefe do Templo na Terra Santa, também ali estavam muitos jovens frades Templários ansiosos por entrar em ação, bem como outro grupo de frades que, insatisfeitos, falavam mal do Grão-Mestre. De fato, como nesse instante vigorava uma trégua entre sarracenos e ingleses, cujo rei viria logo a falecer prematuramente, o Grão-Mestre colocou-se à disposição do sultão e passou a assisti-lo, pois os Templários tinham em custódia muitas cidades e fortalezas em territórios do sultão que deixariam de ser controladas por mãos cristãs se o rei da Inglaterra não conseguisse providenciar o envio dos víveres de que tanto precisavam. E, ao final, todos compreenderam que o Grão-Mestre não teria como agir diferentemente para não perder essa custódia.[49]

Na Terra Santa se lutava com as negociações diplomáticas talvez muito mais do que com as armas. As primeiras décadas de vida do reino cruzado tinham conhecido uma relativa tranquilidade porque os confinantes potentados islâmicos, individualmente, preferiam aliar-se aos cristãos e permanecer autônomos a aceitar a submissão a um poder islâmico bem maior do que o próprio. As ações do Grão-Mestre Guilherme de Beaujeu, depois morto heroicamente por mão sarracena ao proteger a fuga dos civis pelo mar, haviam sido ditadas pelas necessidades políticas e sua plena boa-fé era comprovada pela colaboração do rei da Inglaterra, também participante dessa aliança. Durante os anos em que as ordens militares não tiveram a força nem a capacidade de recuperar Jerusalém, nasceram em todo lugar projetos visando suas reformas, pois a notícia dessa singular aliança havia, certamente, induzido os maldosos a suspeitarem de que os Templários, na realidade, não queriam absolutamente atacar esse Islã que, secretamente, havia conquistado suas simpatias. O contexto do processo e suas dinâmicas tinham transformado esse comentário sem consequência em uma verdadeira acusação.[50]

---

49. Michelet, *Le Procès*, I, p. 44-45.
50. Cfr. p. ex. Michelet, *Le Procès*, I, p. 187; II, p. 209, 215.

Tantas faces

Os relatos dos Templários que descreveram o ídolo como se fosse um retrato do Diabo continham detalhes surreais: "O monstro tem muitas faces; ele é associado a um sinistro gato preto que aparece e desaparece de maneira misteriosa; ele é venerado durante um sabá de bruxas e, certa vez, ele até respondeu ao frade e lhe prometeu grandes vantagens materiais". O historiador é logo tentado a rejeitar essas descrições pensando que elas sejam apenas o triste fruto de torturas. Entretanto, é sempre melhor evitar as conclusões imediatistas porque a experiência demonstra que até as declarações mais absurdas podem, às vezes, ocultar em seu íntimo minúcias de verdade: fatos reais que precisam ser trazidos à luz e separados dos detalhes tenebrosos que a eles foram agregados graças à tortura, às violências psicológicas e às sugestões profundas geradas pelo clima do processo. Por exemplo, é de conhecimento geral que a tradição cristã medieval costumava representar o dogma da Trindade com três pessoas diferentes, mas idênticas, ou então por uma só Pessoa com três rostos diferentes. Tratava-se do *vultus trifrons*, o vulto com três frontes, um arranjo inventado no século XIII para poder tornar compreensível, de alguma forma, o conceito muito complexo de Deus, que era, ao mesmo tempo, único, mas em três Pessoas distintas.

Durante o Concílio de Trento (1545-1563), muitos aspectos da religiosidade popular que, no passado, eram aceitos por todos, foram selecionados e colocados em discussão, e o vulto dos três rostos deles fazia parte. Foi então possível ver que essa imagem sagrada era demais parecida com algumas representações antigas dos deuses pagãos, como, por exemplo, a Diana romana que Virgílio, em sua *Eneida* (IV, 511), chama de "*Vergine con tre facce*" (Virgem com três rostos), ou a grega Hécate, deusa do Inferno, associada à Lua e representada com três rostos, fazendo alusão às suas três fases (Crescente, Cheia, Minguante). Hécate era a rainha do além-túmulo e, em alguns textos mágico-pagãos, ela era evocada por magos e bruxos. Na imaginação romana e, depois, na imaginação dos primeiros cristãos, ela veio a ser considerada uma personificação do Diabo, apesar de essa deusa nunca ter sido originalmente relacionada com o mal. Na tradição da arte medieval, encontram-se, às vezes, monstros demoníacos com três cabeças (como no frontispício da igreja românica de São Pedro, na Toscana).

Em 1628, o papa Urbano VIII proibiu a representação da Trindade por meio desse esquema de origem pagã e de aspecto monstruoso.

Depois, em 1745, Bento XIV ordenou que as três Pessoas fossem representadas apenas conforme constam nas Sagradas Escrituras: o Pai como um venerável ancião, ou seja, o "Ancião dos Dias", descrito no livro do profeta Daniel; o Filho como um homem jovem; e o Espírito Santo na forma de uma pomba.

Ora, sabemos que, originalmente, a Ordem do Templo havia sido dedicada à Trindade e, no texto do regulamento aprovado em Troyes, o fundador e os seus primeiros companheiros são chamados de "pobres companheiros da Santa Trindade". Portanto, não deve ser excluído o fato de que nas igrejas da Ordem estivessem presentes algumas esculturas desse tipo em particular, raro na arte gótica, mas perfeitamente lícito e ainda usado no Renascimento de Donatello para enfeitar o tabernáculo de São Tomé Apóstolo, em Orsammichele, Florença.[51]

Em um belíssimo manuscrito da Biblioteca Vaticana, pintado em Nápoles por Matteo Planisio, em 1362, encontra-se um ciclo de miniaturas que retratam a criação do mundo. Deus é representado como as Três Pessoas da Trindade, isto é, um venerável ancião com um rosto e duas faces, uma face de homem ancião (o Pai) e a outra é uma face de rapaz adolescente ainda sem barba (o Filho), enquanto a pomba, que simboliza o Espírito Santo, está pousada em seu ombro (Fig. 4).[52] Se excluirmos a pomba, que não é bem visível em todas as miniaturas, será preciso admitir que o Criador parece um ser curioso com uma cabeça e dois rostos. O rosto do rapaz, de feições doces e sem barba, efetivamente, parece ser o rosto de uma mulher. A arte medieval possui essas suas particularidades, pois não acha importante representar as coisas de maneira realista, mas prefere colocar em evidência os significados simbólicos e espirituais. É certo que imagens desse gênero deviam parecer decididamente monstruosas para quem as visse sem receber uma adequada explicação.

É difícil dizer ao que correspondessem precisamente esses simulacros com duas, três ou até quatro faces descritos por alguns Templários durante o processo. Alguns testemunhos, sem dúvida, correspondiam a objetos verdadeiros e acessórios sagrados usados no culto e na liturgia, enquanto outros são apenas frutos monstruosos do medo e da violência. A esse propósito vale considerar a área geográfica onde ocorreram os vários interrogatórios.

O processo foi aplicado em praticamente toda a cristandade, com investigações na França, Inglaterra e Escócia, Itália, Alemanha,

---
51. Wehr, *Trinità, arte*, col. 544-545; Naz, *Images*, col. 1257-1258; Curzon, *La Règle*, § 9.
52. Biblioteca Apostólica Vaticana, Vat. Lat. 3550, f. 5r.

Península Ibérica e Chipre. Entretanto, os testemunhos mais escabrosos concentraram-se na França, principalmente na região histórica do Midi (sul), o quartel-general da terrível Inquisição. Nessa área há um documento, um pouco fragmentado, que lhe pertence e que no momento pode ser etiquetado como "investigação de Languedoc", porque não há qualquer referência ao local e à data nos quais aconteceu o interrogatório. Porém, muitos indícios fazem pensar que o famoso inquisidor Bernardo Gui foi diretamente envolvido, pelo menos na fase instrutória. Esse documento é uma verdadeira mina de informações sobre fatores que influíram no processo e proporciona entendimento de como fizeram com que estudiosos como Nicolai, Hammer-Purgstall e outros autores chegassem a ter uma ideia tão obscura sobre as cerimônias que aconteciam no Templo.[53]

Logo no primeiro depoimento da investigação de Languedoc, o qual chegou às nossas mãos na íntegra, o frade interrogado, um sargento chamado Guillaume Collier, originário de Buis-le-Baronnies (Drôme), contou que foi admitido mediante uma cerimônia normal. Mas, logo depois, o Preceptor desconjurou alguns dogmas fundamentais do Cristianismo, como a divindade de Jesus e o seu nascimento virginal. Depois abriu uma janela secreta em uma parede da igreja onde estava guardado um ídolo de prata que tinha três faces. Disseram-lhe que esse ídolo representava um poderoso protetor da Ordem, capaz de conseguir-lhes qualquer graça do céu. De repente, ele viu aparecer perto do ídolo um misterioso gato vermelho. Imediatamente, o Preceptor e todos os presentes descobriram a cabeça e fizeram ato de homenagem ao ídolo cujo nome era Maomé *(Magometum)*.[54]

Nota-se um verdadeiro e próprio *cliché* que guia o percurso da confissão e é repetido de um depoimento para outro. Porém, à medida que os Templários passam a falar, o *cliché* é enriquecido por outros detalhes bem mais escandalosos, em um horrível *crescendo*. Segundo o frade que foi interrogado logo após, outro sargento chamado Ponce de Alundo, originário de Montélimar (ainda no Drôme), o ídolo também tem chifres. Ele não é mais um simples simulacro, mas um demônio real que vive e fala. O candidato conversa com ele normalmente como se fosse uma pessoa, pedindo-lhe favores materiais, e o ídolo promete dar o seu apoio. Agora, o gato misterioso que aparece ao lado dele é preto e, portanto, mais semelhante àquele que, na imaginação da época,

---

53. Frale, *L'interrogatorio ai Templari*, p. ex. p. 254, 255, etc.; Ménard, *Histoire civile, Preuves*, p. 210; Michelet, *Le Procès*, II, p. 363.

54. Frale, *L'interrogatorio ai Templari*, p. 243-245.

acompanhava as bruxas. Por ordem do Preceptor, o gato deve ser adorado e beijado no ânus.

Prosseguindo com a leitura dos outros depoimentos, nota-se que o detalhe do beijo obsceno no gato é constante assim como a cor tende quase sempre a ser preta. Porém, outros dois detalhes, claramente "cenográficos", são agregados: o felino mágico desaparece prodigiosamente logo após ter recebido a homenagem do novo frade e alguém argumenta que se trata efetivamente de um diabo que aparece em corpo de gato.[55]

Assim, o interrogatório registra um verdadeiro golpe de cena: um cavaleiro chamado Geoffroy de Pierrevert, Preceptor da sede de Rué, no departamento do Var, contou que tinha assistido a uma cerimônia de admissão durante a qual, além do ídolo com quatro faces e do gato diabólico, a presença demoníaca aparecera acompanhada de algumas mulheres, vestidas com um manto preto, que, de repente, se materializaram na sala cujas portas estavam trancadas. De acordo com seu relato, as mulheres não tiveram relações carnais com os frades presentes na cerimônia. Isso, de certo, desapontou os inquisidores que, entretanto, se refizeram rapidamente. De fato, eles tiveram a satisfação de fazer confessar o frade Garnier de Luglet, da diocese de Landres, o qual, em sua cerimônia de admissão, além do ídolo e do gato diabólico, as bruxas que apareceram puderam seduzir os frades, desaparecendo logo depois de levá-los ao pecado mortal.[56]

As perguntas haviam sido elaboradas seguindo um esquema que tende a inquirir por camadas sucessivas, ou seja, primeiro o imputado é interrogado sobre a presença do ídolo. Em seguida, é perguntado se também um gato apareceu. Se a resposta for positiva, a indagação continua sobre qual papel o animal desempenhava na cerimônia e qual era a sua verdadeira natureza.

Com os frades que se mostram prontos a responder positivamente nesse *crescendo*, somos levados a, primeiro, antecipar a questão sobre a aparição das bruxas e, depois, a insistir sobre a questão da celebração da orgia demoníaca. O procedimento aplicado no Languedoc tem características únicas no âmbito do processo. Acredito que seja, sem dúvida, aquele pelo qual os testemunhos são alterados de maneira mais incisiva pela intervenção dos inquisidores. Aqui, as culpas atribuídas aos frades são muito mais graves do que as culpas concebidas por Felipe, o Belo, em sua ordem de prisão, cujo objetivo era conseguir, quanto antes, a condenação dos Templários. Os próprios atos do inquérito o de-

---

55. *Ibidem*, p. 245-246.
56. *Ibidem*, p. 256-257, 267-269.

monstram expressamente. As testemunhas eram antes cuidadosamente "preparadas" por meio de adequadas torturas. Em seguida, deixava-se passar um período de vários dias para que refletissem (ou para voltar em condições de falar???). E, finalmente, eram interrogadas novamente.

Dizem que a duração desse processo foi longo quanto à sua gestão. Durante o inquérito realizado em Poitiers, de 28 de junho a 2 de julho de 1308, Clemente V, com a ajuda dos cardeais que o assistiram, examinou 72 Templários durante cerca de cinco dias. O próprio Felipe, o Belo, e o inquisidor da França, Guillaume de Paris, logo após a detenção, haviam interrogado 138 frades detidos no Templo de Paris durante o período de um mês, de 19 de outubro a 24 de novembro de 1307, enquanto os investigadores encarregados do inquérito do Languedoc levaram dois longos meses para interrogar apenas 25 pessoas. A "preparação" das testemunhas deve ter sido de um rigor impressionante.[57]

Uma carta escrita pelo inquisidor da França, Guillaume de Paris, endereçada a Bernardo Gui, o mais famoso inquisidor do século XIV, confidencia algumas operações no processo contra os Templários e levanta uma legítima suspeita: no inquérito do Languedoc, quartel-general de Bernardo Gui, o teorema de Guilaume de Nogaret não havia sido obedecido e um esquema diferente fora utilizado, um esquema elaborado pelo terrível inquisidor segundo as técnicas com as quais estava acostumado, visando principalmente a tudo o que era bruxaria e evocação de demônios.[58]

No ato acusatório escrito em Paris pelos juristas reais, o ídolo é, de fato, um detalhe muito marginal e do Diabo, não há nem vestígio. Por outro lado, nas confissões dos Templários do Languedoc, o estranho ídolo forma um conjunto único com o Diabo, na forma de gato, e as bruxas. A descrição desses rituais sinistros ocupa uma parte notável do texto. No norte da França, ao contrário, a acusação de sodomia é posta em grande relevo, como se fosse alguma coisa capaz de difamar a Ordem de maneira irremediável. E, ali, encontra-se um rapaz pronto para confessar que havia sido abusado três vezes em uma só noite por Jacques de Molay (já com mais de 60 anos).[59]

---

57. Arquivo Secreto Vaticano, *Archivum Arcis*, *Armarium D* 208, 209, 210 (no número 217 se encontra o pergaminho de Chinon), e Reg. Av. 48, fl. 437r-451v): para a edição cfr. Shottmüller, II, p. 9-71; Finke, II, p. 324-342; Michelet, *Le Procès*, p. 275-420; Frale, *L'interrogatorio ai Templari*, p. 199-272, à p. 226.

58. Frale, *Du catharisme à la sorcellerie*, p. 168-186; Frale, *L'interrogatorio ai Templari*, p. 199-242. Sobre o mito do ídolo cfr. também Reinach, *La tête magique*, p. 25-39.

59. Michelet, *Le Procès*, II, p. 289-290.

No sul, ao contrário, não se fala absolutamente de sodomia. A mentalidade comum talvez fosse mais tolerante ou então preferisse simplesmente visar algo mais "explosivo". De certa forma, o ídolo realmente tinha muitas faces; eram vultos diferentes e, às vezes, até incompatíveis entre si mesmos, que a acusação revelava ou ocultava segundo os gostos e a fragilidade do público a ser impressionado.

Segundo Capítulo

"Ecce Homo!"

Uma sacralidade especial

Uma vez liberado o campo da confusão e verificada a origem das acusações de Islamismo e de bruxaria, as descrições sobre o ídolo dos Templários aparecem imediatamente bem mais concretas. Trata-se simplesmente de um retrato humano, feito com diversos materiais, que apresenta um homem desconhecido. É nesse grupo de descrições realistas, descrições de simples objetos de arte sacra, que estão os dados mais interessantes. O ídolo é um objeto puro e simples, mesmo que os Templários, por motivos particulares, o julgassem de valor ímpar. A natureza do retrato aparece desde o primeiro interrogatório, ocorrido logo após a operação de captura de outubro de 1307. Mas o sensacionalismo com o qual essa operação contra os Templários foi divulgada confundiu as ideias de todos. A heresia e a bruxaria foram denunciadas aos brados, motivo que deu origem à impressão de ver presenças ocultas em todos os lugares.

  O sargento Rayner de Larchent viu-o 12 vezes durante 12 diversos eventos gerais, e o último foi aquele celebrado em Paris na terça-feira, depois da festa dos santos apóstolos Pedro e Paulo, no mês de julho que precedeu a captura. Conforme suas declarações, tratava-se de uma cabeça, com barba, que os frades adoram, beijam e chamam de seu "salvador". Ele não sabia onde era recolocada ou quem a guardava, mas acreditava que o próprio Grão-Mestre ou o dignitário que preside a assembleia geral se encarregasse disso.

Em Paris, os frades Gautier de Liencourt, Jean de la Tour, Jean le Duc, Guilherme de Herblay, Raoul de Gisy e Jean de le Puy também a viram. Era o Grão-Mestre ou, mais frequentemente, o Visitante do Ocidente, Hugues de Pérraud, que presidia a cerimônia da exposição. Na hierarquia templária, Hugues de Pérraud era o segundo na ordem de comando. Quando o chefe do Templo se encontrava no Oriente, ele tornava-se, de fato, o Templário mais poderoso da Europa.[60] No interrogatório, Hugues de Pérraud admitiu a existência do ídolo e de seu culto, mas não forneceu detalhes que pudessem ser úteis aos nossos modernos fins de pesquisa histórica:

> Interrogado sobre a cabeça acima referenciada, ele disse sob juramento que a vira, segurou-a e tocou durante uma assembleia, perto de Montpellier. Tanto ele quanto os outros frades presentes a adoraram. Ele, porém, apenas fingiu adorá-la, agindo com a boca, mas não com o coração, e não saberia dizer se os outros a adoraram com o coração. Inquirido sobre onde estava o ídolo, ele respondeu que o deixara com frade Pierre Allemandin, Preceptor da sede de Montpellier, mas também não saberia dizer se os agentes do rei conseguiriam encontrá-lo. Ele disse ainda que essa cabeça tinha quatro pés, dois à frente, na parte da face, e dois atrás.[61]

Que tipo de simulacro ele era, o depoimento não o especifica, mas pelo fato de ter quatro pés parece realmente tratar-se de um objeto tridimensional que possuía um suporte. Aos poucos, essa ideia começou a fazer sentido. Ao final do inquérito da Cúria Romana, no verão de 1308, o papa retirou as investigações das mãos dos inquisidores e decretou que para cada território elas fossem confiadas a comissões especiais formadas por bispos locais. Esses bispos eram pessoas independentes do rei da França e dos planos dos estrategistas reais. A tarefa que o papa lhes confiava era simplesmente a de buscar esclarecimentos a respeito desse complicado processo. Alguns desses bispos poderiam, eventualmente, ter alguma antipatia pelos Templários por motivos pessoais; por exemplo, era conhecida a inveja que existia nos confrontos dessa ordem religiosa rica, poderosa e cheia de privilégios. Porém, os bispos não tinham qualquer interesse direto em prejudicá-los tal como, ao contrário, desejavam o rei e o colégio de Guillaume de Nogaret. Não há dúvida quanto à possibilidade de que, durante os inquéritos dirigidos pelos bispos diocesanos, muitas das acusações lançadas anteriormente pudessem, de um lado,

---

60. Michelet, *Le Procès*, II, p. 279, 299, 300, 313, 315-316, 364, 367.
61. *Ibidem*, II, p. 363.

começar a fazer vacilar sua veracidade ou, por outro, fazer com que assumissem um perfil mais racional e confiável.

Os bispos diocesanos logo chegam à conclusão de que o famigerado ídolo nada mais é do que um relicário de meio-busto contendo os restos de um santo qualquer, um objeto muito difundido na arte sacra da Idade Média. Este fato emerge com clareza na hora em que a administração dos interrogatórios passa para as mãos do papa e logo, no mesmo inquérito realizado em Poitiers, em junho de 1308, Clemente V pôde apurar esse fato pessoalmente. A esse respeito, o frade sargento Étienne de Troyes contou:

> A respeito da cabeça, disse que era costume da Ordem celebrar todos os anos uma assembleia geral, por ocasião da festa dos Apóstolos Pedro e Paulo, e durante uma dessas assembleias eles a mantiveram em Paris no decorrer do ano em que ele foi inserido na Ordem. Participou da assembleia que durou três dias; o início ocorreu na primeira parte da noite e continuou até a primeira hora do dia. Durante a primeira noite, trouxeram uma cabeça que veio carregada por um padre o qual avançava precedido de dois irmãos que tinham nas mãos grossas tochas e velas acesas em candelabros de prata. O padre colocou a cabeça no altar sobre duas almofadas e um tapete de seda. Ele tem a impressão que seja uma cabeça de carne humana, do ápice do crânio até o nó da epiglote. Tinha o cabelo branco e sem cobertura. O rosto também era de carne humana e lhe parecia ser muito pálida e descorada, com a barba mesclada de pelos escuros e grisalhos, tal como a barba dos Templários. Então o visitador da Ordem disse: "Adoremo-lo e rendamos-lhe homenagem porque é ele quem nos fez e é ele quem pode nos destruir". Todos se aproximaram com suma reverência, fizeram-lhe ato de homenagem e adoraram essa cabeça. Ele ouviu dizer por alguém que esse crânio pertencia ao primeiro Mestre da Ordem. O frade Hugues de Payns disse que do pomo de Adão até os úmeros ela era revestida de ouro e de prata, e incrustada de pedras preciosas.[62]

Conforme o frade Bartholomé Bocher da Diocese de Chartres, que entrou na Ordem em 1270 e sempre vira no Templo de Paris esse mesmo objeto, muito provavelmente um relicário do fundador, Hugues de Payns, disse que o relicário não estava sempre nesse lugar, mas era para ali levado somente em determinadas ocasiões especiais para, depois, ser retirado e conduzido para outro local:

> O Templário que o recebeu na Ordem mostrou-lhe certa cabeça que alguém havia colocado sobre o altar dessa pequena capela perto do santuário. Ele disse que, em momentos de dificuldade, era só invocar a ajuda dessa cabeça. Ao ser perguntado de que era feita essa cabeça, ele respondeu que era

---

62. Arquivo Secreto Vaticano, Reg. Aven. 48, ff. 449-450r.

parecida com a cabeça de um Templário, com a touca e a barba grisalha e longa, mas não sabia dizer se era feita de metal, de madeira, de osso ou de carne humana e o seu Preceptor não especificou de quem era essa cabeça. Nunca a havia visto antes nem a viu mais, embora houvesse passado mais de cem vezes nessa capela.[63]

O relato podia ter certo poder de sugestão principalmente porque acontecia diante do papa que, pela primeira vez, conseguia ouvir pessoalmente os Templários, depois de quase um ano de denúncias e tremendas manifestações populares. A cena desse culto misterioso que surgia das trevas à luz tremulante das velas não podia, certamente, impressioná-lo no bom sentido, mas o depoimento em si mesmo não era particularmente grave. Os Templários reservavam um culto especial para o seu fundador, Hugues de Payns, veneravam-no como um grande santo durante algumas liturgias noturnas e expunham a cabeça mumificada (ou talvez conservada naturalmente) composta dentro de um grande e precioso relicário.

Hugues de Payns nunca foi canonizado oficialmente e, para a Igreja de Roma, ele era apenas um convertido que optara por servir a Deus tal como fez um número incalculável de outros frades e sacerdotes desconhecidos. Hugues de Payns nunca fora elevado às honras do altar e Clemente V, como canonista, não podia enxergar com bons olhos que lhe fosse reservada uma veneração tão solene; mas, na Idade Média, as pessoas estavam acostumadas a considerar santas algumas pessoas em razão de seu simples estilo de vida, até mesmo quando estivessem em vida. Assim que morriam, seus corpos com todos os objetos que haviam possuído se tornavam imediatamente preciosas relíquias. As pessoas começavam a rezar sobre seus túmulos, invocar um milagre e intercessões junto a Deus sem esperar que a Igreja tivesse completado seu longo e criterioso processo de práticas burocráticas. E assim se tornavam os santos, por aclamação popular.

Quando em Assis se ouviu dizer que Francisco estava à beira da morte na Porciúncula, o povo começou a rezar esperando impaciente por poder finalmente ver e venerar as estigmas em seu corpo. Esse é um caso famoso e particular, mas poder-se-iam citar muitos outros.[64]

A ideia de que o contato com o corpo dos santos produzia benefícios não era certamente uma novidade da Idade Média, mas pertencia à mais antiga tradição cristã. Os *Atos dos Apóstolos* contam que as pessoas se encostavam em São Paulo enquanto ele pregava e os fiéis

---

63. Michelet, *Le Procès*, II, p. 192-193.
64. Tommaso da Celano, *San Francesco*, p. 130-138; cfr. também Cardini, *Francesco d'Assisi*, p. 231-273.

tocavam-lhe as vestes com lenços de pano por estarem convencidos de, assim, conseguir uma relíquia do santo. O carisma do apóstolo passava de seu corpo para suas vestes e de suas vestes para os lenços.[65]

O fato de venerar seu fundador, Hugues de Payns, que, segundo os Templários, era um santo homem, poderia incitar Clemente V a admoestá-los para que reduzissem o culto à sua devoção de uma maneira mais sóbria. Entretanto, esse fato estava bem longe de provar a hipótese de heresia.

Realmente, consta do interrogatório de Chipre, confiado a uma comissão de prelados locais, longe mil milhas de Felipe, o Belo, e de suas pressões, que os Templários negaram categoricamente toda acusação que dizia respeito a comportamentos ou ideias de desvios em matéria de fé. Além disso, apresentaram-se para testemunhar muitos laicos nobres, padres e frades externos à Ordem, declarando que os Templários observavam o culto com uma devoção exemplar. Parece que praticavam liturgias de adoração à cruz, muito sugestivas e particulares, durante a Sexta-Feira Santa, e delas participavam também outras pessoas que não faziam parte da Ordem. Um sacerdote disse que frequentava a missa nas igrejas do Templo e que, às vezes, ele até havia concelebrado a missa com os capelães da Ordem e que as fórmulas de consagração da hóstia eram pronunciadas apropriadamente. Um dominicano que frequentemente prestava serviços religiosos junto aos Templários disse que ouvira muitos deles no confessionário, tanto em Chipre quanto na França, e que nenhum deles tinha na consciência atitudes heréticas.[66]

A acusação de idolatria e de incredulidade para com a Comunhão revelou-se logo um grande blefe. Entretanto, ao construí-la, Guillaume de Nogaret e seus ajudantes tinham feito uso do mesmo método aplicado nas outras imputações, o critério da meia verdade. Eles partiram de um núcleo minúsculo de fatos reais, uma migalha de verdade oportunamente ampliada e distorcida.

Intuições

Em 1978, o historiador Ian Wilson publicou uma obra intitulada *La sindone di Torino. Il lenzuolo funebre di Gesù Cristo* (O Sudário de Turim. O lençol fúnebre de Jesus Cristo). É um livro bem escrito e também um tanto documentado que acompanhava a história do Sudário no decorrer de um período de quase 2 mil anos, desde as descrições dos

---

65. At 19, 11-12 (edição Nestle-Aland, p. 1167).
66. Schottmüller, II, p. 375-400, nas p. 379-380, 392-398.

Evangelhos até as últimas pesquisas científicas de 1973 e, nessa imensa panorâmica, o autor dedica um capítulo de cerca 15 páginas para ilustrar a sua teoria particularmente audaciosa: na história do Sudário havia um "vácuo", um espaço de cerca de um século e meio (de 1294 a 1353), durante o qual esse objeto (em certo sentido) desaparece das fontes históricas. Com base em várias provas extraídas tanto de documentos quanto de objetos que pertenceram aos Templários, o autor sustenta que o ídolo venerado pelos Templários era, na realidade, o Sudário que hoje está em Turim, dobrado em si mesmo e encerrado em um relicário feito especialmente para que somente o rosto seja visível.

A teoria fez sensação porque à luz dessas informações muitos pontos obscuros tornaram-se imediatamente compreensíveis, principalmente a respeito do que ocorreu com os Templários. Porém, Wilson não era um especialista do assunto, conhecia apenas as fontes mais famosas do processo e, portanto, não pôde ter acesso a muitos dados preciosos. De qualquer maneira, essas 15 páginas continham uma intuição de interesse histórico enorme e deixaram na comunidade dos estudiosos uma fortíssima curiosidade que as poucas provas apresentadas não puderam satisfazer.

Nos últimos anos, as fontes do processo contra os Templários foram indagadas de maneira mais ampla e sistemática do que ocorreu no passado, e isso nos permitiu trazer à luz verdades históricas que antes pareciam ser duvidosas, desfocadas, quase sombras. Será que elas podem nos dizer alguma coisa também sobre a relação entre os Templários e o Sudário? Felizmente sim, e muito, graças principalmente a alguns depoimentos que estavam quase escondidos em um documento autêntico, mas pouco conhecido dos peritos. Um documento que, no conjunto do processo, parecia ser de menor importância política e judiciária, mas que para o estudo da espiritualidade templária tem, ao contrário, um valor de primeiro plano. Trata-se de notícias que os peritos dos Templários mal citam em seus estudos. O mesmo acontece em um setor da pesquisa que está sendo desenvolvida pelo método científico já faz um século: é a sindonologia, ou seja, o conjunto de estudos sobre o Sudário de Turim.

Creio oportuno mostrar ao leitor essas novas provas que surgiram das fontes templárias e, no momento, apenas discuti-las, ou seja, ignorando por completo a teoria de Wilson. Isso é necessário para evitar que os dois discursos se sobreponham. Portanto, veremos as fontes puras, tal como parecem ao pesquisador que as lê pela primeira vez, sem influências ou ideias preconceituosas que possam derivar da leitura de outros estudos. Mais tarde, todo o material será colocado ao confronto com as intuições expressas anteriormente por Ian Wilson e poderemos verificar qual é o cenário histórico que deriva disso.

Durante toda a segunda fase do processo contra o Templo, ou seja, aquele desvio depois do verão de 1308, quando os inquéritos já eram dirigidos por bispos diocesanos, os inquisidores começam a ter certeza que a "cabeça" dos Templários era, na realidade, o relicário de algum santo. Portanto, dirigem suas perguntas mais precisas nessa direção. Um caso significativo foi o do sargento Guillaume d'Erreblay, anteriormente esmoleiro do rei da França, que foi interrogado pela comissão de bispos encarregada do inquérito de Paris em 1309-1311. Esse homem tinha visto muitas vezes um bonito relicário de prata usado nas liturgias normais do Templo, exposto para a veneração dos fiéis que iam rezar nas igrejas da Ordem. Alguns diziam que se tratava dos restos de uma das Onze Mil Virgens companheiras de Santa Úrsula que morreram mártires em Colônia, e assim ele também acreditara. Depois, porém, ao ser preso, e sugestionado pelo clima da acusação, pareceu-lhe haver muita coisa estranha. De fato, parecia lembrar que esse relicário tivesse um aspecto monstruoso e duas faces, uma das quais tinha barba.[67]

O historiador moderno logo suspeita que a testemunha tenha sido influenciada negativamente pelo contexto do processo e chega até a fazer um discurso cheio de incongruências. Como era possível expor à veneração dos fiéis o retrato de uma santa jovenzinha com duas faces e, além disso, com barba? Na realidade, esse Templário viu e descreveu dois objetos diferentes: do relicário das Onze Mil Virgens ele apenas ouvira falar a respeito pelos frades da Ordem, enquanto o relicário que ele vira com os próprios olhos possivelmente tivesse duas faces. Sua descrição é idêntica às miniaturas pintadas pelo pintor Matteo Planisio no manuscrito Vaticano latino 3550, em que o Criador é representado com duas faces, uma masculina com barba (a Pessoa do Pai) e a outra de jovem adolescente (o Filho), que pode muito bem ter sido uma mulher (Fig. 4). A esplêndida miniatura napolitana é apenas um exemplo, mas quem sabe quantos outros objetos semelhantes existiam nas igrejas medievais.

Os bispos comissionados colheram esse depoimento e ordenaram que fosse averiguado imediatamente. Descobriu-se assim que no Templo de Paris havia realmente um relicário com os ossos de uma

---

67. Michelet, *Le Procès*, I, p. 502, II, p. 218.

das Onze Mil Virgens. Mas, em vez de ser monstruoso, ele era lindo e representava o rosto normal de uma jovem:

> Nesse momento foi ordenada a presença na audiência do guardião a quem foram confiados todos os bens do Templo depois da captura, Guillaume Pidoye, que, com outros administradores, era encarregado de proteger as caixas com as relíquias encontradas na sede templária de Paris. Guillaume recebeu a ordem de levar no processo todos os objetos com formato de cabeça, quer fossem de metal ou de madeira, encontrados nesse edifício. Ele então entregou aos comissários um grande e bonito relicário de prata, folheado a ouro, que representava uma jovenzinha. Dentro foram encontrados ossos que pareciam ser partes de um crânio, costuradas em um tecido de linho branco e envolvidas em outro tecido vermelho. Havia também uma pequena cédula costurada no tecido e na qual estava escrito "cabeça LVIII M". Parecia que a cabeça pertencia a uma menina e alguns diziam que eram relíquias das Onze Mil Virgens. Em vista da afirmação do guardião de que não havia outros objetos em forma de cabeça, os comissários chamaram Guillaume d'Erreblay e o colocaram em confronto com esse relicário, mas o Templário respondeu que não se tratava do mesmo e que nunca vira esse no Templo.[68]

Concluir que a fantasmagórica cabeça adorada pelos Templários fosse, na realidade, um relicário de prata enfraqueceu o teorema da acusação, pois levantava a suspeita de que também as outras culpas imputadas aos Templários pudessem ser objeto de uma mesma montagem. De qualquer forma, os comissários perceberam que na Ordem existiam liturgias e cultos particulares a respeito dos quais os frades não tinham ideias claras.

O sargento Pierre Maurin havia sido recebido na Ordem pelo Grão-Mestre Thibaut Gaudin em 1286 aproximadamente, em uma sala da grande residência templária de Château-Pélerin, na Terra Santa. Naquela ocasião não lhe foram mostrados simulacros de qualquer tipo, mas ele ficou curioso quando lhe entregaram a cordinha de linho e que por obrigação não deveria tirá-la do corpo mesmo não sabendo bem para que servisse. Passados dois ou três anos, um dia, estando em Château-Pélerin, veio a saber do irmão Pierre de Vienne que no Tesouro central do tempo, em Acre, estava conservado um misterioso objeto de culto, e esse objeto tinha o formato de uma cabeça. Todas as cordinhas dos Templários eram consagradas ao serem colocadas em contato com essa cabeça. Diziam que o relicário continha restos da cabeça de

---

68. *Ibidem*; Gugumus, *Orsola e compagne*, col. 1252-1267.

São Brás ou de São Pedro, mas, a partir desse dia, ele começou a sentir certo desconforto e não quis mais portar a cordinha em seu corpo.[69]

Por outro lado, o tesoureiro do Templo de Paris, Jean de la Tour, viu uma pintura em madeira pendurada na capela da Ordem, perto do crucifixo central, e pensou tratar-se da imagem de algum santo. Mas era certo que o homem representado nessa pintura não era um Templário porque não trajava as mesmas vestes típicas dos Templários. De qualquer forma, ele não era nada monstruoso e, embora se recusasse a adorá-lo, a sua visão não lhe incutiu qualquer medo.[70] A pista do retrato masculino com a figura de homem cuja identidade é desconhecida pelos Templários é, seguramente, a mais interessante. Parece levar diretamente à imagem de um personagem muito sagrado, venerado pelos Templários na máxima devoção, embora pouquíssimos saibam quem ele é: de fato, ele não é nada reconhecível e quem já o viu tem dificuldade para descrevê-lo. Quem será ele?

A imagem de um homem sobre uma tela

O interrogatório dos Templários presos em Carcassonne e realizado no inverno de 1307, ou seja, poucos meses depois da detenção, sobreviveu graças a um documento conservado junto aos Arquivos Nacionais de Paris: trata-se da cópia em papel de um documento redigido para ser enviado a Felipe, o Belo. O material está bem escurecido e não está em bom estado de conservação, mas é perfeitamente legível para quem tem certa prática com as fontes do processo contra a Ordem do Templo.

No início do século XX, Heinrich Finke tentou publicá-lo, mas teve muita dificuldade, e em sua edição de documentos do processo contra os Templários ele decidiu afinal e discutivelmente transcrever somente os poucos textos que conseguira identificar, trechos de frases acompanhados de uma série de pontos de interrogação para indicar o que não conseguira ler. Essas curtas passagens em latim, misturadas com um discurso basicamente em alemão, formam um bizarro conjunto de retalhos de vários idiomas. O conjunto todo está bem longe das normas atuais e, sinceramente, é até capaz de desorientar qualquer pessoa. Talvez seja por esse mesmo motivo que até agora a fonte foi praticamente ignorada.

---

69. Michelet, *Le Procès*, II, p. 240.
70. *Ibidem*, I, p. 597.

Em minha Tese de Doutorado em História junto à Universidade de Veneza (1996-1999), apresentei e discuti essa e muitas outras fontes quando estava coletando todos os depoimentos que sobreviveram ao processo dos Templários, a fim de realizar uma análise sistemática dos dados e confrontar uns com os outros. O conteúdo me pareceu logo de grandíssimo interesse porque acredito que demonstre, associado a tantos outros dados, que o fantasmagórico ídolo dos Templários era um objeto famosíssimo de identidade precisa.Trata-se efetivamente de um retrato, mas não de um retrato qualquer.

Ao frade templário Guillaume Bos, acolhido em 1297, aproximadamente, na sede templária de Perouse, perto de Narbona, foi mostrado um "ídolo" que tinha um formato muito particular, uma imagem bem diferente das outras que eram, mais propriamente, relicários em baixo-relevo. Tratava-se de um desenho escuro sobre o fundo claro de um tecido que lhe parecia ser um tecido de algodão (*signum fustanium*):

> ... e imediatamente foi levado nesse mesmo local e colocado diante dele uma espécie de desenho sobre uma tela de tecido. Ao ser perguntado sobre a figura ali representada, ele respondeu que estava tão surpreso com o que estavam fazendo que deve ter sentido dificuldade para enxergá-la, tampouco conseguiu distinguir quem era a pessoa representada nesse desenho. Mesmo assim pareceu perceber que havia sido feita em branco e preto, e a adorou.[71]

O mesmo tipo de objeto foi visto por Jean Taylafer, interrogado em Paris durante o demorado inquérito de 1309-1311. Esse também era uma espécie de desenho de formato indefinido, feito com uma tinta avermelhada e pôde distinguir somente a imagem de um vulto em dimensões naturais e com uma cabeça humana. Ele não conseguiu entender se era uma pintura ou não, mas também nesse caso tratava-se de uma imagem pintada em uma só cor.

Outro Templário chamado Arnaut Sabbatier disse, por outro lado, de maneira explícita que lhe haviam mostrado a figura de corpo inteiro de um homem sobre um tecido de linho e que lhe ordenaram que a adorasse três vezes e a beijasse nos pés ("*quoddam lineum habentem ymaginem hominis, quod adoravit ter pedes obsculando*").[72]

O documento é autêntico e o conteúdo é lido claramente, apesar do mau estado de conservação. Não querendo prejudicar a realidade da fonte histórica, esse documento demonstra que um "ídolo" idêntico ao

---

71. Du Fresne, *Glossarium*, p. 447.
72. Michelet, *Le Procès*, I, p. 190-191; Paris, Archives Nationales, J 413 nº 25, páginas não numeradas (f. 9); Finke, II, p. 323-324.

Sudário de Turim foi mostrado a alguns Templários do sul da França e, justamente, uma tela sobre a qual é possível ver a figura de um homem. E não há dúvida de que a figura era de corpo inteiro e não apenas a cabeça. De fato, o depoimento diz expressamente que os Templários o adoravam e beijavam-lhe os pés. Não é possível negar que o Sudário, quando visto pela primeira vez por quem não o conhece nem tampouco a tradição que o cerca, parece realmente uma espécie de impressão ou de uma grande mancha indefinida sobre uma longa tela de linho, uma impressão muito clara e sem contornos que revela os detalhes do corpo de um homem (Fig. 5a). A imagem tem a característica de tornar-se visível ou invisível segundo a distância que assume quem a olha e logo chama à mente os depoimentos dos Templários que justamente lembravam o fato de o ídolo "aparecer" e "desaparecer" de repente.

Realmente, são tantos os indícios que proporcionam a ideia de que as várias descrições do ídolo templário nada mais sejam do que a descrição do Sudário de Turim, relatada de forma fragmentada e imprecisa por pessoas que tiveram a oportunidade de vê-lo, na maioria dos casos, dobrado em um relicário que mostrava apenas a cabeça. Não devemos esquecer que as cerimônias dos Templários aconteciam às primeiras horas da manhã, antes de o Sol nascer e, portanto, esse objeto era visto praticamente em salas escuras e, principalmente, sem ter qualquer ideia do que se tratasse.

O depoimento de Arnaut Sabbatier descreve, ao contrário e de modo explícito, uma demonstração do verdadeiro e próprio Sudário, com a tela completamente aberta na qual é possível ver a imagem de corpo inteiro. Ele ainda descreve uma exata liturgia de adoração que prevê o tríplice beijo nos pés. Curiosamente, esse é o mesmo gesto que farão Carlos Borromeu e o seu séquito durante a famosa peregrinação de Milão a Turim, em outubro de 1578.

O jesuíta Francesco Adorno, que acompanhou São Carlos e escreveu o resumo do evento, sabia muito bem o que ele iria ver e, de toda maneira, afirmou ter ficado estupefato e, pode-se dizer, perplexo diante da tela, o mesmo tipo de emoção que descreveram tantos Templários durante o processo. Na verdade, esse jesuíta tinha visto apenas uma bela e idêntica cópia do Sudário encomendada pelo proprietário, Emanuel Filiberto de Saboia. Mas o original era algo totalmente diferente. A imagem na tela de Turim dava a impressão de um homem vivo e em sofrimento que emite o último respiro.[73] Os Templários adoravam o Sudário tal como o adorou São Carlos Borromeu cerca de três séculos mais tarde,

---

73. Savio, *Pellegrinaggio di san Carlo*, p. 447-448.

pelo menos aqueles que tiveram o privilégio de contemplar a relíquia original e não uma das tantas cópias espalhadas nas sedes da Ordem.

Segundo Adorno, São Carlos e alguns seguidores beijaram também a ferida no costado (Fig. 6a), além daquela dos pés, e o tom de tristeza percebido em suas palavras dá a entender que a ele, Adorno, esse grande privilégio não fora concedido. Por ora, não sabemos se os Templários costumavam beijar também o flanco da imagem. O frade que nos deixou o depoimento desse culto tinha, na hierarquia, um grau modesto, e tudo me induz a acreditar que o privilégio de beijar o costado poderia ser reservado apenas aos dignitários superiores.

O flanco transpassado de Cristo, aquele do qual, segundo o Evangelho de João, saiu sangue e água, havia comovido muito os cristãos desde os tempos mais remotos, pois estavam convencidos de que o fato tivesse um valor enorme e que, de alguma forma, esse fosse o sinal da divindade de Jesus. Segundo alguns estudiosos, enquanto contava o acontecido, o próprio evangelista proporcionava um forte significado teológico, visto que em sua cultura a água representava o símbolo do Espírito Santo. Ainda segundo a tradição cristã, foi exatamente dessa ferida que nasceu a Igreja, assim como nasce um filho da dor e do amor da mãe. A maioria dos frades era ignorante, mas entre os dignitários havia, seguramente, pessoas muito instruídas. A título de exemplo, podemos citar o poeta Ricaut Bonomel, que escreveu uma obra muito famosa, ou o capelão Pietro da Bologna, um valentíssimo jurista que procurou defender a sua Ordem durante o processo. De qualquer forma, não era necessário um grande intelectual para entender que essa ferida no costado era a fonte da Eucaristia, celebrada pelo padre sobre o altar, misturando o vinho e a água em memória dessa passagem do Evangelho.[74]

Por uma série de motivos que explicarei em seguida, os Templários eram profundamente fascinados com a ferida no costado e, para eles, essa ferida tinha um valor incomparável. É possível que a considerassem sagrada demais para que qualquer pessoa ousasse tocá-la, pelo menos não um Templário de grau modesto como era o homem que deixou seu depoimento no inquérito de Carcassonne.

A notícia de que os Templários veneravam a imagem de um homem sobre uma tela de tecido evidentemente se difundiu e acabou por atiçar a curiosidade das pessoas comuns de uma maneira bem mais ampla do que hoje as fontes nos fazem pensar. De fato, a notícia veio a ser registrada na Crônica de Saint-Denis, o grande livro de memórias

---

74. Demurger, *Vita e morte*, p. 220-221; Frale, *L'ultima battaglia dei Templari*, p. 287-293; Brown, *La morte del Messia*, p. 1330-1338; Id. *Giovanni*, p. 1181-1195.

redigido pela abadia parisiense que era particularmente ligada à coroa da França. Para os monges de Saint-Denys, o ídolo dos Templários não era um simulacro do Diabo nem um retrato de Maomé, mas, antes, ele era descrito de duas formas diferentes:

> ... e, pouco depois, começaram a venerar um falso ídolo. Segundo algum deles, esse ídolo era feito de uma pele humana muito antiga que parecia ter sido embalsamada [*une vieille peau ainsi comme toute embaumée*], ou em forma de tela polida [*toile polie*]. Nela os Templários depositam sua muito vil fé assim como cegamente acreditam nela.[75]

Conclusão, a questão do famigerado ídolo venerado pelos Templários foi um verdadeiro fiasco para a acusação, principalmente quando quiseram colorir esse objeto com tons obscuros de bruxaria. Nogaret o intuíra desde o início. Durante o primeiro interrogatório, realizado em Paris pelo inquisidor da França, o terreno havia sido preparado, mas os Templários que sabiam alguma coisa eram muito poucos e forneciam descrições muito confusas. Então os juristas reais preferiram deixar temporariamente o ídolo de lado para dedicar-se às acusações que quase todos os frades estavam dispostos a admitir. Os inquisidores do sul, verdadeiros e autênticos profissionais dos processos contra bruxaria, deram ao ídolo dos Templários o atributo de mal-encarnado, segundo o que eram suas mentalidades particulares. Talvez agissem na mais completa má-fé ou eles realmente tivessem ficado sugestionados com sua triste profissão, de certo modo prisioneiros dos espectros que suas mentes criavam enquanto ouviam as confissões dos desafortunados. De qualquer forma, o ídolo como imagem do Diabo ou retrato de Maomé não foi muito além do grande inquérito do Languedoc que foi, sem dúvida, o mais sanguinário de todo o processo. Mais tarde, depois do verão de 1308, quando o papa Clemente V conseguiu confiar os inquéritos a comissões de bispos locais, a natureza do ídolo foi paulatinamente tornando-se mais clara até chegar à identidade de dois objetos usados nas liturgias. O primeiro era um relicário feito em baixo-relevo contendo os restos de algum santo; o segundo era uma estranha tela de linho sobre a qual havia impressa a imagem de corpo inteiro de um homem em forma de desenho monocromático, uma espécie de impressão dos traços indefinidos.

---

75. Dupuy, *Histoire*, p. 26-28.

O poder do contato

Quem quer que fosse o homem misterioso venerado pelos Templários, ele era considerado tão sagrado e poderoso que alguém, em um momento a ser precisado ainda, pensou oportuno fazer de modo que o seu carisma chegasse a proteger os Templários fisicamente durante todo o tempo de suas vidas, e isso sem que eles soubessem, graças a um pequeno objeto que conservava e transmitia o poder. As fontes do processo contêm muitos depoimentos que atribuem à cordinha de linho portada pelos Templários uma sacralidade muito especial, derivada do contato com um objeto digno da máxima reverência. Somente poucos entre eles sabiam que havia sido consagrada com o poder de alguma coisa extremamente venerável e, no seio dessa pequena minoria, alguém sabia que as cordinhas eram, elas mesmas, relíquias poderosas porque se tornavam sagradas ao entrar em contato com o "ídolo".[76]

A exigência do Templo de sempre portar a cordinha, até durante a noite, havia sido instituída por São Bernardo como regra templária e aprovada na cidade de Troyes, em 1129. Seu significado era principalmente simbólico e representava o lembrete de manter a castidade. Dormir de calça e com o cinto apertado sobre a camisa, na verdade, queria dizer "dormir vestido", e essa era uma regra considerada muito decorosa, pois, nos dormitórios, os leitos dos irmãos eram posicionados um junto ao outro e a luz de pequenas lanternas ardia a noite toda a fim de proteger a intimidade honesta, desencorajando os mal-intencionados de qualquer tipo de libertinagem e as pessoas em busca de encontros inconvenientes.[77]

Porém, com o passar do tempo, perdeu-se a consciência desse antigo significado, tanto que na época do processo poucos frades se lembravam dessa regra. Durante o século XIII, uma nova tradição ligada à cordinha foi introduzida e difundida, pois a tradição original já ficara obsoleta. Em 1250, os Templários costumavam consagrar suas cordinhas colocando-as em contato com os mais importantes lugares da Terra Santa relacionados com a vida de Jesus ou então com particulares relíquias guardadas em *Outremer* (Além-Mar) com grande veneração.

O cavaleiro Guy Dauphin, Preceptor do Templo na região francesa de Auvernia e membro do Estado Maior, apresentou uma clara explicação a esse respeito durante o processo:

---

76. Ver como exemplo os depoimentos dos frades interrogados em Pont-de-l'Arche, em Prutz, *Entwicklung*, p. 334-335, e Dupuy, *Histoire*, p. 22.
77. Curzon, *La Règle*, §§ 21, 37.

... disse que eles se cingiam de uma cordinha em cima da camisa com a qual dormiam em sinal de castidade e de humildade. A cordinha com a qual ele mesmo se cingia havia tocado uma coluna situada em Nazaré, no local exato onde o anjo fez sua anunciação à beata Virgem Maria, enquanto outros haviam tocado preciosas relíquias guardadas além-mar como, por exemplo, as dos santos Policarpo e Eufêmia.[78]

Guy Dauphin havia sido admitido entre os Templários em 1281, mas o costume de consagrar as cordinhas mediante o contato com as relíquias era mais antigo. O frade cavaleiro Gérard de Saint-Martial, que na época do processo era um ancião, entrou no Templo em 1258 e contou que, em seu tempo, se costumava fazer da cordinha uma relíquia ao consagrá-la com o carisma sagrado que emanava da Basílica de Nazaré, no local onde o arcanjo Gabriel transmitira à Virgem o anúncio da Encarnação.[79]

Como explicar esse costume? A resposta é muito simples e encontra-se na Bíblia que exprime a mentalidade religiosa dos judeus da qual deriva a dos cristãos. Quando Deus apareceu a Moisés no Monte Oreb na forma de um arbusto ardente que não se consumia, Ele lhe ordenou que tirasse as sandálias porque onde se encontrava era solo sagrado (Es 3, 1-6). O local conservaria para sempre parte do poder desse Ser Supremo que ali se manifestou, e entrar em contato com o lugar sagrado seria sempre de grande benefício para os fiéis.

Depois de 1250, afastada cada vez mais a esperança de recuperar Jerusalém, perdida havia algum tempo, os Templários sentiram a necessidade de manter um contato físico e concreto com os lugares da vida de Cristo e, assim, assumiram o costume de fazer relíquias pessoais a serem sempre portadas junto ao corpo em defesa contra os pecados da alma e os riscos nas batalhas.

No fundo, isso respondia bem à sua característica de ordem militar e religiosa assim como São Bernardo enfatizara que o Templário luta sempre em duas frentes todos os dias de sua vida. Durante os decênios precedentes, quando Jerusalém e o Santo Sepulcro estavam em mãos cristãs, os Templários frequentavam a grande basílica para celebrar particulares liturgias noturnas, a respeito das quais as fontes nada nos revelam. Provavelmente eles consagravam suas cordinhas, símbolo dos votos religiosos do Templo, colocando-as justamente sobre essa pedra onde havia sido depositado o corpo de Jesus depois da crucificação.[80]

---

78. Michelet, *Le Procès* I, p. 419.
79. Arquivo Secreto Vaticano, Reg. Aven 48, f. 443r; Schottmüller, II, p. 64-66.
80. Curzon, *La Règle*, § 40.

Se isso era o que acontecia, então eles tornavam, dessa forma, as cordinhas relíquias inestimáveis da Paixão de Cristo a serem sempre conservadas junto ao corpo como garantia da salvação física e espiritual. Mais tarde, havendo perdido o Santo Sepulcro pela conquista de Saladino, eles tiveram de resignar-se à consagração das cordinhas com algo diferente, outros lugares sagrados do reino cristão que, certamente, não possuíam o mesmo valor do Sepulcro, ou então com algumas relíquias que a Ordem conseguira possuir e que na metade do século XIII formavam um tesouro guardado na cidade de Acre.

A ideia de que o misterioso "ídolo" estivesse guardado no tesouro de Acre circulava entre os Templários e tudo faz pensar que a sua identidade era mantida em segredo da maioria dos frades.[81] Qualquer coisa que fosse, na Ordem existiam muitas cópias espalhadas entre as várias sedes. Parece que esses simulacros eram expostos para a veneração dos Templários, e também dos fiéis laicos que frequentavam as igrejas do Templo, como se pertencessem a um misterioso personagem sagrado que protegia a Ordem de maneira especial. O retrato era considerado mais uma relíquia que uma simples imagem e era exposto e conservado junto a outras relíquias dos Templários. A liturgia com a qual era venerado também previa o beijo ritualista que, por tradição, era dado às relíquias.[82]

Segundo alguns Templários, o ídolo era chamado "o Salvador", e todos oravam não para pedir riqueza, sucesso com as mulheres ou poder no mundo, mas, ao contrário, o mais alto dos valores cristãos: a salvação da alma.[83]

Existe a possibilidade de saber com certeza quem realmente era o homem representado nesse retrato? Felizmente, sim! No ano 1268, o sultão Baibars apoderou-se do fortim de Saphed que estivera em poder dos Templários. Grande foi a sua surpresa quando encontrou na sala principal da fortaleza, justamente a sala onde era celebrado o capítulo da Ordem, um baixo-relevo que retratava a cabeça de um homem com barba. O sultão não entendeu quem era aquele homem e, lástima, nem tampouco o historiador moderno pode chegar a qualquer hipótese porque o monumento acabou sendo destruído. Entretanto, existem algumas representações do mesmo personagem encontradas em objetos que, seguramente, pertenceram aos Templários, objetos guardados até hoje e que permitem que a identidade seja reconhecida e até tocada. Trata-se

---
81. Sève, *Le Procès*, p. 192.
82. Michelet, *Le Procès*, I, p. 502, II, p. 191, 279; Arquivo Secreto Vaticano, Reg. Aven. 48 c, 443v. Schotmüller II, p. 67.
83. Arquivo Secreto Vaticano, Reg. Aven. 48, f., 44r, linhas 15-17.

de alguns selos de Mestres do Templo conservados em arquivos da Alemanha que portam no próprio verso o retrato de um homem com barba e um painel de madeira encontrado na igreja da sede templária de Templecombe, na Inglaterra (Fig. 7c).

São todas cópias do Vulto de Cristo representado sem aureola nem pescoço, como se a cabeça tivesse sido separada do restante do corpo. É um modelo iconográfico bem raro na Europa da Idade Média, mas extremamente difundido no Oriente por reproduzir o verdadeiro aspecto de Cristo tal como ele parecia no *mandylion*, a mais preciosa das relíquias possuídas pelos imperadores bizantinos (Fig. 7a e c). Segundo uma tradição muito antiga, tratava-se de um retrato de Cristo não feito por mão humana, mas produzido de maneira milagrosa quando Jesus passara no rosto uma toalha (em grego *mandylion*). Não era um retrato no verdadeiro sentido da palavra, ou seja, um desenho, mas uma impressão.

Guardado no grande sacrário do palácio imperial de Constantinopla, o *mandylion* foi copiado inúmeras vezes: em afrescos, miniaturas ou ícones em mesas de madeira, e a tradição desse retrato milagroso espalhou-se paulatinamente também no Ocidente. Até hoje, em algumas das maiores basílicas da Europa, existem obras de arte que o reproduzem como, por exemplo, o ícone sobre tecido conhecido como o Santo Rosto de Manoppello, além daquelas conservadas em Gênova, Jaen, Alicante, assim como aquela que está guardada na Basílica de São Pedro, no Vaticano, dentro da capela de Matilde de Canossa: são todas copias do *mandylion* realizadas no Oriente.[84]

A mesa encontrada na igreja templária de Templecombe parece muito interessante porque reproduz a forma do relicário de Constantinopla, tal como resulta em tantas representações; a primeira entre todas está a esplêndida miniatura sob o código "Rossiano greco 251" da Biblioteca Apostólica Vaticana (século XII, Fig. 7a). O rosto parece inserido dentro de uma espécie de custódia retangular que tem exatamente as dimensões de uma toalha de rosto, mais larga que comprida, e essa custódia tem uma abertura no centro que permite ver apenas o Rosto de Cristo separado do pescoço e do restante do corpo. No ícone de Templecombe, a forma desse requadro que mostra as feições humanas de Jesus e as separa da cobertura é um elegante motivo geométrico em quadrifólio, muito apreciado no Oriente e usado nos relicários bizantinos desde o século IX.[85]

---

84. O estudo dessas imagens que pertencem à tradição iconográfica bizantina do *mandylion* foi desenvolvido por Wilson, *Holy Faces*.

85. Sterlingova, *The New Testament Relics*, p. 88-89. Agradeço Emanuela Marinelli por ter me indicado a existência deste objeto.

O fantasmagórico ídolo dos Templários era, portanto, um retrato de Jesus Cristo de tipo muito particular. Porém, na confusão dos interrogatórios, sob tortura ou até apenas sugeridos pelos inquisidores, muitos frades acabaram descrevendo, de qualquer maneira, tudo o que pudesse ser semelhante àquela estranha cabeça masculina a respeito da qual os inquisidores queriam informações a qualquer custo. Era um retrato que seguia a iconografia oriental, importada de Constantinopla, mas pouco conhecida na Europa e presente nas muitas sedes da Ordem em muitas formas, como, por exemplo, ícones sobre madeira, baixo--relevo ou uma tela de linho a qual, porém, apresentava a imagem de corpo inteiro. O último desses objetos foi visto somente por alguns frades no sul da França. Não parecia uma pintura, mas uma imagem de traços indefinidos, uma imagem monocromática. Tratava-se de um retrato bem particular, impossível de reconhecer para quem não estivesse a par de alguns fatos. Ele reproduzia Cristo em uma versão tragicamente humana, longe daquela da Ressurreição que os Templários estavam acostumados a ver normalmente. E tudo faz pensar que os dirigentes da Ordem tiveram seus motivos por decidir manter sua existência em segredo.

Ícone físico

Segundo Ian Wilson, o Sudário dobrado de forma a deixar visível apenas o rosto era, na realidade, um objeto que, em sua época, pertencia aos imperadores bizantinos e considerado entre as mais veneradas e preciosas relíquias da cristandade. Era um retrato autêntico de Jesus e que, fielmente, reproduzia o seu rosto. Roubada durante o terrível saque de Constantinopla, em abril de 1204, a preciosa relíquia acabou ficando nas mãos da Ordem dos Templários, onde foi venerada em seu receptáculo original; porém, preferiram não divulgar sua existência, pois ela havia chegado até eles de uma forma não muito clara.[86]

Nas páginas seguintes, a reconstrução de Wilson esclarecerá as linhas essenciais, mas eu pensei ser necessário rediscutir completamente muitos pontos e abrir, ao mesmo tempo, novos parênteses para tornar o conteúdo mais claro.

Existia uma tradição teológica muito extensa que ligava indissoluvelmente esse retrato aos Evangelhos e à vida de Cristo. Em certo sentido,

---

86. Wilson, *Le suaire de Turin*, p. 152-253.

poderíamos dizer que, para muitos influentes teólogos do mundo antigo, esse objeto veio a ser uma manifestação do próprio Cristianismo.[87]

Na antiga cidade de Edessa, a atual Urfa na Turquia, durante os primeiros séculos da era cristã, era guardada e venerada uma imagem de Cristo sobre tela, a qual se dizia que não fora feita por mão humana (*achiropita*). O retrato, que a tradição sempre chamara de *mandylion* (em grego "toalha de rosto" ou "lenço"), era o objeto mais sagrado para a comunidade cristã local. No ano 943, sobre o trono de Bizâncio sentava-se o imperador Romano I Lecapeno e justamente nesse ano a cidade festejava um evento de importância especial. Cem anos antes, em 843, um importante decreto imperial tinha definitivamente proscrito e proclamado herética a corrente teológica da iconoclastia, literalmente a "destruição das imagens", que, durante décadas, havia encontrado o favor de diversos imperadores bizantinos e em um excesso de fanatismo religioso havia destruído um número incalculável de obras de arte.

Os iconoclastas, os destruidores de ícones, baseavam suas convicções em uma interpretação de Jesus Cristo que não coincidia com aquela definida pela Igreja Católica no Concílio de Niceia do ano 325, quando havia sido fixada a profissão de fé dos cristãos. O credo de Niceia afirmava que Jesus Cristo era verdadeiro homem e verdadeiro Deus, ou seja, Ele tinha em si mesmo tanto a natureza humana quanto a divina. Mas os iconoclastas eram monofisistas, do grego *monophysis*, que significa "uma só natureza". Segundo eles, a natureza de Jesus, mortal e finita, havia sido inevitavelmente absorvida pela natureza divina, eterna e infinitamente superior. Assim, Cristo teria uma só natureza, a divina. Em tudo e por tudo igual a Deus, Jesus não devia ser retratado porque não era lícito retratar Deus e, portanto, todas as suas imagens deviam ser destruídas.

Em 25 de março de 717, foi coroado imperador de Constantinopla Leão III, o Isáurico, um homem que chegara ao trono por meio de sua carreira militar, pois havia sido comandante do exército alocado na Anatólia. De origem síria, Leão havia recebido da mentalidade de seu povo uma tendência a ver com suspeita a veneração de imagens porque podia esconder o risco da Idolatria, um mal do qual os cristãos como também outros povos do Oriente Médio estavam sempre preocupados em abster-se. Quando se tornou familiar com os usos de Constantinopla, Leão III percebeu que o culto às imagens sagradas havia assumido um papel fundamental também na liturgia e, na prática, tornara-se uma das formas principais pelas quais se expressava a religiosidade bizantina. O fato

---
87. A teologia do ícone é um capítulo particularmente fascinante do pensamento cristão. Nesse estudo, tomou-se como referência o lindo livro de Schönborn, *L'icona di Cristo*.

afetava a sensibilidade de alguns teólogos extremistas que enxergavam o Cristianismo como uma religião espiritual e, portanto, condenavam o culto reservado às imagens, que são objetos feitos de matéria.

Leão III assumiu essa linha de pensamento, mas sua escolha atraiu a hostilidade do povo. Em 19 de janeiro de 729, alguns fanáticos chegaram a destruir um dos mais célebres ícones de Cristo e o povo rebelou-se e realizou uma manifestação tumultuosa que Leão III mandou sufocar com sangue. Essa ação causou-lhe também a quebra dos relacionamentos diplomáticos com a Igreja de Roma, dirigida nessa época pelo papa Gregório II (715-731) e pelo seu sucessor Gregório III (731-743), sendo que os dois acreditavam que a natureza humana de Cristo merecesse absolutamente ser retratada e venerada pelos fiéis por meio da contemplação da arte sacra.[88]

Na realidade, a veneração das imagens estava enraizada em uma tradição antiquíssima que se reportava aos primórdios da Igreja. No século IV, o bispo Atanásio de Antioquia exaltava as imagens de Jesus, lembrando a passagem do Evangelho segundo o qual Cristo dissera "Quem me vê, vê o Pai". Portanto, possuir retratos fiéis de Jesus era uma riqueza para a comunidade cristã e contemplar sua natureza humana podia ser uma ajuda válida nas orações.[89]

Pouco tempo depois, São Basílio, bispo de Cesareia (330-379 d.C.) e fundador de um movimento monástico muito difundido no Oriente, escrevera uma obra intitulada *Trattato sullo Spirito Santo* (Tratado sobre o Espírito Santo), na qual explicava esse conceito teológico com um exemplo muito eficaz. Segundo São Basílio, quando os súditos rendem homenagem à estátua de seu imperador, o afeto e a veneração que lhe prestam são transferidos à pessoa do próprio imperador. Assim também o culto que os cristãos prestam ao retrato de Cristo é dirigido à pessoa de Jesus e, portanto, não é idolatria. Em outra obra, Basílio sustentava que as imagens dos mártires têm a capacidade de afugentar os demônios, um conceito aceito também pelo irmão Gregório, bispo de Nissa, segundo o qual os retratos dos santos induzem o fiel a imitá-los e, portanto, "na realidade, as mudas pinturas pintadas nas paredes das igrejas têm a capacidade de falar e de se mostrar úteis".[90]

---

88. Jugie, *Iconoclasta*, col. 1538-1542; Schönborn, *L'icona di Cristo*, p. 131-158.

89. Schönborn, *L'icona di Cristo*, p. 15-36; Uspenskij, *La teologia dell'icona*, p. 101-132.

90. Basilio, *Trattato sullo Spirito Santo*, 18, 45; *PG* 32, col. 149; *Omelia per il martire Gordiano*, *PG* 31, col. 490; Gregorio di Nissa, *Encomio solenne per il grande martire Teodoro*, *PG* 46, col. 737-739.

Mas, provavelmente, o mais apaixonado defensor do culto às imagens tenha sido o monge João Damasceno (cerca de 650-749 d.C.), um dos espíritos mais brilhantes em toda a milenar história do Cristianismo. Ele viveu na Síria sob o domínio dos árabes e, paradoxalmente, esse monge pôde expressar suas convicções religiosas com uma liberdade muito maior do que a de seus confrades que residiam em lugares governados por Constantinopla. De fato, os árabes impunham aos cristãos, seus súditos, pagar um imposto especial para poderem praticar com liberdade seus cultos sem a intromissão dos governadores em suas questões dogmáticas.

O seu livro *Trattato sulle immagini* (Tratado sobre as imagens) descrevia essa prática de devoção com grande fineza teológica e uma linguagem muito ágil e, às vezes, até poética. Ele soube refletir o amor caloroso que as pessoas comuns dedicavam às mais importantes representações de Cristo, da Virgem e dos santos. Giovanni Damasceno partia de uma verdade muito simples, ao alcance de todos. Para o cristão, Jesus também era uma realidade terrena, concreta e material. Durante a sua vida, ele tinha caminhado pelas ruas da Palestina e os seus pés tinham deixado suas pegadas nessa terra arenosa. Depois da morte e da ressurreição, pelo poder do Espírito, Cristo continuava sendo vivo e ativo na vida dos fiéis, tal como dissera no Evangelho de Mateus: "Eu estou com vocês todos os dias".[91]

O retrato de Jesus, guardado pela tradição, simboliza e lembra ao cristão essa presença física, terrena e cotidiana, e esse contato é de grande conforto nas dificuldades da vida. Não era possível tirar dessas pessoas essa ocasião de relação pessoal com o divino em nome de um raciocínio abstrato. Não era justo! E, acima de tudo, essa estranha visão da fé, prometida por alguns refinados pensadores, nem estava de acordo com o ditado original dos Evangelhos, os quais diziam claramente que, até depois da ressurreição, Jesus tinha um corpo concreto e que era possível vê-lo e tocá-lo. Segundo Giovanni Damasceno, Cristo é um "ícone físico" do Pai (*èikon physikè*), uma imagem vivente e repleta do Espírito Santo, capaz de aproximar o homem de Deus, purificando-lhe a alma e os pensamentos.[92]

---

91. Mt. 28, 20 (edição Nestle-Aland, p. 285); Schönborn, *L'icona di Cristo*, p. 169-175.
92. Giovanni Damasceno, *Trattato sulle immagini*, I, 19, em *PG* 94, col. 1249 d; na realidade a ideia já havia sido antecipada por Gregorio di Nissa, cfr. Schönborn, *L'icona di Cristo*, p. 27-36; Gordillo, *Giovanni Damasceno*, col. 547-552; Ozoline, *La théologie de l'icône*, p. 409.

"Et habitavit in nobis"

Aos anciãos do século VII, a linha teológica que exaltava o valor espiritual dos ícones encontrou um ferrenho sustentador no monge Teodoro, abade do monastério de Studion, em Constantinopla, um dos centros mais esplêndidos da cultura bizantina. Teodoro Studita soube lutar tanto no plano conceitual quanto naquele político para reafirmar a necessidade de venerar as imagens: se o homem havia sido criado à imagem de Deus, então certo era que havia alguma coisa de divino na arte de fazer as imagens sagradas. Com uma incrível visão profética, ele soube pôr em evidência um conceito que tem validade perene, atemporal. Proibir o culto às imagens pode ser muito perigoso porque prepara o terreno para o crescimento das heresias. Recusando as imagens em nome de uma religião feita tão somente de ideias, de conceitos mentais, impede-se o contato entre o fiel e o aspecto humano de Jesus, o que expõe o fiel ao risco sempre à espreita de acreditar que Jesus Cristo seja simplesmente uma entidade espiritual, um símbolo do contato possível entre o homem e Deus. Porém, ao contrário, Jesus era também uma pessoa concreta, de carne e osso, e foram exatamente seus sofrimentos humanos que proporcionaram a redenção dos outros: "Qual homem perfeito, Cristo não somente pode, mas deve ser representado e venerado em imagens, pois, negando isso, todo o esforço da salvação em Cristo será virtualmente destruído".[93]

O pensamento de Teodoro triunfou no grande Concílio II de Niceia do ano 787. O próprio *mandylion* foi posto ao centro da discussão, a mais antiga e venerada imagem de Cristo. O termo usado para identificá-la é "impronta" (*charactèr*), o mesmo que se usava para a cunhagem de moedas: a palavra designa a imagem em negativo que se forma graças ao contato de um objeto em positivo. O Concílio de Niceia teve também muito cuidado de regular com precisão o papel das imagens na vida da Igreja para que seu culto não acabasse no pecado de idolatria. Foi especificado que era proibido adorá-las, porque a adoração é reservada exclusivamente a Deus, mas, por outro lado, era recomendada uma veneração equilibrada. Foi reiterado que Deus não é, certamente, uma questão de imagem, pois a fé nasce das Escrituras que são a Palavra de Deus e ninguém pode sentir-se confortável com sua consciência pelo único fato de ser muito devoto a uma imagem sagrada, qualquer que ela seja.

---

93. Weitzmann, *Le icone*, p. 5-6; Kazhdan, *Bisanzio e la sua civiltà*, p. 96-98; Schönborn, *L'icona di Cristo*, p. 194-210.

As sagradas representações têm essencialmente uma função didática e pedagógica, úteis para tornar acessíveis, de qualquer forma, os dogmas à maioria dos fiéis que não possui suficientes recursos culturais. Além disso, elas pertencem à tradição do Cristianismo que é, ela mesma, venerável por conter a verdade.

Por conta de todos esses motivos, foi definido de maneira precisa o tipo de liturgia a ser seguida quando os santos ícones eram venerados, a mesma maneira praticada para as relíquias. Ela baseava-se no beijo, no acender de velas e na *proskìnesis*, o ato de ajoelhar-se com a fronte no chão, em atitude de oração, usada ainda hoje pelos muçulmanos. Os cristãos da Terra Santa assim adoravam a relíquia da Verdadeira Cruz, como também o faziam os Templários com seu "ídolo", prostrando-se com o rosto no chão. É claro que na Europa do início do século IV uma prática semelhante deixaria os curiosos estupefatos.[94]

O resultado do Concílio de Niceia foi a teologia do ícone, vigente e muito amada até hoje. O ícone não é um simples retrato de Jesus ou de outros personagens da história sagrada, mas, ao contrário, um local do Espírito, um santuário em si mesmo, do qual o fiel, ao aproximar-se, em certo sentido, dá um passo na dimensão divina. Contemplando o ícone é possível entrar em comunicação com Deus. Apenas algumas pessoas são habilitadas a pintar ícones e são submetidas a um ritual antiquíssimo repleto de regras férreas, porque o resultado deve ser fiel aos modelos derivados da tradição. Tudo começa com um período de jejum e purificação espiritual que o pintor deve, obrigatoriamente, observar antes de colocar-se a trabalhar e termina com o aditamento das escritas que devem ser feitas usando somente uma língua litúrgica. A escrita sela a fidelidade do retrato ao seu original e declara que tudo o que é possível ser visualizado com os olhos humanos está realmente presente e partícipe da liturgia celeste. Naturalmente, essas escritas que figuram nos ícones são sujeitas a regras absolutamente fixas, estabelecidas pela doutrina da Igreja. Algumas são intocáveis. Nenhum pintor era autorizado a modificá-las, nem com o consentimento de um bispo ou de um patriarca, porque haviam sido estudadas a fim de expressar, de maneira resumida, certos dogmas indiscutíveis da religião.

---

94. Johannet, *Un office inédit*, p. 143-155; Auzépy, *L'iconodulie*, p. 157-165. Marion, *Le prototype de l'image*, p. 461; Shalina, *The Icon of Christ*, p. 324-328;. Curzon, *La Règle*, § 342; Crônica de Imad ad-Din, em *Storici arabi delle crociate*, p. 135; depoimento de Raoul di Gisy, Preceptor de Champagne, inquérito de Paris no outono de 1307, em Michelet, *Le Procès*, II, p. 363-365; Arquivo Secreto Vaticano, Reg. Aven. 48, cc. 441r e 443r, editado em Schottmüller, II, p. 30, 68.

A primeira e a mais antiga abreviação é IC-XC, a qual se refere à imagem de Jesus e é formada pela primeira e última letra das duas palavras gregas IHCOYC XPICTOC, "Jesus Cristo". Ela aparece no ícone do século X e encerra em si mesma uma inteira profissão de fé, isto é, que Jesus era o Filho de Deus, o Messias (em grego *Christòs*) esperado por séculos pelo povo de Israel; era a verdade primordial, essencial e intocável do Cristianismo, a própria base sobre a qual a Igreja tinha sido construída.[95]

Talvez a segunda mais antiga e difundida escrita fosse a que acompanhava a imagem de Maria, MP-ΘY, representando MHTHP ΘEOY, "Mãe de Deus", e era, obviamente, ela também a codificação em forma simples de um dogma. Nascia do Concílio de Éfeso, no ano 431. Durante suas sessões havia surgido uma disputa furiosa justamente porque esse título, nascido entre as pessoas de maneira espontânea e usado há muito tempo, havia sido colocado em discussão. O bispo Nestório, que investia a importante função de patriarca de Constantinopla, queria alterar o título de Maria de *theotòkos* ("Mãe de Deus") para *christotòkos*, ou seja, "Mãe de Cristo". De fato, segundo ele, a Virgem havia gerado a natureza humana de Jesus, mas não era possível que a jovem mulher, ela mesma uma criatura, desse à luz também a natureza divina de Jesus, ou o Logos, que era incomensuravelmente superior a ela.

A proposta de Nestório não agradou nem um pouco a alguns teólogos como São Cirilo, bispo de Alexandria, porque, na prática, procurava separar em duas partes (uma mais fraca e a outra perfeita) a unidade da Pessoa de Jesus Cristo. Menos ainda agradou às pessoas comuns. Segundo a tradição, era justamente em Éfeso que o apóstolo João havia conduzido Maria, confiada a ele por Jesus, moribundo, aos seus cuidados. Havia muito tempo que o povo estava acostumado a venerá-la como Mãe de Deus, e todos esses raciocínios obscuros não lhe faziam sentido nem tampouco queria compreendê-los. A proposta de desclassificar o título da Virgem de "Mãe de Deus" para "Mãe de Cristo" foi rejeitada ao som da excomunhão. A cidade foi iluminada como em dia de festa. Os bispos que haviam defendido o título tradicional de *theotòkos* foram levados de volta para seus alojamentos por um cortejo solene, com tocha e fumaça de incenso, como se fossem eles mesmos imagens de santos.[96]

Por outro lado, a escrita *Jesus Cristo* (em grego *Ièsus Christòs*) nunca fora colocada em discussão, pois era por demais antiga, viva e central. Segundo os Evangelhos, ela remontava ao próprio sermão de Jesus:

---

95. *Icone*, p. 19-21.
96. Jugie, *Concilio di Efeso*, col. 114-119.

"certo dia, o Nazareno pedira aos discípulos: 'As pessoas, quem dizem que eu sou?'. E Pedro lhe respondera: 'Você é o Cristo, o Filho do Deus vivente'". Essa foi a primeira profissão de fé dos cristãos, muito sintética, porém completa. No ambiente dos primeiros cristãos, o ambiente que os exegetas e os teólogos hoje chamam, em grego, de "Igreja Pós-Pascal", muito pouco tempo depois da morte e dos eventos que lhe seguiram, as duas palavras *Jesus* (um nome de homem muito difundido) e *Cristo* (um adjetivo sagrado) tornaram-se indissolúveis, um todo.[97]

Em março de 843, a imperatriz Teodora, viúva de um marido que novamente perseguira os defensores das imagens, fez uma escolha completamente diferente e instituiu uma cerimônia solene, a Festa da Ortodoxia, destinada a lembrar para sempre a vitória definitiva dos santos ícones.[98] E no ano 943, o primeiro centenário dessa Festa, o imperador Romano I decidiu render solene essa recorrência, levando à capital a mais famosa e venerada das imagens de Cristo, a imagem guardada em Edessa. Para isso, ele confiou a missão da recuperação ao melhor dos seus generais, João Curcuas. Na época, a cidade estava sob o domínio dos árabes e o general Curcuas foi forçado a negociar a posse do *mandylion*. Em troca desse único objeto, o imperador bizantino libertou 200 prisioneiros islâmicos de alto nível, pagou 12 mil coroas de ouro e, além disso, concedeu à cidade a garantia de imunidade perpétua. Examinada minuciosamente, porque os árabes haviam tentado entregar ao general uma cópia falsa, a famosa imagem foi levada a Constantinopla, acompanhada de uma procissão memorável, no dia 15 de agosto, festa da Assunção de Maria, e colocada na igreja da Blaquerna, dedicada à Virgem. No dia seguinte, ela foi transferida por meio de um barco imperial para realizar a volta da cidade e, em seguida, colocada na capela imperial de Pharos. Esse santuário inacessível era um monumental relicário onde por séculos os imperadores recolhiam os mais preciosos testemunhos da vida de Cristo, da Virgem e dos santos.

Segundo vários visitantes medievais admitidos para contemplá-los, havia todos os objetos da Paixão, desde o pão consagrado na Última Ceia até a esponja com a qual haviam oferecido vinagre a Jesus, além de uma quantidade de outras lembranças importantes. Tudo era fruto de uma secular e minuciosa campanha de rastreamento, já iniciada por Elena, mãe do imperador Constantino.[99]

---

97. Por ex. 1 Ts 2, 15; 3, 11; 3, 13; Col. 1, 3; 1 Cor, 1, 2; 2, 9; 6, 14, 9, 5. Légasse, *Paolo e l'universalismo cristiano*, p.106-158; Tocmé, *Le prime comunità*, p. 75-105; Jossa, *Introduzione*, p. 15-29; Ratzinger-Bento XVI, *Gesù di Nazareth*, p. 333-352.

98. Ostrogorsky, *Storia dell'impero bizantino*, p. 139-202;. Jugie, *Iconoclastia*, col. 1541-1546.

99. Riant, *Exuviae*, p. ex. p. 216-217, 218-224, 233-234.

O motivo dessa paciente, contínua e custosíssima operação é muito simples: havendo chegado a um ponto da História em que o contato com a Terra Santa se tornara difícil, era urgente encontrar a maneira de manter a todo custo uma relação física e concreta com os testemunhos da vida de Cristo. Ao redor de apenas quatro anos (636-640 d.C.), os árabes, guiados pelo califa Omar, tiraram dos imperadores bizantinos grande parte da Ásia Menor, inclusive a região da Síria-Palestina. A partir de então, as visitas ao Santo Sepulcro e a outros lugares santos tornaram-se possíveis graças a especiais acordos diplomáticos entre a corte de Constantinopla e os novos dominadores islâmicos. Entretanto, não se conseguiu evitar que a própria basílica de Anastasis, onde estava o Sepulcro, sofresse verdadeiras devastações.

Assim, estudou-se uma maneira de transferir tudo o que dizia respeito à vida de Jesus para a capital bizantina a fim de criar às margens do Bósforo uma segunda Jerusalém, repleta de todos os essenciais testemunhos.

Em 1201, o guardião imperial das relíquias, Nicola Mesarites, teve de defender o grande sacrário bizantino do risco de saque, enquanto uma revolução de palácio procurava tomar posse do poder. Ele conseguiu frear os ânimos dos revoltosos ao demonstrar-lhes que essa capela era, por completo, um lugar sagrado, uma nova Terra Santa, que devia ser honrada e respeitada acima de todas e quaisquer questões políticas:

> Esse templo, esse lugar é um novo Sinai, Belém, o Jordão, Jerusalém, Nazaré, Betânia, Galileia, Tiberíades, e a bacia, a Ceia, o Monte Tabor, o pretório de Pilatos, o lugar do Crânio que, em hebraico, é o Gólgota. Aqui Cristo nasceu, foi batizado, andou sobre a água e andou sobre a terra, realizou milagres prodigiosos e curvou-se para lavar os pés [...] Aqui ele foi crucificado e quem tem olhos pode ver o apoio onde estavam os seus pés. Aqui Ele também foi sepultado e a pedra rodada até sua tumba é testemunha até hoje. Aqui ele ressuscitou e o Sudário com os linhos sepulcrais o demonstram.[100]

Depois da transferência para a capital, o *mandylion* permaneceu em Constantinopla e tornou-se logo o símbolo próprio da cidade, uma espécie de sumo protetor que até supervisionava os estandartes do exército. Na mentalidade religiosa bizantina, ele foi identificado com a Eucaristia, ou seja, o corpo de Cristo, e foi reproduzido em uma quantidade incalculável de cópias. A partir de então, o mundo bizantino desenvolveu uma verdadeira paixão pelas características físicas de Jesus. Parecia querer retroagir séculos para uma cultura

---

100. Ostrogorsky, *Storia dell'impero bizantino*, p. 97-98; Dubarle, *Storia antica*, p. 39-41.

que, por tantos motivos, o havia ignorado, senão totalmente recusado. Por meio das relíquias, eles tinham conseguido entender quanto ele era alto. Do lado de fora da Basílica de Santa Sofia, havia sido erigida uma reprodução da cruz de tamanho natural, chamada "*crux mensuralis*" (cruz da medida), permitindo que todos pudessem vê-la em toda a sua estatura.[101]

A coleção imperial de Pharos encheu-se de testemunhos de todo tipo, inclusive alguns (como os panos do Menino ou o leite da Virgem) que hoje nos fazem sorrir. Isso, no entanto, deve fazer com que nos lembremos do enorme valor histórico dessa presença. A querê-las e valorizá-las não eram certamente agricultores ignorantes, mas os maiores intelectuais da época. Havia um certo sentido de profunda emoção ao descobrir essa dimensão humana de Jesus, algo que o mundo cristão do Oriente havia negligenciado durante séculos.

No fundo, a novidade absoluta do Cristianismo estava no fato de que Deus se pôs a caminhar no meio das pessoas. O texto grego do Evangelho de João diz literalmente: "A Palavra se fez carne, e montou a sua tenda entre nós".[102] Contemplar os panos do Menino era lembrar que Cristo tinha sido um recém-nascido como todos nós, e Maria, que os bizantinos chamavam de Mãe de Deus, tinha cuidado dele com afeto e amor tal como fazem todas as outras mães com seus filhos. Certos objetos mostravam que Deus observa o homem de perto e Ele é fácil de ser alcançado.

Por outro lado, os objetos da Paixão diziam outra coisa. Seguramente, há algo de divino no doente, no moribundo, na pessoa esmagada pelo sofrimento; nos rostos de todas aquelas pessoas que durante as adversidades da vida se sobrepõem a esse vulto irreconhecível de Cristo.

A transferência do *mandylion* para a capital foi um evento memorável por ocasião do qual foram produzidos numerosos escritos. O estudo dessas fontes revela-se de especial interesse. De fato, a descrição do *mandylion* e de sua história, conforme narrada na época de Constantino VII, não coincide perfeitamente com quanto era conhecido pelas fontes mais antigas. Aparecem coisas diferentes, detalhes que parecem ter sido criados de propósito a fim de "atualizar" a lenda à luz de uma nova e desconcertante verdade.

---

101. Riant, *Exuviae*, p. 220.
102. Gv 1, 14: καὶ ὁ λόγος σὰρξ ἐγένετο καὶ ἐσκήνωσεν ἐν ἡμῖν (Nestle-Aland, p. 758).

De carne e sangue

Em 1997, o historiador romano Gino Zaninotto notou que dentro de um manuscrito grego da Biblioteca Apostólica Vaticana, remontando ao século X, estava conservado um discurso solene escrito por Gregório, o Referendário, o arquidiácono da Basílica de Santa Sofia, em Constantinopla, que cuidava dos relatórios diplomáticos entre o imperador e o patriarca Gregório. O Referendário acompanhou pessoalmente a expedição de Giovanni Curcuas a Edessa, organizada em 944, para recuperar o *mandylion*, e realizou pesquisas junto ao arquivo metropolitano sobre os antigos documentos que contavam a história da imagem. Depois escreveu essa homilia na qual celebrava a importância da relíquia e contava, resumidamente, a sua história. A narrativa do Referendário era inédita, um dos tantos tesouros escondidos e guardados na Biblioteca pontifícia. Ela foi publicada pelo bizantinista André-Marie Dubarle na especializada *Révue des Études Byzantines* (Revista dos Estudos Bizantinos).[103]

Segundo o arquidiácono Gregório, a imagem, na realidade, é uma impressão e resulta embelezada pelas gotas do sangue derramado do costado transpassado de Cristo. Na tradição anterior, o *mandylion* havia sido descrito, de maneira geral, como uma peça de linho de pequenas dimensões, do tamanho de uma toalha de rosto, na qual havia a impressão do rosto de Jesus. Entretanto, a homilia do código Vaticano grego 511 o descreve, ao contrário, como uma impressão que continha o tórax com o sinal da lança e o fluxo de sangue derramado pela própria ferida. Portanto, havia, no mínimo, a imagem do corpo da cintura para cima.

Segundo a tradição mais antiga, o *mandylion* nada tinha a ver com a morte de Cristo e tratava-se de um retrato feito ainda em vida. Os primeiros testemunhos dessa lenda falavam de uma troca de cartas entre Jesus e Abgar, rei de Edessa, um personagem identificado com Abgar V, o Negro. Esse rei ouvira falar da grande fama de Jesus como curador e sabia que estavam à sua procura para matá-lo e, assim, enviara um mensageiro oferecendo-lhe um refúgio seguro em sua cidade.

Eusébio de Cesareia, o mui culto bispo que fora conselheiro espiritual de Constantino, inseriu o episódio em sua *Storia ecclesiastica* (História eclesiástica), mas sem fazer qualquer referência à imagem. Na realidade, isso poderia ter sido em decorrência de uma intervenção do mesmo Eusébio, que selecionara da tradição apenas a parte que apreciava,

---

103. Biblioteca Apostólica Vaticana, Vat. Gr. 511, cc. 143r-150v: Zaninotto, *La traslazione a Costantinopoli*, p. 344-352; Dubarle, *L'homélie de Grégoire le Référendaire*, p. 5-51.

eliminando (ou simplesmente ignorando) o que, por outro lado, lhe parecia menos compartilhável. Sabemos que o bispo de Cesareia era contrário ao culto das imagens. Ficou famosa a sua carta à imperatriz Constância, a qual soubera que alguns grupos de cristãos possuíam o retrato autêntico de Jesus Nazareno e havia solicitado ao bispo usar a sua influência para que lhe conseguisse uma cópia. A resposta foi uma admoestação seca e sem meios termos:

> ... Todavia, se você ora declara que não está me pedindo a imagem da forma humana transformada em Deus, mas o ícone de sua carne mortal, tal como era antes de sua transfiguração, então eu lhe respondo: você não conhece a passagem na qual Deus ordena não fazer qualquer imagem de qualquer coisa que esteja em cima no céu ou aqui embaixo na Terra?[104]

Uma atitude semelhante pode parecer hoje intelectual demais e até antipática. Mas devemos colocar-nos no lugar desses personagens e observar com atenção a realidade de sua época. Certamente, Eusébio não era um incrédulo, mas, ao contrário, um grande teólogo além de muito devoto. Sua preocupação fundamental era desconjurar o perigo da idolatria, um risco que, para os cristãos, é gravíssimo e sempre à espreita.

No Império Romano era um costume muito difundido fazer retratos realistas que representassem os caros defuntos, e as tabuletas encontradas nas necrópoles de Fayoum, no Egito, mostram que se procurava tornar esses retratos bem parecidos com os entes queridos. Muitas dessas tabuletas são tão perfeitas que até parecem fotografias. No Monastério de Santa Catarina, no Monte Sinai, conserva-se uma cópia de esplêndidos ícones que remontam à idade do imperador Justiniano (527-565) e representam Jesus e São Pedro, os quais derivam dessa tradição do retrato romano de idade imperial. Até pessoas inexperientes notam que essas obras são retratos realistas. Na parte superior do ícone de Pedro, há três molduras nas quais estão os retratos de São João (representado como um jovem com cerca de 15 anos), depois Jesus e Maria cujos rostos têm uma semelhança impressionante (Fig. 10, a e b).[105]

Desde os tempos mais antigos, os cristãos costumavam ter em casa retratos de Jesus como também de Pedro e Paulo, porém Eusébio não o aprovava. De fato, muitos cristãos haviam se convertido recentemente do paganismo, levados pela política religiosa implantada por Constantino, e tendiam a venerar essas imagens da mesma forma

---
104. Schönborn, *L'icona di Cristo*, p. 74-75.
105. Belting, *Il culto delle immagini*, p. 105-132.

como, pouco antes, haviam adorado ídolos pagãos. O Cristianismo requeria uma mudança radical de mentalidade, do modo de enxergar o mundo, e isso não era, certamente, uma coisa que pudesse ser feita em poucos meses. No meio tempo, enquanto os neófitos não tivessem amadurecido uma consciência verdadeiramente cristã, era mais prudente romper completamente com o que fizera parte de seu velho culto pagão. Como consequência desse raciocínio lógico, Eusébio preferia que não houvesse representações realistas de Cristo, mas somente imagens ideais e simbólicas. É possível que seja por esse motivo que toda a arte cristã dos séculos I-IV preferiu não retratar Jesus, mas representou-o com símbolos (o peixe, a âncora), ou com personagens particulares que remontam às parábolas (o Bom Pastor), ou ainda como um jovem deus Apolo, de uma beleza ideal e despersonalizada que nada tem a ver com o retrato de um homem concreto.[106]

No ano 400 d.C., a lenda de Abgar apareceu em uma nova versão dentro de um texto, de autoria desconhecida, intitulado *Dottrina di Addai* (Doutrina de Addai), contando que, além de ter escrito uma carta para Jesus, segundo esse texto, o rei Abgar enviara também um pintor que conseguira fazer dele um retrato muito fiel, "decorado com cores maravilhosas". Cerca de cem anos mais tarde, o historiador armênio, Moisés de Korene, falou do *mandylion* como uma imagem pintada em um pano de seda. No transcorrer do século VI e, particularmente, na época em que Edessa sofreu a conquista por parte dos persas, falava-se do *mandylion* não mais como o retrato de um pintor, mas como uma imagem "*achiropita*", ou seja, não feita por mãos de homem, mas produzida graças a um milagre. Segundo o historiador bizantino Evaggio, que viveu nessa época, os habitantes de Edessa consideravam esse retrato uma relíquia de grandíssimo poder e o haviam usado em alguns rituais graças aos quais foram salvos do inimigo.[107]

Foi somente com a expedição do general Curcuas, na época do imperador Romano I, no ano 943, e a sucessiva transferência para Constantinopla, que a tradição do *mandylion* começou a encher-se de referências à Paixão de Cristo. Tratava-se de referências muito claras, as quais, porém, procurou-se contornar com tangível embaraço porque, evidentemente, havia sido descoberto que a imagem de Jesus na tela era a de Jesus defunto, um detalhe que não devia ser negligenciado e do qual a tradição nunca falara a respeito.

---

106. Schönborn *L'icona di Cristo*, p. 58-63; Dulaey, *I simboli cristiani*, p. 52-69; Crippa e Zibawi, *L'arte paleocristiana*, p. 69-108.

107. Emmanuel, *The Holy Mandylion*, p. 292-293.

Gregório, o Referendário, e o general, Curcuas haviam ido, em armas, a Edessa para recuperar e levar de volta à pátria um retrato verídico de Jesus, retrato que possuía uma enorme fama. É claro que eles esperavam ver uma efígie de "Cristo Pantocrator" (Cristo Todo-Poderoso), o poderoso Senhor do Mundo que sorria e benzia os fiéis no ouro resplandecente dos mosaicos nas paredes das grandes basílicas. Nessa mesma imagem, fazia-se representar o imperador de Constantinopla desde a época de Justiniano. Porém, o próprio Constantino havia sido celebrado Vigário de Cristo e pessoa de igual grau de respeito devido aos apóstolos.[108]

Gregório, o Referendário, e Curcuas esperavam ver o retrato de um rosto de beleza divina, um retrato de Jesus vivo, capaz de inspirar uma majestade profundíssima que somente o Senhor do Mundo e o seu imediato subalterno, o imperador de Bizâncio, podiam ter. Mas ficaram desapontados quando tiveram diante de si a impressão aterrorizante de um morto, o cadáver de um homem crucificado cujo corpo estava coberto de feridas. Sobre o *mandylion* havia sangue. Não apenas algumas gotas, mas um fluxo enorme, tal como o sangue que pode fluir de um tórax esquartejado.

Em Edessa, em vez de o Rei dos Reis, eles encontraram o Homem das dores. Nada poderia ser tão incomparável com a glória do imperador bizantino quanto essa visão piedosa, que mais parecia ser o próprio símbolo da humanidade derrotada pela dor e pela morte. Entretanto, o *mandylion* tinha algo de inefável que as fontes não descrevem, e esse algo deu aos dois funcionários a coragem de apresentar-se ao imperador levando-lhe o objeto tão radicalmente diferente do esperado. As fontes que contam a respeito de sua chegada à capital contêm certos detalhes curiosos e de difícil compreensão: "Os filhos do imperador romano olham para a relíquia, mas não conseguem distinguir os detalhes, enquanto o seu genro Constantino Porfirogeneta, que herdará o trono, imediatamente enxerga claramente cada particularidade e experimenta uma enorme emoção".

O que isso significa? Se fosse colocado ao lado do Sudário de Turim, tal como desejaria Ian Wilson, essa narrativa poderia muito bem ser acreditada, porque é conhecida a curiosa propriedade óptica do Sudário, já mencionada anteriormente: a imagem somente é visível a uma distância de, no mínimo, dois metros, mas desaparece rapidamente quando alguém tenta aproximar-se dela.

---

108. Ver extensamente Farina, *L'Impero e l'imperatore cristiano*.

Minha impressão pessoal é que haja algo a mais, ou seja, Constantino VII consegue ver a imagem porque é capaz de aceitá-la tal como ela é por um motivo especial. Diferente de tantos homens de seu tempo e de quantos o haviam precedido, ele consegue apreciar um retrato de Cristo com os sinais indubitáveis do sofrimento e da morte. Descobrir a verdadeira "identidade" do *mandylion* seguramente criou um choque e impôs até o delicado problema de justificar por que a tradição sempre o ocultou por trás da aparência de um simples retrato. Mas, apesar de tudo, Gregório, o Referendário, certificou-o como autêntico, porque tinha certeza que o imperador o teria acolhido com muita satisfação, descobrindo até a incrível característica.

Romano I teve de lutar um longo tempo contra os paulicianos e outros grupos hereges que continuavam a manifestar-se no território do império e exploravam a ideia religiosa para contestar a autoridade imperial. Os Paulicianos e outras seitas do mesmo tipo derivavam suas crenças da antiga heresia do gnosticismo que, nos primeiros séculos da era cristã, havia criado uma grande confusão doutrinal, principalmente entre as igrejas do Oriente Médio. Mesmo divididos em tantos grupos separados, seguindo Evangelhos diferentes, os gnósticos estavam unidos em uma única convicção: Jesus não fora verdadeiramente um homem de carne e ossos, mas um espírito puro, uma espécie de anjo que apareceu na Terra sem possuir um corpo de carne, mas apenas uma aparência humana. Cristo era um símbolo assim como um mensageiro celeste que se manifestou em meio aos homens para lhes ensinar como alcançar o conhecimento de Deus (em grego *gnòsis*) e, uma vez cumprida a sua missão, ele retornara à sua dimensão de origem.

Segundo os gnósticos, Cristo nunca encarnou e nunca sofreu a Paixão, nunca morreu e, portanto, nunca ressuscitou.[109] O imperador Romano I tinha entendido que uma luta religiosa não podia ser combatida unicamente com a força do exército, mas era preciso enfrentá-la também no plano das ideias. Já o famoso *mandylion* do qual falava a tradição poderia ser útil para desmentir os hereges porque era um retrato realista do Vulto de Cristo, enquanto eles diziam que Cristo nunca possuíra um verdadeiro corpo humano. Esse estranho e inquietante objeto que vinha de Edessa o mostrava, ao contrário, na forma de uma natureza humaníssima, de um realismo doloroso e impressionante. Possuir o seu Sudário fúnebre, com todos os seus sinais da Paixão, inclusive o fluxo de sangue derramado do costado, significava demonstrar a todos que os hereges pregavam a falsidade.

---

109. Zaninotto, *La traslazione a Costantinopoli*, p. 344-352.

De fato, Gregório, o Referendário, frequentava a corte de Romano I em razão de seus deveres diplomáticos e, seguramente, conhecia a índole da família imperial. Ele era um diplomata e, entendendo de política, julgou que a relíquia poderia até ser uma arma poderosíssima de luta ideológica contra a proliferação das heresias e, no mínimo, alguém entre os familiares de Romano I teria, sem dúvida, apreciado a ideia. Foi uma avaliação bem acertada. Em poucos meses, o jovem Constantino VII Porfirogeneta subiu ao trono de Bizâncio e fez do *mandylion* o objeto mais venerado e celebrado de todo o império.

Foi justamente durante o longo reinado desse homem que o pensamento religioso bizantino veio a conhecer um desenvolvimento notável ao colocar em primeiro plano, na liturgia e na teologia, a figura do Cristo sofredor, o corpo morto e flagelado da Paixão, enquanto, antes, ele havia exaltado a figura do Cristo Ressuscitado, resplandecente de glória. Foi também introduzido um novo objeto litúrgico chamado *epitàphios*, uma tela de tecido que apresentava a imagem bordada ou pintada de Cristo no sepulcro antes da Ressurreição, com as mãos juntas sobre o púbis, tal como é visto hoje no Sudário de Turim.[110]

É muito difícil, e talvez historicamente impossível, que essa mudança seja independente de quanto havia sido descoberto a respeito da verdadeira natureza do *mandylion*. O que se enxergava na tela, uma vez aberta por completo, produziu sobre os contemporâneos uma impressão tão forte e poderosa a ponto de estimular a pesquisa teológica em direções inexploradas, assim como a mudar a sensibilidade religiosa de um mundo. Bizâncio redescobria o crucifixo como imagem de um homem aniquilado pela violência de outros homens: nu, ensanguentado, a cabeça reclinada sobre o peito já inânime. Durante séculos, Bizâncio o havia sempre retratado com os olhos abertos de um homem vivo, o rosto sereno, sem o mínimo vestígio de dor, com frequência vestido ricamente de púrpura e na cabeça um diadema de ouro em vez da coroa de espinhos. Por quase mil anos, os fiéis haviam venerado a imagem absurda de um imperador com traje suntuoso apoiado à cruz quase como se fosse por acaso, majestoso e impassível. No fundo, sem abordar à heresia, a ideia de que o Eleito de Deus pudesse ser executado como um criminoso custava em ser aceita. Mas, agora, os teólogos olhavam para uma nova dimensão da fé e os místicos choravam sobre as feridas expostas de Jesus.[111]

---

110. Wilson, *Holy Faces*, p. 149-151; Dubarle, *Storia antica*, p. 51-52.
111. Sobre o argumento referir-se extensamente no magnífico livro de Grondijs, *L'iconographie byzantine du crucifié*, além de Shalina, *The Icon of Christ*, p. 324-336, e Jászai, *Crocifisso*, p. 577-586.

Quatro vezes o dobro

Uma vez aceita a nova realidade que também tinha implicações políticas preciosas, continuava em aberto o problema de não criar rasgos com a tradição. A antiga história do *mandylion* não podia ser negada e, por outro lado, ninguém queria absolutamente renunciar às novidades recém-descobertas.

No ano 944, um anônimo intelectual residente na corte de Constantino VII, ou talvez o próprio imperador, um finíssimo letrado, escreveu uma nova versão da lenda de Abgar. A antiga narrativa era mantida, mas dessa vez a formação milagrosa da impressão era ambientada justamente durante a Paixão. Portanto, não é surpresa se na tela houvesse grandes vestígios de sangue. Segundo a nova versão da história, Abgar estava gravemente doente e tinha decidido enviar a Jesus um mensageiro chamado Ananias, que, por acaso, também era pintor.

Jesus não pôde viajar para Edessa porque a sua missão em Jerusalém estava para ser concluída, portanto decide fazer com que Ananias o retrate para que o rei tenha a sua imagem. Ananias tenta desesperadamente reproduzir suas feições, mas não consegue porque o seu rosto parece misteriosamente mudar continuamente. Então Jesus, comovido, e querendo ajudar o rei doente, toma um lenço e, durante o percurso para o Gólgota, passa-o no rosto. E foi assim que seus traços ficaram impressos de forma prodigiosa. Uma coincidência muito interessante, talvez não graças ao acaso. Uma esplêndida miniatura bizantina do século IV retrata a chegada do *mandylion* em Constantinopla, e o imperador Constantino VII recebe de Gregório, o Referendário, um lenço muito comprido em que se destaca a imagem do Santo Rosto (Fig. 8).

A nova versão da lenda de Abgar procurava tornar possíveis as discrepâncias entre a forma concreta do *mandylion*, que portava a impressão de um homem com o tórax perfurado por um golpe de lança, e a tradição mais antiga segundo a qual essa devia ser apenas um pintura realista de Jesus vivo.[112] O resultado é muito ingênuo e pouco realista. Jesus avança cansativamente para o Gólgota, cercado de soldados que o injuriam sem deixar ninguém se aproximar dele, e, em tais condições, ele teria aceitado uma toalha para enxugar o seu rosto e, assim, satisfazer a vontade do rei Abgar. Nesse momento, a imagem teria sido formada por milagre. Mas o golpe de lança, visível no *mandylion*, Jesus somente o receberia mais tarde, depois de morrer na cruz. O fato

---

112. Emmanuel, *The Holy Mandylion*, p. 291-292.

dessa manipulação da narrativa ser julgada aceitável tem, sem dúvida alguma, um significado histórico importante. Qual é o sentido dessa curiosa contradição?

Ian Wilson notou que, na Doutrina de Addai, o *mandylion* era chamado por um adjetivo curioso: *tetràdiplon*, que significa "dobrado quatro vezes em dobro". É um adjetivo que, certamente, não pode ter sentido se o *mandylion* fosse realmente uma tela de linho do tamanho de um lenço ou de uma toalha de rosto, pois, ao dobrá-lo oito vezes, ele ficaria menor do que um caderno escolar normal e, dessa forma, não é possível ver coisa alguma. Ao ser dobrado em oito partes, ou seja, como as fontes antigas diziam que o *mandylion* era dobrado, o Sudário de Turim toma a forma exata de uma toalha de rosto que mostra apenas a impressão do rosto. Se ele fosse guardado dobrado sempre de certa forma, o linho conservaria os traços da dobradura com leves deformações possíveis de serem vistas à claridade de uma luz oblíqua. O Sudário conserva os sinais dessas suas antigas dobraduras e, dentre essas, há uma justamente em oito partes que, uma vez fechada, deixa ver apenas o rosto exatamente como ele aparece nas antigas representações do *mandylion*.[113]

Portanto, Ian Wilson considera que, em Edessa, a tela era guardada dobrada em oito, dentro de uma caixa de madeira revestida de um tecido através do qual havia uma abertura que deixava ver apenas a cabeça. Tratava-se de um relicário, mas, ao mesmo tempo, também era uma espécie de máscara planejada para mostrar somente o mínimo indispensável e, principalmente, ocultar as manchas de sangue mais aparentes que permaneciam todas na parte interna. Podemos ter uma ideia bem clara sobre os detalhes dessa caixa que apresentava decorações semelhantes àquelas usadas para as vestes reais da antiga Turquia. Segundo Ian Wilson, foi o próprio Abgar V ou um de seus descendentes quem providenciou esse relicário, feito de propósito para ocultar a verdadeira natureza do objeto, fazendo-o parecer apenas uma toalha de rosto.[114]

Provavelmente esse disfarce foi engendrado porque na região de Edessa as ideias monofisitas eram predominantes, tendia-se a considerar Jesus como um ser dotado de natureza unicamente divina. Uma imagem sua que o representasse morto e todo ferido seria indecorosa e poderia até correr o risco de ser destruída.

---

113. Dubarle, *Histoire Ancienne*, p. 105-106; Baima Bollone, *La sindone e la scienza*, p. 89-94.

114. Wilson, *Le sainte suaire*, p. 152-165.

Uma das mais belas representações do *mandylion* encontra-se no manuscrito Rossiano greco 251 da Biblioteca Apostólica Vaticana e o retrata curiosamente duas vezes de maneira especular, como se fosse uma impressão em negativo extraída de outro objeto em positivo. O luxuoso código foi confeccionado em Constantinopla no século XII e nessa época a teologia do ícone imperava já há muito tempo. Porém, uma mão criminosa prejudicou a esplêndida miniatura bizantina. Mas essa é uma longa história que diz respeito à sobrevivência de certas aguerridas hostilidades contra o culto das imagens.

Uma vez recolocado triunfalmente na coleção imperial das relíquias como a sua peça mais preciosa, o *mandylion* não era sequer tocado pelo próprio imperador, e sua exposição ocorria raramente, somente por ocasião de eventos especiais. O sacrário da capela de Pharos era um lugar inviolável, protegido por um impressionante serviço de vigilância. A experiência ensinava, de fato, que era necessário protegê-lo tanto da avidez de potenciais ladrões quanto do fanatismo dos fiéis. Depois que Elena, mãe de Constantino, encontrara os pedaços da cruz em Jerusalém, essas relíquias eram expostas livremente aos fiéis que podiam tocá-las e beijá-las sem medidas de proteção. Mas foi logo necessário limitar essa liberdade porque um peregrino, fingindo dar um beijo, conseguiu tirar um fragmento de madeira com uma mordida.

Às vezes, durante cerimônias de especial solenidade, o imperador podia conceder a alguns hóspedes ilustres, como embaixadores ou chefes de Estado, a suma honra de visitar a capela de Pharos. Esse privilégio foi seguramente concedido em 1171 a Amaury, rei de Jerusalém, quando visitou a corte do imperador Manoel I Comneno, de acordo com a crônica de Guilherme de Tiro, enquanto um escritor árabe chamado Abu Nasr Yahya teve a condição de ver o *mandylion* exposto em Santa Sofia durante uma procissão solene, em 1058.[115]

O relicário original feito em Edessa foi, provavelmente, conservado tal como as muitas reproduções parecem demonstrar, mas é possível que, em certo momento, os imperadores preferiram mandar produzir uma cópia idêntica do vulto do Sudário para ser colocado nesse relicário antigo e poder expor o Sudário totalmente aberto com o objetivo de contemplar a imagem do corpo por inteiro. Realmente, muitos autores antigos descrevem na coleção imperial de Constantinopla um Sudário que lembra muito o de Turim e o *mandylion*, mas como dois objetos diferentes. O fato, porém, poderia ter uma explicação muito simples.

---

115. Egeria, *Diario di viaggio*, p. 83; Frolow, *La relique*, p. 21-152; Wilson, *Le sainte suaire*, p. 200, 208.

IMAGENS

Fig. 1: A esplanada do Templo de Jerusalém, local onde surgia o quartel-general dos Templários.

Fig. 2: As imponentes fortificações do castelo templário em Tomar, Portugal.

Fig. 3: Cavaleiros do Templo em posição de guerra. Miniatura do século XIII a partir de um manuscrito com as *Cantigas* do rei Afonso, o Sábio.

Fig. 4: Miniatura de Matteo Planisio (Nápoles, 1362), representando o Criador como um homem de duas faces. Biblioteca Apostólica Vaticana, ms Vat. lat. 3550, f. 5v.

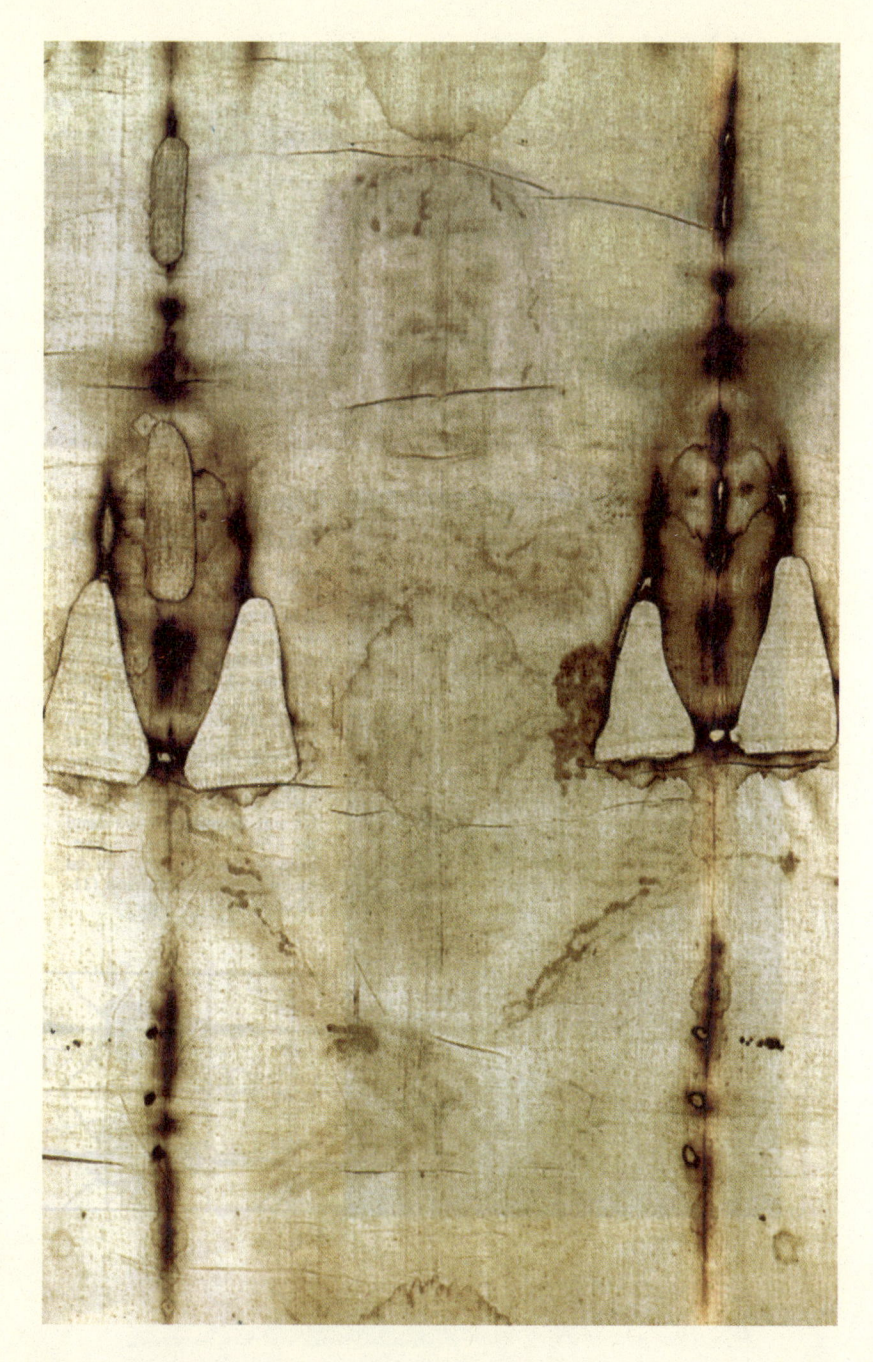

Fig 5a: O Sudário de Turim – Visão a olho nu.

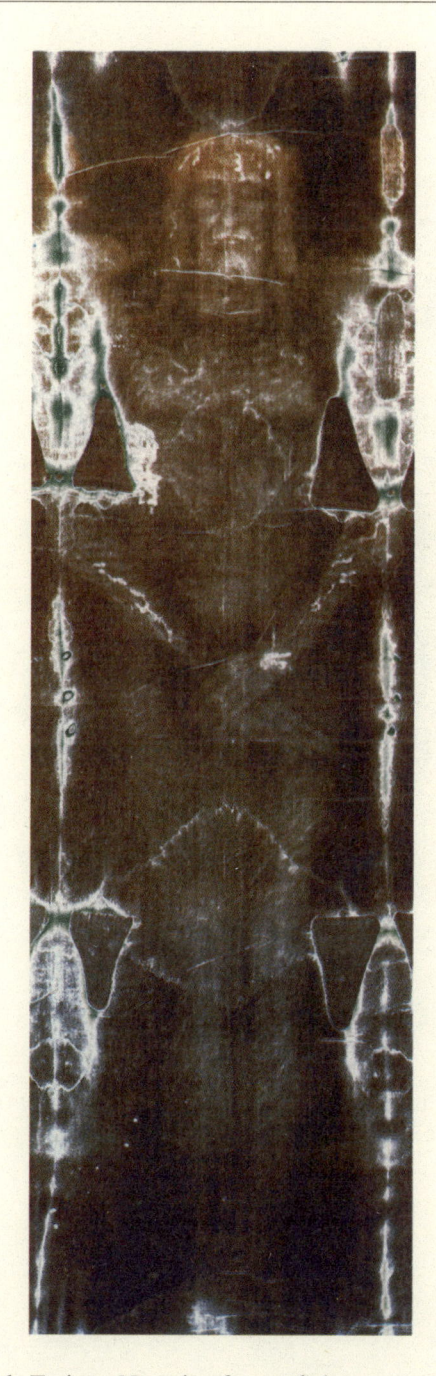

Fig. 5b: O Sudário de Turim – Negativo fotografado.

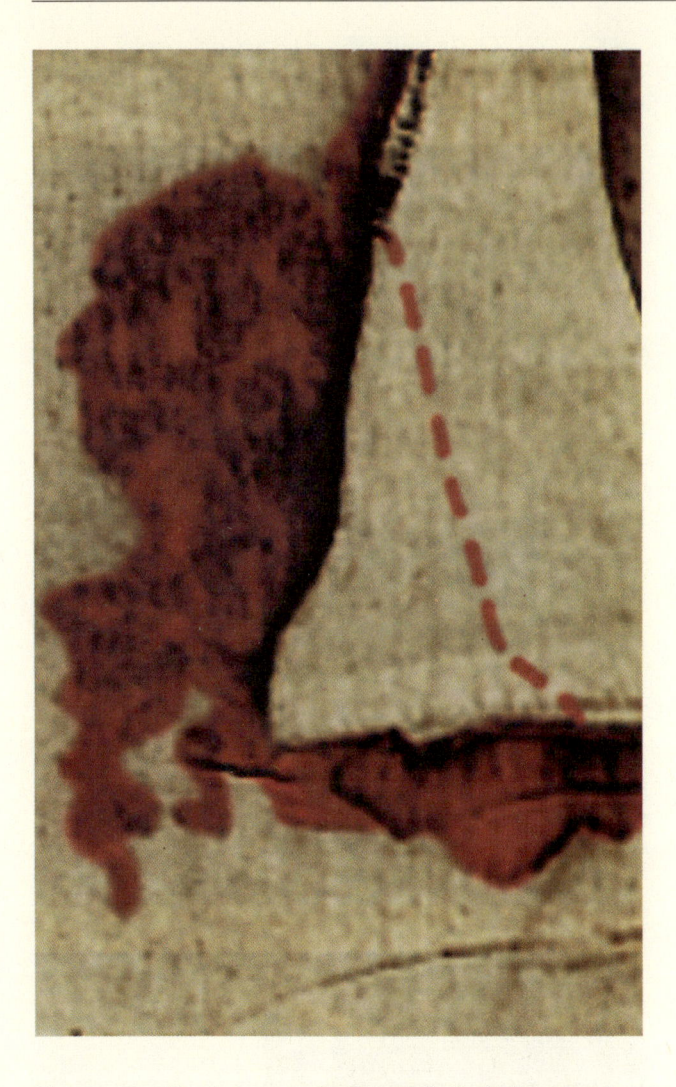

Fig. 6a: Detalhe da impressão frontal do Sudário com a hemorragia correspondente à ferida do costado.

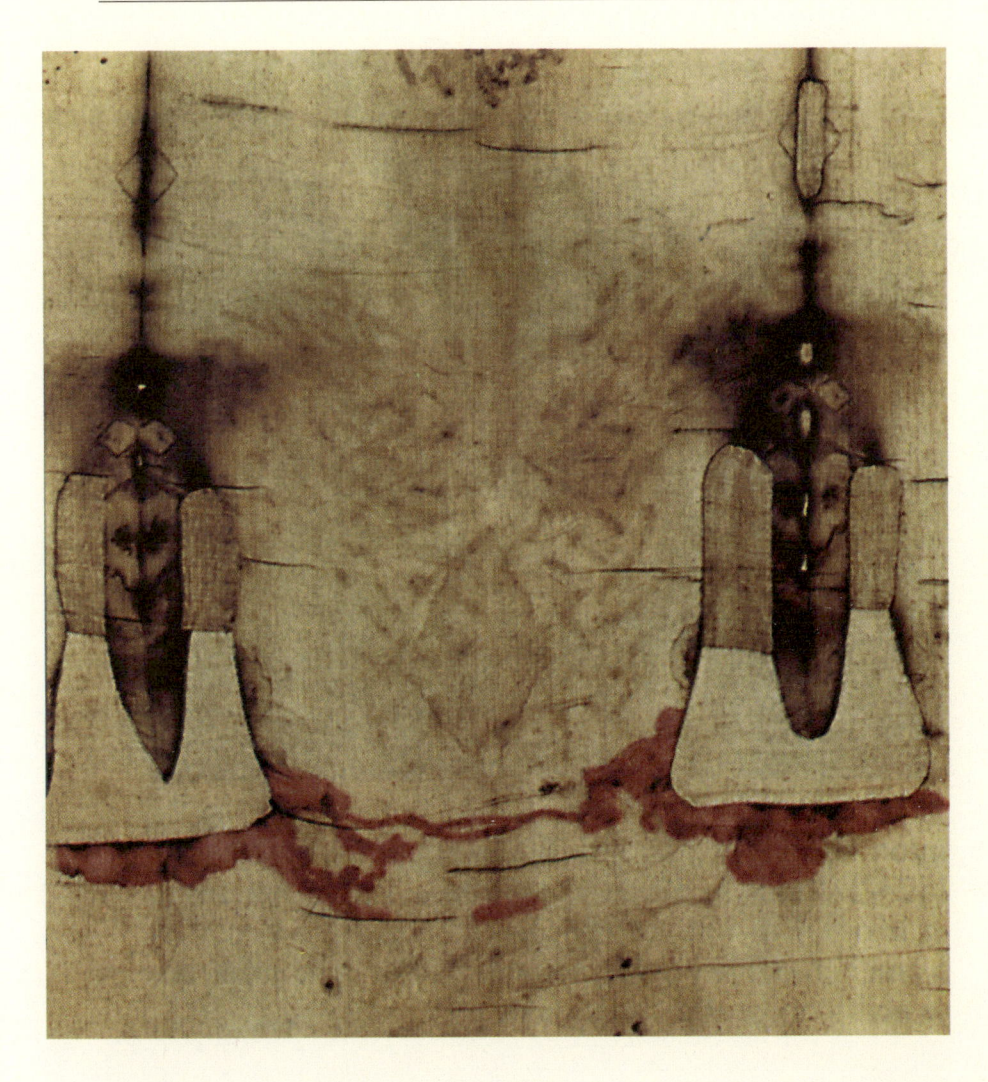

Fig. 6b: O assim chamado "cinto de sangue".

Fig. 7: O santo *mandylion* de Constatinopla: a) Miniatura bizantina do século XII, Manuscrito Ross, gr. 251 da Biblioteca Apostólica Vaticana, f. 12v; b) O Santo Vulto, guardado na catedral de Jaen, Espanha; c) o ícone é encontrado na capela templária de Templecombe, Inglaterra.

IMAGENS IX

7b.

7c.

Fig. 8: Miniatura de um manuscrito bizantino representando o imperador Constantino VII Porfirogênito que recebe o santo *mandylion* em sua chegada de Edessa. Madri, Biblioteca Nacional da Espanha.

Fig. 9: O vaso (idêntico ao tipo encontrado em Qumran) que foi o primeiro invólucro do Sudário, segundo a reconstrução realizada por Aldo Guerreschi e Michele Saletto com base na forma das sombras deixadas sobre o linho.

10a.

Fig. 10: a) Ícone de Cristo Pantocrator; b) Ícone de São Pedro, Monastério de Santa Catarina no Monte Sinai. Século VI.

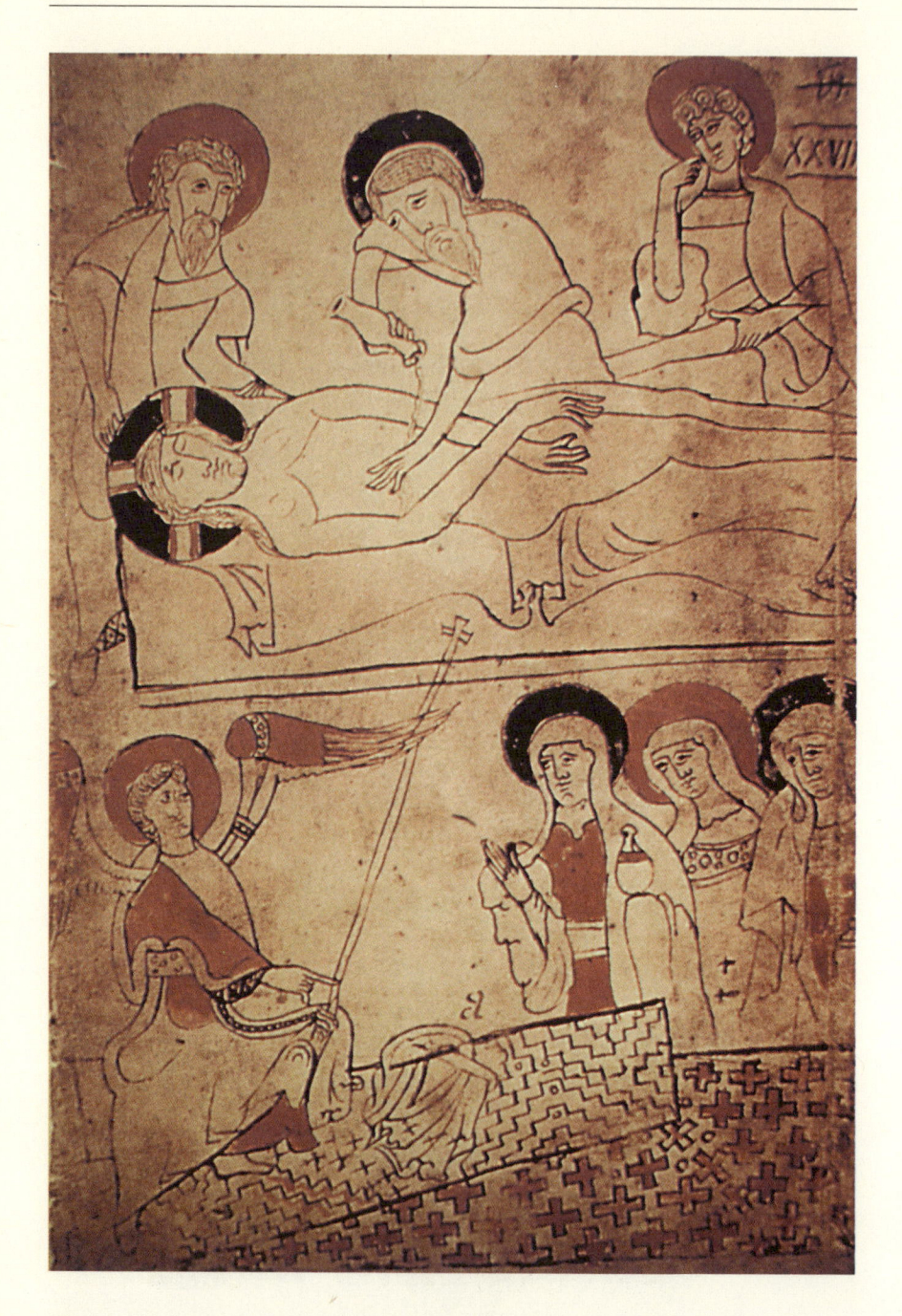

Fig 11: Miniatura do códice Pray (1192-1195).

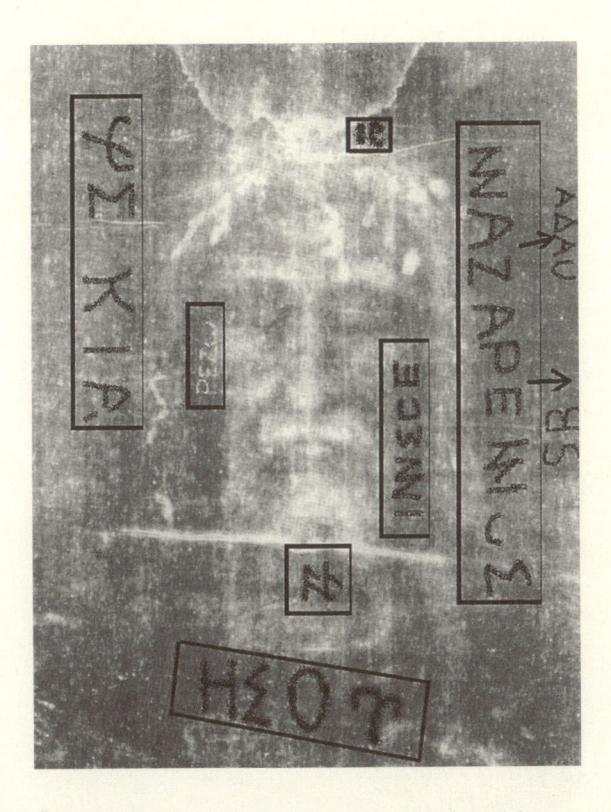

Fig. 12: Rosto do homem do Sudário com os traços da escrita em grego e latim identificados por André Marion e Anne-Laure Courage.

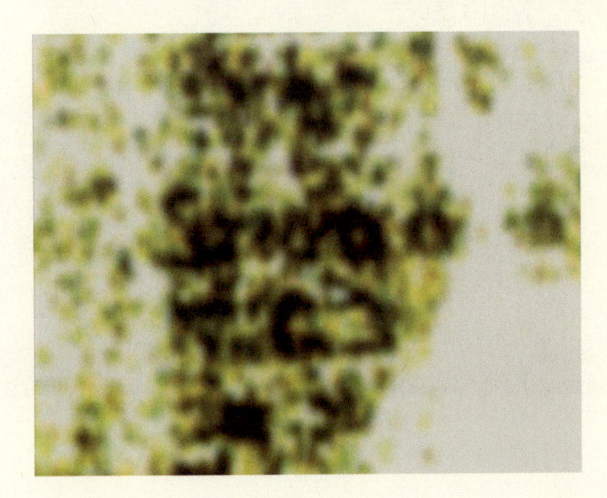

Fig. 13: Traços da escrita em caracteres hebraicos identificados por Thierry Castex.

Fig. 14: Inocêncio III expõe aos fiéis a Verônica. Miniatura do século XIV em um manuscrito do Arquivo do Estado de Roma.

Segundo algumas fontes bizantinas, a sede habitual do *mandylion* era a capela imperial de Pharos, onde era conservado junto a outra famosa relíquia: o *keramion*, ou seja, o tijolo que, na cidade de Edessa, fechava o esconderijo onde, por muito tempo, havia sido ocultado o ícone milagroso de Jesus.

Segundo a tradição, a imagem do rosto de Cristo havia sido prodigiosamente impressa na terracota desse tijolo e, assim, também o *keramion* foi levado para Constantinopla para ser exposto à veneração dos fiéis. Colocadas uma perto da outra, as duas relíquias formavam um sugestivo conjunto que lembrava a Paixão. Mas o cruzado flamengo Robert de Clari, o último a ver o Sudário antes do grande saque, descreve uma cerimônia de exposição muito particular:

> ... Entre esses há também um monastério chamado Nossa Senhora de Blaquerna onde se encontra o Sudário com o qual foi envolvido Nosso Senhor. Todas as Sextas-Feiras (Santas), ele é levantado para que se possa ver a imagem. Ninguém, nem grego nem francês, sabe o que aconteceu a esse Sudário quando a cidade foi conquistada.[116]

Na igreja de Blaquerna, o Sudário era progressivamente aberto graças a um cavalete dotado de um mecanismo que o levantava lentamente e os fiéis podiam ver, aos poucos, o corpo de Jesus como se emergisse do sepulcro. Portanto, a tela era antes guardada dobrada para, depois, ser paulatinamente estendida. Segundo Robert de Clari, a cerimônia acontecia todas as sextas-feiras, mas, muito provavelmente, ele se referia somente às Sextas-feiras Santas e não às sextas-feiras de todas as semanas. Sua descrição junto com a de outras fontes sugere a ideia que, em ocasiões especiais, o Sudário-*mandylion* era retirado de seu relicário na capela de Pharos e levado a Blaquerna para que os fiéis pudessem contemplá-lo aberto durante a liturgia da "ascensão" (em grego *anàstasis*, "ressurreição").[117]

No estado atual do conhecimento, é evidente que o Sudário de Turim fosse, em certa época, de propriedade dos imperadores bizantinos, porque as indicações dos autores antigos são bem precisas. Por outro lado, é verdade que até a época de Constantino VII Porfirogeneta a tradição do *mandylion* nos fala de um retrato de meio-busto de Jesus vivo, enquanto, mais tarde (como será explicado mais adiante), esse objeto

---

116. Wilson, *Holy Faces*, p. 156, fornece uma reprodução do manuscrito original onde consta a descrição, Biblioteca Real de Copenhagen, ms. 487, p. 123.

117. Agradeço a Marco Palmerini por ter me indicado esta reconstrução; em mérito cfr. Lidov, *The Mandylion*, p. 268, e Shalina, *The Icon of Christ*, p. 333-334, com o esquema de como era executada a elevação.

é sempre descrito como uma tela na qual é apresentada a imagem do corpo de Cristo por inteiro. Neste momento não sabemos precisamente como aconteceu essa mudança. A ideia apresentada pelos historiadores é possível de ser acreditada e diz que em Edessa se procurou mascarar de todas as maneiras a natureza fúnebre do *mandylion*, porque os sinais do sofrimento e da morte na imagem de Cristo podiam suscitar um escândalo insustentável nesse exato contexto histórico. Todavia, essa explicação poderia não ser correta ou então era acompanhada de outras questões que, no momento, ignoramos.

É evidente que conhecemos em detalhes certos momentos da história milenar do Sudário, enquanto, de outros, nada sabemos. Tentar forçosamente contar os eventos momento por momento, a meu ver, é de pouca utilidade, porque para tantas fases isso significa ajustar da melhor maneira notícias incompletas ou muito duvidosas. Ao contrário, é mais sábio ordenar em seu lugar os retalhos com os quais podemos contar com segurança, aguardando que novas descobertas apareçam a fim de proporcionar outras informações convincentes.

De fato, a tradição religiosa ligada a alguns ícones do *mandylion* associa essa imagem ao Cristo morto no Sepulcro, como mostra, por exemplo, uma esplêndida peça no Museu do Estado Russo de São Petersburgo, pintada por Prokop Tehirin no início do século XVII: o corpo de Jesus morto com as mãos juntas sobre o púbis como no Sudário emerge do sepulcro e, na parte superior, dois anjos expõem o *mandylion* que não é absolutamente uma pequena toalha de rosto, mas uma tela bem longa.[118]

Graças às exposições públicas e à narrativa de embaixadores estrangeiros que haviam conseguido assistir às exposições privadas, já no século XI a fama do *mandylion* difundiu-se também no Ocidente. Mas na Europa ele nunca foi descrito como uma toalha de rosto e apareceu logo como tela que portava a imagem do corpo de Jesus por inteiro. No texto de um sermão atribuído ao papa Estêvão III (768-772 d.C.), foi anexado um pequeno discurso que se referia à versão "atualizada" da lenda de Abgar com os anexos inseridos na época de Constantino Porfirogeneta:

> Assim, o mediador entre Deus e os homens, para contentar plenamente o soberano, estendeu-se com todo o seu corpo sobre uma peça de linho, branca como a neve, e, sobre essa tela, coisa admirável de dizer ou de sentir, transfigurou-se divinamente a mui nobre forma de seu rosto e de todo o seu

---

118. Lidov, *The Mandylion*, p. 268-280; Bacci, *Relics of the Pharos Chapel*, p. 234-246; Zocca, *Icone*, col. 1538-1542.

corpo de maneira que ver a transfiguração impressa sobre esse linho podia bastar também àqueles que não puderam ver o Senhor na carne.[119]

Aproximadamente nesse mesmo período, entre 1130 e 1141, em sua *Storia ecclesiastica* (História Eclesiástica), o monge Orderico Vitali declarava explicitamente que o *mandylion* de Edessa portava a imagem do corpo inteiro de Jesus.

> Abgar reinou como toparca* de Edessa. A ele o Senhor Jesus enviou [...] mais precioso linho com o qual enxugou o suor do próprio rosto e no qual aparecem os traços do Salvador, milagrosamente reproduzidos. Isso mostra àqueles que o olham a imagem e as proporções do corpo do Senhor.[120]

E no *Otia Imperialia* de Gervasio de Tilbury, composto em 1218, o fato era ainda reiterado:

> Foi apurado, graças à história narrada em antigos documentos, que o Senhor se deitou com todo o seu corpo sobre o mais branco dos linhos e, assim, por meio do poder divino ficou impressa no linho a mais bela imagem não apenas do rosto, mas também do corpo inteiro do Senhor.[121]

Em 1957, o historiador Pietro Savio assinalou que, em um manuscrito da Biblioteca Vaticana, existe um diferente depoimento, do século XII, com uma versão "modificada" da lenda de Abgar. Jesus escrevera ao rei: "se realmente quer ver o meu rosto tal como ele é fisicamente, eu lhe enviarei um peça de tecido. A esse respeito, saiba que nele foi divinamente transformada não somente a imagem do meu rosto, mas do meu corpo por inteiro".[122]

Ao redor de 1190, papa Celestino III recebeu, como presente de Constantinopla, um luxuoso baldaquim litúrgico para ser usado durante as procissões solenes, uma obra de arte sacra que representava o *mandylion* como uma tela portando a imagem de Cristo morto, com as mãos juntas sobre o púbis, tal como aparece no Sudário. E, recentemente, Gino Zaninotto encontrou outro código grego do século X, uma nova confirmação de que a famosa relíquia bizantina continha a imagem de corpo inteiro.[123]

---

119. Dobschütz, *Christusbilder*, p. 134, discutido em Wilson, *Holy Faces*, p. 152.
*N.T.: Na Antiguidade, chefe de um principado independente.
120. Orderico Vitali, *Historia Ecclesiastica*, III, livro IX, 8.
121. Gervasio di Tilbury, *Otia Imperialia*, III, p. 966-967.
122. Savio, *Ricerche storiche*, p. 340, nota 31.
123. Wilson, *Le sainte suaire*, p. 207-208; Wilson, *Holy Faces*, p. 145-148, fig. 17, 26-27; Zaninotto, *L'immagine edessena*, p. 57-62.

De Bizâncio a Lirey?

Ian Wilson acredita que o Sudário-*mandylion* desapareceu de Constantinopla durante o terrível saque que a cidade sofrera na época da quarta cruzada (1204). Ele permaneceu escondido por muitas décadas para reaparecer em 1353 perto de Lirey, uma cidadezinha da França centro-setentrional: nesse ano, o cavaleiro Geoffroy de Charny, porta-estandarte do exército do rei João II de Valois, chamado de o Bom, um homem da nobreza sempre presente na corte da realeza, doou a singular relíquia à igreja colegiada que havia sido apenas fundada em Lirey. O Sudário começou a ser exibido para que fosse venerado como o próprio e verdadeiro Sudário de Cristo em uma série de exposições solenes que atraíram o entusiasmo dos fiéis e os ciúmes do bispo local. Depois de vários acontecimentos, ele passou para as mãos da família Saboia. Primeiro, foi guardado em Chambéry, na suntuosa Santa Capela do palácio ducal, para depois ser transferido para Turim, onde se encontra até hoje. A ligação com a Ordem dos Templários foi sugerida a Ian Wilson pela circunstância de que o homem morto na fogueira junto a Jacques de Molay se chamava Geoffroy de Charny, ou seja, exatamente o nome do proprietário do Sudário em Lirey.[124]

Há quem levante uma objeção a esse respeito, sustentando que o primeiro possuidor do Sudário foi indicado como Geoffroy de Charny, enquanto o sobrenome do Preceptor Templário aparece em vários documentos que, além de citá-lo como Charny, também o citam como Charneyo, Charnayo, Charniaco. A ideia é que, afinal, existe uma pequena diferença de pronúncia e isso bastaria para fazer supor que se trate de duas pessoas diferentes.

Permito-me observar que, em um processo administrativo da época do rei Felipe VI de Valois, o sobrenome do primeiro possuidor do Sudário aparece sob as formas de Charni, Charneyo e até de Charniaco, tal como é chamado também o seu parente Geoffroy, morto na fogueira em 18 de março de 1314 com Jacques de Molay.[125]

Um raciocínio semelhante que parece esclarecer as variantes da ortografia do latim medieval pode ser apresentado a quem não tenha a menor ideia sobre a prática de documentos medievais. O discurso estaria correto se o nosso personagem tivesse vivido na França de

---

124. Wilson, *Le sainte Suaire*, p. 215-253.

125. *Les Journaux du Trésor*, p. ex., e p. 156 e p. 195, de 31 de maio de 1349: *in societate domini Gaufridi de Charneyo militis et consiliarii Regis.*

Napoleão ou de Vitor Hugo, ou seja, em um mundo dominado pelo papel impresso e, principalmente, em uma cultura já oficialmente francesa.

Para a sociedade da Idade Média, as coisas são completamente diferentes. As atas do processo contra os Templários, tal como um número incalculável de outros documentos da mesma época, foram escritas à mão e isso significa que pequenos erros podiam ser facilmente cometidos, mas, sobretudo, elas eram redigidas em latim por alguns escreventes que traduziam simultaneamente enquanto ouviam os depoimentos das testemunhas em sua língua nativa que, nesse caso, era o francês. Os sobrenomes franceses não existiam em latim e, no entanto, era preciso encontrar uma maneira de traduzi-los e formá-los para o latim; e, como nem sempre era o mesmo escrevente que tomava nota dos depoimentos, a tradução dos nomes divergia pela maneira que cada um os interpretava e traduzia. É por esse motivo que encontramos para um mesmo indivíduo citado uma variedade de nomes. Por exemplo, o sobrenome de Jacques de Molay é citado como Malay, Molaho e Malart, enquanto o visitante do Ocidente Hugues de Pérraud é chamado de Parando, Peraudo, Penrando, Penrado, Peralto, Peraut como também Peraldo, Paurando e Deperando. No caso dos chefes do Templo, é ainda mais curioso: o nome de Gilbert Erail é também citado como Roral, Arayl, Herac, Eraclei e Eraclius, enquanto o de Roberto de Sablé aparece como Sabolio, Sabluillio, Salburis, Sabloel e Sabloil.

Também nos registros dos papas medievais esse fenômeno está na ordem do dia: em uma mesma carta, redigida por um mesmo escrevente, ocorre frequentemente que o mesmo sobrenome é citado de maneira diferente.[126]

Se devêssemos julgar os fatos por sua realidade histórica, eu diria que os escreventes transcreveram o nome de Geoffroy de Charny fielmente, sem dúvida muito melhor do que em outros casos.

O que podemos deduzir dos documentos do processo contra os Templários confirma a hipótese de Wilson: Geoffroy de Charny pertencia ao círculo restrito dos fiéis a Jacques de Molay e era o único *compaignon dou Maistre* (companheiro do Mestre); Nogaret reconheceu nele um tal poder no Templo a ponto de trancá-lo nas prisões de Chinon com outros membros do Estado Maior; o tipo de isolamento escolhido, e o fato de querer negar-lhe o contato com o papa que queria

---

126. Frale, *L'ultima battaglia dei Templari*, p. 19-20; cfr. Arquivo Secreto Vaticano, p. ex., Reg. Lat. 818, ff. 51r (*de Cuenca*) e 52r (*de Cuencha*), f. 293r (*de Pugdorfila*) e 294r (*de Purdeifila*); Reg. Lat. 819, f. 6r (*Palmiero*) e f. 7v (*Pamerio*), etc.

interrogá-lo, faz supor que Charny e os outros, nessas prisões, tivessem condições de apresentar testemunhos determinantes.

Geoffroy pertencia a uma família de classe cavalheiresca e tornara-se Templário em 1269 junto à sede de Étampes, na diocese de Sens. Sua cerimônia de admissão foi celebrada por um alto dignitário templário chamado Amaury de La Roche, a respeito do qual falaremos em seguida, um personagem de primeiro plano na Ordem do Templo como também um homem muito ligado à coroa da França. Devia tratar-se de uma cerimônia importante, pois o Preceptor de Paris, Jean Le Franceys, deslocou-se de sua sede para assistir à cerimônia.

Nascido ao redor de 1250, o cavaleiro Geoffroy de Charny, em 1294, era responsável pela sede de Villemoison, na Borgonha, e, um ano mais tarde e com apenas 45 anos, ele assumia a responsabilidade da província templária da Normandia. Ele teve uma carreira prestigiosa, mas não foi somente sua posição hierárquica a determinar o poder e o prestígio no Templo. As fontes templárias documentam que esse homem sempre esteve muito próximo da pessoa de Jacques de Molay.

Em 1303, ele se encontrava na sede de Marselha para assistir à admissão de um jovem servidor do Grão-Mestre, preposto encarregado de cuidar das ferramentas e de seus cavalos, o qual foi recebido por Symon de Quincy, o então Superintendente da travessia para o *Além-Mar*. Marselha era o principal porto francês de embarque para o Oriente e os depoimentos afirmam que os frades presentes nesse capítulo partiram depois para Chipre.

Uma norma dos estatutos hierárquicos templários proibia aos Preceptores das províncias ocidentais visitarem o *Além-Mar*, a menos que obedecessem a uma ordem expressa do Grão-Mestre e, portanto, é seguro dizer que Geoffroy de Charny se encontrasse nesse local enquanto viajava com os outros frades a fim de encontrar-se com Jacques de Molay.[127]

Certamente existia uma forte amizade pessoal entre o Grão-Mestre e Geoffroy de Charny. A crônica menciona como *Continuazione di Guillaume de Nangis* (Continuação de Guillaume de Nangis) lembra que somente o Preceptor da Normandia quis seguir Molay na fogueira gritando à multidão, durante o último apelo que lhes havia sido concedido, que o Templo era inocente e que nunca traíra a fé cristã. Geoffroy de Charny aparece constantemente entre os mais importantes dignitários do Templo.[128]

---

127. Léonard, *Introduction au cartulaire*, p. 160; Michelet, *Le Procès*, II, p. 289-290; I, p. 295; Curzon, *La Règle*, § 87.
128. Géraud, *Cronique*, p. 402-404.

Existe também outro detalhe. Se olharmos os documentos do processo por inteiro, podemos notar que o Preceptor da Normandia, Geoffroy de Charny, era conhecido pelos Irmãos do Templo por um nome que indicava sua região de origem, tal como hoje diríamos "o toscano" ou "o siciliano". Charny também era chamado de *Le Berruyer* que em francês desse século significava "originário de Berry", que atualmente tem o nome de *Champagne Berrichonne* e que, na tardia Idade Média, se encontrava entre os dois grandes potentados feudais do conde de Champagne e do duque da Borgonha. Trata-se justamente da zona onde viveram e prosperaram os Charny, os quais, de fato, sempre tiveram de submeter-se ao difícil jogo dos poderes imposto pela presença dessas duas grandes senhorias.[129]

O Preceptor Templário da Normandia, Geoffroy de Charny, também Porta-Estandarte da França, que estivera de posse do Sudário durante a metade do século XIV, pertencia, com certeza, à mesma família, embora as fontes não nos permitam verificar detalhadamente qual seria a exata ligação familiar.

Os De Charny haviam se introduzido na Ordem dos Templários no fim do século XII. Em 1170, Guy de Charny vendera um bosque ao Templo e seus filhos, Haton e Symon, 11 anos mais tarde, doaram à Ordem 15 acres de terra, enquanto, em 1262, outro membro da linhagem, Adam, doaria à Ordem o feudo de Valbardin. É preciso notar que essas doações eram feitas frequentemente como "dote" para um filho que entrava na Ordem. O domínio templário até Charny ficava a apenas um quarto de légua (cerca de 1.500 metros) de distância do centro de comando. Graças ao Cartório de Provins, viemos a conhecer o fato de que, em 1241, vivia um Templário chamado Hugues de Charny, o qual poderia muito bem ser um tio do futuro Preceptor da Normandia.[130]

A família teve de enfrentar (embora indiretamente) outro evento relativo ao Sudário: a quarta cruzada com o terrível saque de Constantinopla, durante o qual o Sudário acabou desaparecendo.

O conde Guillaume de Champlitte, um dos mais influentes barões que participaram do ataque a Constantinopla e, depois, tornou-se príncipe de Acaia, pediu em casamento Elisabeth, da linhagem de Mont Saint-Jean, senhores de Charny. Desde a metade do século XII, o feudo de Charny estava intimamente ligado à família de Courtenay. Pedro I de Courtenay, também senhor de Charny e último filho do rei

---

129. Godefroy, *Dictionnaire*, I, p. 628.
130. Michelet, *Le Procès*, I, p. 628; Mannier, *Ordre de Malte*, p. 181-184. Carrière, *Histoire et cartulaire des Templiers*, p. 69-70.

da França, Luís, o Gordo, era o pai de Pedro II de Courtenay, destinado a tornar-se imperador de Constantinopla em 1205, um ano depois da conquista da capital grega, ou seja, foi em 1205 que um personagem da linhagem de Courtenay tomou posse do Castelo de Charny. Mais tarde, até mesmo quando os gregos retomaram o controle do Império do Oriente, os De Charny mantiveram ligações concretas com os feudos que ali foram criados. No início do século XIV, o cavaleiro Dreux de Charny casou-se com a nobre dama Agnes, herdeira da senhoria grega de Vostzitza.[131]

Entretanto, fontes seguras indicam que a família de Charny não veio a possuir o Sudário no dia seguinte ao grande saque, mas muitas décadas mais tarde.

A tragédia da quarta cruzada

Em 10 de outubro de 1202, o exército da quarta cruzada saía do Lido de Veneza em direção ao Oriente, chefiado pelo marquês Bonifácio de Monferrato. Era um grande contingente formado por cerca de 33 mil cruzados, principalmente de origem francesa, e 17 mil venezianos. No Lido da grande república marítima, os barões franceses com o próprio séquito tiveram de ficar parados por um período mais longo do que o previsto.

Eram sinceras as intenções de recuperar Jerusalém e o Santo Sepulcro, mas as contas haviam sido muito malfeitas e os organizadores acabaram por contrair débitos vultosos com os canteiros navais da Sereníssima, os quais haviam trabalhado meses inteiros a serviço da cruzada e agora queriam receber seu pagamento. E, assim, a expedição nascia com um grande ponto fraco: os interesses econômicos colocavam um grande fardo sobre o ideal religioso, um fardo que, afinal, era capaz de sufocá-la.

Nos meses anteriores, quando se soube que o plano da cruzada era atacar o Egito, os venezianos demonstraram-se relutantes em aceitar por não achar conveniente investir recursos em uma aventura que não seria particularmente proveitosa para a cidade. O doge fez com que os delegados esperassem duas semanas, mas, afinal, apresentou a sua proposta: Veneza forneceria os navios para o transporte dos cruzados

---

131. Dijon, Archives Départementales, Charny 12-LXIII e H-1169 (Petit Temple de Dijon), citado em Léonard, *Introduction*, p. 331-332; Langlois, *La Bible Guiot*, p. 65; Anselme de la Vierge Marie, I, p. 473 A e B, II, p. 481; *Cronique de Morée*, p. 137.

e as provisões necessárias para um ano, em troca ela teria a cobertura antecipada dos custos e o direito a ter metade de tudo o que fosse conquistado. Os barões franceses aceitaram imediatamente, mas sem certa dose de ingenuidade.[132]

Depois de uma parada em Pola para libertar o litoral dos piratas, a 10 de novembro a frota atracava em Zara. Ali se percebeu um presságio trágico do futuro, pois os venezianos obrigaram o exército a saquear a cidade que era cristã, mas pertencia ao reino da Hungria e fazia inveja à Sereníssima. O exército ficou parado em Zara durante todo o inverno, pois o mar estava muito agitado para prosseguir. Depois, com a volta da estação mais calma, a frota dirigiu-se para Corfu, enquanto a outra parte do exército cruzado esperava na Terra Santa.

Depois do apelo do papa Inocêncio III, todas as forças do reino cristão mobilizaram-se e as ordens militares, os Templários e os Hospitalários já haviam desenvolvido a estratégia das operações. Assim que chegasse às costas da Síria, o exército que procedia da Europa deveria organizar uma expedição para reforçar a presença dos cristãos do norte da Síria até a Armênia. Em seguida, era preciso atacar o Egito, porque era dali que chegavam os reforços aos muçulmanos, donos de Jerusalém.[133]

Na primavera de 1203, o exército preparava-se para sair de Corfu, mas havia uma novidade: os chefes da expedição haviam decidido fazer um desvio e passar por Constantinopla, a grande capital do império grego que se estendia sobre o estreito do Bósforo. Os motivos apresentados eram bem diversificados, mas o mais atraente apoiava-se sobre o triste destino do legítimo imperador grego Isaac II Angelos, cego e deposto. Seu filho, Aleixo, fugira para a Europa e refugiara-se junto de sua irmã que desposara Felipe da Suábia, irmão do imperador Henrique VI.

Felipe, então, pedira que as tropas cruzadas passassem por Constantinopla e ajudassem seu cunhado Aleixo a retomar o poder. Tratava-se simplesmente de sustentar a dinastia legítima para, em seguida, reconhecidamente, ajudar a cruzada colocando à sua disposição uma boa parte do exército bizantino. Porém, muitos senhores não se deixaram convencer, provavelmente intuindo que a situação estivesse se degenerando, e, assim, abandonaram a expedição e prosseguiram para a Terra Santa por conta própria.[134]

---

132. Carile, *Per una storia*, p. 103-110; Flori, *Culture chevaleresque*, p. 371-387; Nicol, *Venezia e Bisanzio*, p. 167-179.

133. Goldstein, *Zara*, p. 359-370; Frale, *La quarta crociata*, p. 468-470.

134. Tucci, *La spedizione marittima*, p. 3-18; Nicol, *Venezia e Bisanzio*, p. 169-171.

Tanto o destino quanto os objetivos da cruzada já estavam comprometidos. Quando a Cúria Romana veio a saber que Zara havia sido conquistada, Inocêncio III excomungou formalmente os venezianos responsáveis pela agressão. Entretanto, o papa já havia perdido o controle da operação e o legado de Pietro Capuano fora contestado pelos venezianos que não mais o reconheciam como representante do papa em razão de suas ideias bem diferentes de seus interesses. De maneira que o cardeal teve de voltar para depois seguir para a Terra Santa sozinho.

A 18 de julho de 1203, o exército chegava a Constantinopla. Os motivos apresentados para justificar aquele estranho desvio já não valiam mais, porque o legítimo imperador, Isaac Angelos – apesar de cegado por seus inimigos –, havia sido recolocado no trono pelos próprios súditos gregos.

Passaram-se alguns meses de calma aparente, quebrada apenas por alguns episódios de violência. O exército estava acampado fora dos muros da cidade e os cruzados exploraram a magnífica capital, observando avidamente todos os seus tesouros e pensando no futuro saque. Em 1º de agosto de 1203, o jovem Aleixo, coroado imperador com seu pai, convidou alguns personagens do contingente cruzado a visitar o monumental palácio com sua inimaginável coleção de relíquias.

O cavaleiro francês Geoffroy de Villehardouin declarou em sua *Cronaca* que Constantinopla continha, ela sozinha, tantas relíquias quanto continha todo o restante do mundo.[135]

Sobre o futuro da expedição pendia a pesada dívida contratada com os venezianos. O imperador Aleixo procurou juntar tudo o que podia, mas ele apenas conseguiu cobrir a metade do enorme valor contraído a título de empréstimo, sendo que a situação estava se deteriorando. Ele desapropriou grandes patrimônios das famílias nobres e fez com que fossem fundidos todos os vasilhames em ouro e prata das igrejas. No mês de agosto, uma multidão de gregos havia atacado o bairro dos latinos, aproveitando o fato de que o imperador se encontrava fora da cidade, e incendiaram as lojas dos mercadores genoveses, pisanos e venezianos. Alguns dias mais tarde, um bando formado por flamengos, venezianos e pisanos atacou o bairro muçulmano e incendiou a mesquita. Um forte vento alimentou as chamas e um bairro inteiro acabou sendo destruído. Cerca de 15 mil homens que moravam estavelmente em Constantinopla refugiaram-se junto aos cruzados, engrossando suas fileiras.

Ao final de 1203, os chefes cruzados enviaram um ultimato ao imperador: se Aleixo não honrasse, rapidamente, suas promessas, a

---

135. Maleczek, *Innocenzo III e la quarta crociata*, p. 389-422.

aliança seria considerada quebrada e os latinos se sentiriam no direito de declarar-lhe guerra.

Em janeiro de 1204, o funcionário imperial Aleixo Murzuflo depôs o imperador com um golpe de Estado e fez entender aos cruzados que não pagaria as dívidas do antecessor, ordenando-os a saírem do território bizantino.

No mês de março, os barões franceses e os venezianos reuniram-se para idealizar o plano da conquista de Constantinopla e a divisão do futuro império, depois dessa conquista. Porém, antes de tudo, Veneza devia recuperar as despesas sofridas e, em seguida, o doge teria direito à primeira escolha do resultado do saque até três quartos do total. Planejou-se até a eleição do novo imperador que seria confiada a uma comissão formada por seis franceses e seis venezianos. O partido derrotado teria o direito de nomear o futuro patriarca do rito latino.[136]

Em três dias terríveis, de 14 a 16 de abril de 1204, Constantinopla foi submetida a um saque sem precedentes e até as igrejas foram profanadas, embora a expedição que havia levado esses homens às margens do Bósforo procedesse formalmente sob uma insígnia religiosa. O massacre foi apavorante, mas, apesar de tudo, a civilização bizantina recuperou-se rapidamente e ainda teve momentos de glória. O saque deixou impressa uma tremenda ferida e comprometeu irremediavelmente a união da Igreja Grega e a Latina que Inocêncio III tanto prezava.[137]

Após as violências do saque, os homens passaram a realizar a espoliação dos outros tesouros presentes na capital, objetos preciosos que os cruzados tiveram meios de estudar durante os meses precedentes. Os frades gregos haviam procurado colocar a salvo muitas relíquias e outros instrumentos sagrados, porém todos os seus esconderijos foram descobertos.

Um acordo havia sido feito antes do ataque para que o espólio fosse levado para a casa de Garnier de Traynel, bispo de Troyes, sob pena de excomunhão, para depois proceder à divisão das diversas partes. Parece que o doge, ladinamente, propusera aos barões fornecer um eficiente serviço de guarda ao espólio em troca do pagamento de um valor de dez marcos por cabeça. Porém, dessa vez, prevaleceu a ingenuidade dos franceses, que recusaram a oferta. De resto, foram os venezianos os primeiros a violar a regra ao transportar às escondidas muitos objetos preciosos para os seus navios, favorecidos pela escuridão. Mas eles não foram os únicos. Durante a divisão oficial do espólio, seguiu-se uma

---

136. Nicol, *Venezia e Bisanzio*, p 186-193.
137. Ducellier, *Il sacco di Costantinopoli del 1204*, p. 368-377.

paralela violação clandestina e independente que alimentou um comércio absolutamente escandaloso. A ideia era que obter pelo menos uma relíquia significava o resgate do voto de libertar Jerusalém. As pessoas pensavam que, uma vez obtido o precioso espólio, fosse possível dar as costas ao Santo Sepulcro e voltar serena e tranquilamente para casa sem qualquer peso na consciência. Ninguém queria ficar de mãos vazias. Nenhum santuário foi poupado, e o eco dessas indignas manipulações de objetos sagrados induziu a promoção do IV Concílio Lateranense de 1215 que excomungou todos os envolvidos no tráfico das relíquias.[138]

Os cruzados encontraram a maneira de conseguir esses ambicionados objetos com a intenção de levá-los para sua pátria a fim de enriquecer as igrejas de família. No prazo de quatro anos, o imenso tesouro sagrado de relíquias que haviam pertencido a Constantinopla foi enviado para a Europa. Muitas vezes, os cruzados despachavam algumas em doação a pessoas às quais e das quais pudessem pedir e receber favores ou então as usavam como forma de investimento. A posse de uma relíquia ilustre parecia ser uma verdadeira garantia de futuros lucros, pois era previsto que multidões acorressem para venerá-la e oferecessem uma grande quantidade de donativos.

Com essa perspectiva, o cruzado Nivelon de Quierzy, bispo de Soisson, hipotecou as futuras rendas de um objeto em sua posse para reconstruir a catedral e a ponte da cidade francesa de Châlons-sur-Marne. Da mesma forma foi conseguida a restauração da Catedral de Troyes, que foi paga com os proventos de algumas relíquias doadas pelo bispo Garnier de Traynel, como também ocorreram outros casos semelhantes.

Quando chegavam à Europa, essas relíquias eram esperadas com grande euforia e entregues aos destinatários em solenes cerimônias religiosas acompanhadas pelo canto de hinos e poesias compostas propriamente para a ocasião.[139]

As relíquias da grande coleção imperial guardadas na capela de Pharos e na Basílica das Blaquernas certamente recebiam um tratamento especial. Toda a operação que lhes dizia respeito era precisamente anotada em um registro oficial. Elas eram fechadas em caixas próprias, seladas para evitar furtos e substituições fraudulentas e, depois, confiadas a correios de muita credibilidade. Eram dotadas de passaporte geral e um certificado de autenticidade que garantia a origem, o qual portava o selo de ouro do imperador bizantino.[140]

---

138. Riant, *Des dépouilles*, p. 7, 18-19, 27-35.
139. *Ibidem*, p. 4-5; Claverie, *Un "illustris amicus Venetorum"*, p. 506-510.
140. Riant, *Exuviae*, p. 44-45.

Em 1241, quando o império latino de Constantinopla, depois de um longo declínio, entrou em uma grave crise econômica, as últimas inestimáveis relíquias da Paixão de Cristo deixaram a capital. Elas tinham sido adjudicadas a um comprador de exceção, o rei da França, Luís IX, o qual para possuí-las desembolsara verdadeira fortuna, pois era um homem de grande e sincera fé. No coração de Paris, junto à Catedral de Notre-Dame, havia sido construída uma pequena igreja preciosíssima, decorada como uma joia a fim de ser digna de guardar esses tesouros: *La Sainte-Chapelle* (A Santa Capela). Cuidadosamente embaladas, seladas, certificadas e confiadas a mãos responsáveis, essas joias, um fragmento da Verdadeira Cruz, a Lança, a Esponja, a Coroa de Espinhos e outras relíquias de Jesus, encerradas em seus preciosos relicários originais, saíram em direção à França.[141]

Se os Templários estiveram de posse do Sudário, não podiam certamente ignorar a sua história e o fato de que havia sido roubado durante um tremendo e terrível saque, sobre o qual Inocêncio III pronunciara suas maldições. O lençol tinha um valor inestimável, mas o fato de possuí-lo implicava muitos riscos.

Mais preciosas do que gemas

A hipótese apresentada, em tempo, por Ian Wilson encerraria a ponte que existe entre os testemunhos bizantinos sobre o Sudário, antes do saque de abril de 1204, e os testemunhos de 150 anos mais tarde, que o enxergam na França na metade do século XIV. Fascinante e bem documentada, provocou a seu tempo muito entusiasmo, mas alguns estudiosos também levantaram suas críticas porque, de fato, o autor tendia a considerar como certos alguns fatos que, ao contrário, eram fruto de suas deduções, embora brilhantes e verossímeis.

Os mais famosos peritos dos Templários reagiram de maneira variada no curso do tempo e, depois de um primeiro momento de ceticismo, a teoria parece ter sido progressiva e cuidadosamente reavaliada.

Em 1985, poucos anos depois da publicação do livro de Wilson, Alain Demurger, da Sorbonne, declarou ser cético a seu respeito, enquanto Malcolm Barber, de Cambridge, demonstrou uma atitude mais favorável. Em um artigo publicado em 1982 na revista *Catholic Historical Review* (Revista Histórica Católica), Barber contestava a teoria de Wilson, julgando-a fraca quanto a "peças de apoio", pois não foi

---
141. *Ibidem*, p. 48-52; Durand, *Reliquie e reliquiari*, p. 386-389.

conservado, fisicamente, nenhum desses fantásticos ídolos descritos no processo dos Templários e as evidências colhidas por Wilson lhe pareciam faltar de uma forte conexão, como uma série de fragmentos espalhados aleatoriamente e pouco coerentes.

Por outro lado, durante a sua análise realizada nos documentos do processo, Barber teve a nítida impressão de que os Templários venerassem, na realidade, algum retrato de Cristo realizado de acordo com a arte bizantina. Ao final, o autor concluía dizendo que a questão lhe parecia possível, mas que ainda precisava de uma explicação satisfatória.[142]

Alguns anos mais tarde, Francesco Tommasi, da Universidade de Perugia, realizou um amplo e capilar trabalho de pesquisa sobre as relíquias que entraram na posse dos Templários. O historiador italiano optou por não analisar as fontes do processo, a parte mais numerosa de testemunhos sobre os Templários que chegaram até nós e que, no entanto, contêm também muitas informações distorcidas pelo uso da tortura. Agindo dessa forma, ele encontrava-se diante de um campo de pesquisa muito mais restrito, porém imune da suspeita de manipulação.

Tommasi descobriu que a Ordem do Templo havia colocado a campo uma verdadeira e própria política de rastreamento das relíquias, chegando a acumular um tesouro desses objetos que, na cultura da época, possuíam um grande valor econômico além de religioso. Já, muitos anos antes, nos Atos do martírio de São Policarpo (165 d.C. aproximadamente), estava escrito que os ossos podiam bem ser "as mais preciosas das gemas".[143] É certo que, segundo os autores, se tratava de um valor somente espiritual, mas aquela foi uma frase destinada a ter uma incrível sorte.

A forma privilegiada com a qual a Ordem do Templo entrava na posse era propriamente pela compra das relíquias. A Ordem as comprava diretamente ou, com mais frequência, as tomava como penhor em troca de empréstimos dados a pessoas em dificuldade, os quais nunca eram reembolsados, transformando o objeto penhorado em propriedade. O Templo tinha condições de gastar e, para as relíquias, ele o fazia à vontade.

Um fato muito interessante, colocado em destaque por Tommasi, é que no tesouro sagrado dos Templários surgiam relíquias de santos venerados principalmente no Oriente bizantino, tais como Policarpo de Esmirna, Placone, Gregório, Anastásia, Eufêmia, mas o lugar de honra nessa coleção eram certamente os testemunhos que procediam da

---

142. Barber, *The Templars and the Turin Shroud*, p. 225; Id., *The Trial*, p. 273.
143. Tommasi, *I Templari e il culto delle reliquie*, p. 191-210; *Acta Polycarpi*, Ian. III, p. 319, em Riant, *Exuviae*, p. 2.

Paixão de Cristo. A Ordem havia possuído, em Jerusalém, um grande relicário que continha um grande fragmento da Verdadeira Cruz, do qual haviam sido retirados pequenos pedacinhos para ser enviados a toda a orbe templária. Muitas sedes da Ordem possuíam um relicário próprio com um fragmento da Cruz que devia representar para os frades da casa uma ligação física com Cristo e com a Cidade Santa. Parece que os Templários eram devotos da Cruz mais do que as outras ordens religiosas, e a veneravam com liturgias especiais tanto na Síria quanto, mais tarde, em Chipre.[144]

A peça forte da coleção templária era representada por um espinho da Coroa de Espinhos de Jesus, o qual, dizia-se, florescia na Sexta-feira Santa. Um fato curioso é que os Hospitalários, depois de se apossarem dos bens templários, após o encerramento da Ordem, também herdaram o Espinho e acostumaram-se ao seu prodígio anual. Porém, na Sexta-Feira Santa do ano 1497, o Espinho floresceu com três horas de antecedência da hora habitual, meio-dia, e o Grão-Prior, Jacques de Milly, mandou chamar imediatamente o notário para que registrasse esse evento insólito. O mesmo fenômeno foi lembrado pelo último Grão-Mestre Templário, Jacques de Molay, enquanto defendia a sua Ordem durante o processo. Deus nunca teria concedido um milagre semelhante a pessoas indignas e dedicadas à heresia.

Outra relíquia importante era uma cruz dentro da qual estava um copinho que pertencera a Jesus. Guardada pelos Templários de Jerusalém, era levada em procissão para suplicar a Deus que proporcionasse o dom da chuva quando a seca assolava a região. Segundo um depoimento, ela tinha o poder de curar doentes e de libertar os obsessivos.[145]

Além de tudo o que possuíam diretamente, parece que os Templários em geral tivessem contato direto com as relíquias e fossem considerados entre os maiores peritos no reconhecimento de objetos autênticos. De fato, quando personagens ilustres precisavam verificar a autenticidade de alguma relíquia, dirigiam-se aos Templários que eram considerados confiáveis e de autoridade.

Em 1164, o rei da França, Luís VII, encarregou o Cavaleiro Templário Geoffroy Foucher, que estava de partida para a Síria, de consagrar um seu anel colocando-o em contato físico com o santuário que ele viesse a encontrar em sua missão.

Em 1247, o patriarca de Jerusalém quis transferir para a Europa uma ampola contendo parte do Preciosíssimo Sangue para confiá-la ao

---

144. Schottmüller, II, p. 157-158.
145. Michelet, *Le Procès*, p. 646-647.

rei Henrique II da Inglaterra. O Grão-Mestre do Templo, Guillaume de Sonnac, e o Grão-Mestre do Hospital, Guillaume de Chateauneuf, foram chamados para subscrever pessoalmente o certificado de autenticidade que acompanhava a relíquia.

Trinta anos mais tarde, o Grão-Mestre Templário Thomas Bérard e alguns fiéis da Terra Santa despacharam para a Inglaterra algumas partículas da madeira da Verdadeira Cruz com relíquias dos santos Felipe, Elena, Estêvão, Lourenço, Eufêmia e Bárbara, além de um fragmento da mesa usada por Jesus. Para assinar o certificado de autenticidade foram chamados o arcebispo de Tiro e o bispo Uberto de Banyas, que era um Templário.[146]

Antes da queda de Jerusalém, esse núcleo de bens sagrados era guardado, muito provavelmente, na casa matriz da Cidade Santa, junto às ruínas do Templo do Senhor. Quando Jerusalém voltou às mãos islâmicas, todos os tesouros templários foram transferidos para o quartel-general de Acre, que se tornou o ponto de referência para o Oriente. Quando a cidade de Acre também foi conquistada em 1291, a coleção das relíquias e outros objetos de maior valor foram transferidos para a sede de Chipre, na igreja da região principal de Nicósia.

Entretanto, o risco constante fez com que fosse aconselhável a transferência de muitas relíquias para o Ocidente, e estão documentados diversos deslocamentos na Itália, Inglaterra e, muito provavelmente, também na França, no quartel-general de Paris.

O quadro reconstruído por Tommasi coincide perfeitamente com o que havia dito Jacques de Molay durante o processo: o tesouro das relíquias e dos arranjos litúrgicos com os quais eram ornadas as igrejas dos Templários superavam de longe os ornamentos das outras ordens religiosas e equiparavam-se apenas aos tesouros das grandes catedrais.

Duas dessas "peças fortes", ou seja, o corpo de Santa Eufêmia e o Espinho da Coroa, procediam seguramente dessa coleta que havia sido o orgulho dos imperadores bizantinos, e ali também estava guardada a bacia que Jesus usara para a Lavagem dos Pés na Última Ceia. São relíquias que desapareceram como as outras durante o saque de Constantinopla. Até hoje não é possível entender como fizeram os Templários para tê-las em seu poder.[147]

---

146. Tommasi, *I Templari e il culto delle reliquie*, p. 202.

147. A presença da *pelvis*, a bacia da Última Ceia, aparece em diversas descrições do tesouro sagrado de Constantinopla; cfr Riant, *Exuviae*, p. ex., p. 211, 213, mas, segundo outras descrições, tratava-se de uma bacia de mármore (cfr. p. 219, 223).

Gostaria de aqui acrescentar outra curiosa coincidência. Segundo o resumo de Antonio, bispo de Novgorod, que visitara Constantinopla poucos anos antes do saque, duas pequenas placas de pedra que procediam do Santo Sepulcro estavam guardadas na Basílica de Santa Sofia. Durante o processo contra os Templários da Inglaterra, foi chamado para depor um ancião que estivera, em um período de 20 anos, a serviço do Templo na região de Sumford, o qual descreveu uma relíquia que realmente parece ser uma dessas pequenas placas de pedra.[148] Declarou que nada tinha a dizer de mal contra os frades Templários, salvo um fato estranho que sempre lhe causara grande curiosidade: quando os frades dessa casa deviam realizar algum negócio importante, eles costumavam acordar bem cedo e dirigiam-se para a capela de sua igreja. Eles, então, aproximavam-se do altar e dessa mesa puxavam para fora outra mesa de pedra menor e tão fina que podia ser recolocada no altar sem que ninguém pudesse perceber a sua presença. Ao ser levantada totalmente, todos se ajoelhavam e a adoravam, prostrando-se ao chão. Nessa capela, a entrada era proibida a qualquer pessoa que não fosse Templário ou intimamente ligado à Ordem.[149]

Também é preciso acrescentar que os Templários possuíam um precioso ícone recoberto de ouro e prata que representava o rosto de Cristo, algo de análogo às imagens no verso dos selos dos Mestres da Alemanha e ao rosto sobre o painel de Templecombe.[150]

Não é surpresa o fato de que, ao final de suas pesquisas, Francesco Tommasi estivesse decididamente mais otimista que seus colegas do outro lado dos Alpes quanto à hipótese de uma passagem do Sudário na Ordem do Templo:

> De fato, é bem possível que a imagem do homem no Sudário fosse conhecida pelos Templários, sem que, necessariamente, eles fossem os depositários da relíquia. Por outro lado, é inegável a semelhança entre o rosto de Cristo (sem a tradicional auréola), tal como aparece na pintura de um painel de madeira descoberto em 1951 em Templecombe (Somerset), sede de uma comunidade templária, e o rosto do Sudário [...]
> Contudo, existem no conjunto motivos suficientes para considerar como não infundada a intuição de Wilson e, portanto, me parece que não deva ser descartada sua hipótese de um lugar especial, reservado às práticas devocionais,

---

148. *Ibidem*, p. 48, 220.
149. Schottmüller, II, p. 91-92.
150. Tommasi, *I Templari e il culto delle reliquie*, p. 197.

como na simbologia do Templo para com a iconografia de Cristo do tipo apresentado no Sudário.[151]

Com base nos novos dados apresentados, a reconstrução de Ian Wilson, nesse momento, é a que oferece o maior grau de probabilidade. A opinião equilibrada de Tommasi é a que mais valida e talvez seja possível afirmar até algo mais. Certamente, nem todos os depoimentos dos Templários sobre o ídolo se referiam ao culto desse Santo Vulto e, aliás, é lícito pensar que muitos falaram subjugados pela tortura ou outras formas de violência. Porém, é um fato que no interior da Ordem circulavam e eram veneradas imagens do Vulto de Cristo representado de maneira incomum, sem auréola e sem pescoço, ou seja, exatamente como aparece no Sudário de Turim e na tradição bizantina do *mandylion*.

Pesquisas mais recentes sobre os Templários acrescentam a confirmação de que, em algumas regiões do sul da França, foi exposto para veneração dos confrades o retrato de um homem de figura inteira sobre uma tela de linho. As características dessa imagem sobre tela, venerada pelos Templários do sul da França (corpo de figura inteira, contornos indefinidos, monocromática e cor avermelhada), parecem efetivamente lembrar a forma do Sudário de Turim. Outros indícios também convergem para indicar que o Sudário deixou um rastro muito forte na sensibilidade religiosa dos frades-guerreiros e isso, certamente, não é nenhuma surpresa. O Sudário possui certas qualidades que, segundo a ciência, são únicas, e não é exagero defini-las como impressionantes.

Das cavernas de Qumran às irmãs de Chambéry

O Sudário é uma manufatura de linho que, antes de sua restauração em 2002, era composto de peças de pano feitas de tecidos de diversas épocas, estilo e técnica de produção. Para termos uma imagem do que seja, é possível comparar esse trabalho ao estilo *patchwork* (colcha de retalhos). O Sudário tem um comprimento de 4,36 metros e largura de 1,11 metro, mas, na realidade, esses dados correspondem a uma média que pode variar de diversos centímetros se a tela for estendida. De fato, o linho cede muito em consequência da sua extrema idade e sulcam-no os sinais já indeléveis por algumas formas de dobrá-lo que documentam

---
151. *Ibidem*, 193-194.

como teria sido reposto em certas fases de sua história, e, no tempo, o tecido ficou tão ralo a ponto de estar consumido pelas inúmeras manipulações assim como pelas desventuras que sofreu.

Foi sugerido que a pessoa que cortou o tecido usou como base uma unidade de medida precisa e de uso comum, de maneira que a tela tivesse um comprimento igual a um múltiplo dessa unidade. A única unidade conhecida que proporciona o resultado em medida inteira é o cúbito sírio usado no Oriente Médio antigo e em base ao qual a tela mede 8x2 cúbitos.[152]

Durante as frequentes exposições aos fiéis, o Sudário era aberto e preso por suportes. E, assim, ele pendia e permanecia tensionado durante muitos dias, tocado por infinitas mãos, esfregado em objetos que se tornavam relíquias com o seu contato e, às vezes, era beijado. A fim de evitar que o linho viesse a ser rasgado pela ação de todo esse estresse mecânico, em 1534 a tela original foi costurada em cima de outra tela de linho da Holanda para dar espessura ao todo e, mais tarde, foi acrescido nas margens um bordado de seda turquesa que permitia manuseá-lo livremente sem tocar o tecido antigo.

Em várias épocas, ainda a serem definidas, foram realizados muitos remendos, em buracos mais ou menos grandes (Fig. 5a), com retalhos de outro linho. Onde o tecido corria o risco de romper-se foram feitos remendos do tipo artístico como os cerzidos que se usava fazer até hoje, ou seja, costuras realizadas com fio de material idêntico e por mãos tão hábeis que o fio dos remendos mais recentes se insinua no traçado original, tornando-se, ao final, quase invisível.

O tecido antigo é feito de fibra de linho fiada segundo uma técnica bem complexa, precisando de duas rocas em vez de uma, como era mais comum. O resultado é que as fibras mostram uma torção em sentido anti-horário chamada "torção em Z". A tecelagem foi executada em um tear artesanal de quatro pedais por meio de uma técnica chamada *chevrons* e também "espinha de peixe", e um ponto chamado "3-1", porque o fio passa três vezes embaixo da trama e uma só vez em cima. Cada centímetro quadrado do Sudário tem 40 fios e pesa em média 23 gramas. Sobre os lados curtos falta a borda, ou seja, aquela fita de tecido no início e no fim de cada tela. A tela tem uma estrutura especial feita propositalmente para impedir que o tecido seja desfiado quando manipulado. Isso demonstra que a tela, sem dúvida, foi cortada de um rolo de tecido mais comprido.

---

152. Sobre estes valores, cfr. Wiseman e Wheaton, *Weights and Measures*.

A torção em Z, o estilo da tecelagem em espinha de peixe e o ponto 3-1 pertencem a técnicas de fabricação muito antigas, encontradas em várias manufaturas das épocas romana, pré-romana e medieval. O estilo em espinha de peixe pode ser encontrado em outros tecidos do Oriente Médio de idade helênica e romana (séculos III e II d.C.), produtos muito apreciados feitos principalmente para fins decorativos (bordas ornadas e tecidos para almofadas). De fato, cria-se dessa forma um tecido de aspecto "operado", porque o esquema em espinha de peixe reflete a luz de maneira diferente, dependendo de onde ele é observado. Um tecido de linho tem em si um certo brilho e, no caso desse particular trabalho, a sobreposição dos fios cria um desenho de tantos Vs em relevo alternando-se com outros tantos Vs em depressão. Resumindo, o tecido tem um efeito de brilho opaco que lembra aquele de antigos brocados com desenhos geométricos muito simples.

Recentemente, a estudiosa alemã Maria Luisa Rigato confirmou a ideia expressa por outros peritos em tecidos antigos que a tela do Sudário pertence a um apreciado tecido que nada tem de comum.[153]

O Sudário tem a curiosa particularidade de não conter nenhum traço de fibra de lã, um fato estranho considerando ser esse o tipo de fiação mais difundido da época e que, normalmente, os teares serviam para tecer todos os tipos de tecidos. Entretanto, ao contrário, entre suas fibras existem traços de algodão procedente do arbusto *Gossypium herbaceum*, a única espécie cultivada no Oriente Médio durante a Antiguidade, antes de a descoberta de Cristóvão Colombo permitir que se importasse das Américas todas as outras variedades conhecidas atualmente. As fibras de algodão procedem de outros tecidos que foram trabalhados no mesmo tear antes de o Sudário ser tecido, fibras que ficaram presas ao instrumento e que, durante o trabalho, acabaram por entrar no novo tecido de linho. A total ausência de lã faz pensar que esse tear, por alguma razão especial, nunca trabalhara com tecidos de lã. Na Bíblia (Dt 22,11), há uma norma que proíbe fiar juntos o linho e a lã porque a mistura dessas duas matérias-primas produziria impurezas ritualistas. Portanto, concluiu-se razoavelmente que o tear pertencia a pessoas de religião hebraica que não violaram a proibição e fabricaram uma tela pura, segundo sua cultura.[154]

---

153. Timossi, *Analisi*, p. 105-111; Pastore Trossello, *La struttura tessile*, p. 64-73; Jackson, *Jewish Burial*, p. 309-322; Vial, *Le Linceul*, p. 11-24; Whanger e Whanger, *A Comparison*, p. 379-381; Baima Bollone, *Sindone e scienza*, p. 83-106; Flury-Lemberg, *Sindone 2002*, p. 25-48; Rigato, *Il titolo della croce*, p. 198-217.

154. Raes, *Rapport d'analise*, p. 79-83; Jackson, *Hasadeen Hakadosh*, p. .27-33.

Além das fibras de algodão, a tela mais antiga contém também uma grande quantidade de outros materiais variados, traços de materiais com os quais deve ter entrado em contato no decorrer de sua longa história: pólen de várias espécies de vegetais, esporos e restos de corpos de insetos que ficaram presos na trama durante a exposição ao ar livre, cera, traços de aloé e mirra, partículas de material corante, de seda vermelha e azul usada em algum momento para envolvê-la, tinta e pós.

Os traços de pigmentos encontrados são de ocre, vermelho veneziano, vermelhão, junto com proteínas usadas como aglutinantes para destemperar e fixar os pós das cores. Eles são encontrados na tela em quantidade mínima, pelo fato de que, no passado, as cópias feitas com tintas eram apoiadas sobre o Sudário para que se transformassem em relíquias.

Em 1973, um estudo realizado pelo criminologista Max Frei mediante as técnicas em uso pela equipe científica da polícia suíça, identificou traços de pólen de 58 espécies de vegetais originários do Oriente Médio, alguns dos quais são típicos da região do Mar Morto e de Jerusalém. Também foram encontrados traços de, no mínimo, 28 espécies de flores depositadas sobre o corpo, a maior parte das quais é originária da Palestina e floresce na primavera.

O material orgânico contém aragonita, um mineral bem raro, mas presente no terreno das grutas de Jerusalém; assim como a presença do natrão, usado na Palestina e no Egito para a conservação dos corpos, indica sua origem no Oriente Médio.[155]

Em um dos lados compridos foi acrescentada com costura uma estreita faixa de tecido 46 centímetros mais curta. Segundo alguns peritos, essa faixa fazia parte da tela, mas foi aparada em uma época desconhecida e, depois, costurada novamente. Os motivos não são conhecidos, mas provavelmente foi cortada da tela que era mais comprida do que o necessário a fim de fazer uma bandagem que, provavelmente, serviria para amarrar o Sudário em volta do cadáver, nos pés, nos joelhos e no pescoço, de maneira a ficar bem aderente. Essa bandagem foi somente recuperada mais tarde e recosturada ao longo da margem da qual havia sido cortada, por ser presumido que fizesse parte do Sudário e, portanto, a vontade era conservá-la também. Um fato interessante é que a técnica pela qual foi recosturada no Sudário, chamada de *falso orlo*

---

155. Baima Bollone, *La presenza della mirra*, p. 169-174, e Id., *Sindone e scienza*, p. 5-31; Scannerini, *Mirra, aloe, pollini*; Upinsky, *La démonstration*, p. 313-334; Curto, *La Sindone*, p. 59-85; Frei, *Il passato della sindone*, p. 191-200; Id., *Identificazione e classificazione*, p. 277-284; Danin, *Pressed Flowers*, p. 35-37, 69; Kohlbeck e Nitowski, *New Evidence*, p. 23-24.

(falsa borda), requer uma grande experiência e, em toda a história dos tecidos antigos, é documentada por apenas dois testemunhos: o Sudário e um fragmento de linho encontrado em Masada, a fortaleza onde se refugiaram alguns rebeldes judeus na guerra judaica e destruída pelos romanos no ano 73 d.C. Também é interessante que o fio usado para a costura não é igual aos fios que compõem o Sudário (com a complexa torção em Z), mas de um tipo mais simples e comum (torção do tipo S). É possível que quem refizesse a costura não tivesse mais a possibilidade de obter fios idênticos aos da tela, seguramente de qualidade incomum, e precisou contentar-se com o que houvesse de disponível.[156]

Na margem superior esquerda, está presente outra clara ausência: trata-se da parte removida em 1988 para a realização do teste de datação pelo radiocarbono. Perto desse retângulo de tecido perdido, notam-se aparentes traços de queimaduras que formam uma dupla tira que percorre o Sudário em todo o seu comprimento. Na realidade, elas revelam a forma pela qual a tela era dobrada para ser guardada, no século XVI, na cidade francesa de Chambéry.

Em 1532, um incêndio na capela do palácio ducal atingiu o cofre de prata onde o Sudário era depositado e algumas gotas do metal fundido (ou talvez um objeto pontudo e quente) queimaram o tecido. Em seguida, as Irmãs Clarissas o repararam acrescentando muitos retalhos de linho nos pontos onde o tecido já não existia mais. O incidente deixou também quatro buracos em formato de diamante próximos à metade da tela, além de uma quantidade de manchas espalhadas por todo o Sudário em razão da grande quantidade de água que serviu para apagar o incêndio, como também é possível que alguém tenha acidentalmente derrubado água sobre o Sudário muito tempo antes.

Em abril de 2008, Aldo Guerreschi e Michele Salcito publicaram na revista especializada *Archeo* os resultados de uma pesquisa por eles realizada sobre as auréolas deixadas no Sudário pela água. No passado, sempre se acreditou que essas auréolas fossem o resultado da água usada em Chambéry para apagar o incêndio, mas a análise revelou uma verdade diferente. O próprio formato das queimaduras ocorridas em Chambéry permite reconstruir a maneira pela qual o Sudário era guardado no século XVI: tratava-se de uma dobradura executada com grande cuidado e precisão, com as bordas perfeitamente acasaladas, e realizada depois de o Sudário ter sido estendido sobre uma longa mesa. As auréolas de água, ao contrário, documentam uma dobradura completamente diferente, do tipo chamado de *a soffietto* (tipo fole), mas

---

156. Baima Bollone, *La sindone e la scienza*, p. 60-61, 83-86.

principalmente de formato impreciso. As bordas não são acasaladas uma sobre a outra e a dobradura central não recai na metade da tela. Uma forma semelhante lembra uma lavadeira que, ao recolher um lençol do varal, ali colocado para secar, com toda a pressa o dobra aleatoriamente ao correr para casa antes da chuva. Essa é a ideia de uma sistematização provisória e arranjada. Enrolada em si mesma em forma fole e depois fechada, a tela não era pressionada ou alisada, mas tinha a parte anterior afrouxada embaixo do próprio peso. Pela maneira de como era sistematizado o Sudário, é possível perceber a forma do invólucro onde era guardado: um objeto de formato cilíndrico, não muito grande, estreito e comprido. Não era uma caixa como o relicário de prata onde estava em Chambéry nem tampouco se assemelhava ao relicário bizantino, decorado em losangos, como é possível ver pelas representações do *mandylion*. Mas tratava-se de um recipiente próprio para outras finalidades no qual o Sudário veio a ser alojado, provavelmente, a título provisório. O formato do objeto é o mesmo dos jarros de terracota encontrados em Qumran, aqueles que hospedaram os mais de 800 manuscritos da biblioteca essênia. De fato, os jarros eram recipientes muito versáteis nos quais se guardava um pouco de tudo, desde azeite e grãos até livros. No fundo desses recipientes havia água, uma quantidade modesta, mas, de qualquer forma, em condições de molhar a parte inferior da tela (Fig. 9).[157]

Essa reconstrução parece abrir um novo e promissor campo de pesquisa. Naturalmente, esse tipo de jarro de barro era um objeto muito comum produzido em todo o Oriente Médio e não somente em Qumran. Mas, certamente, a comunidade que vivia isolada às margens do Mar Morto tinha vários aspectos que podiam torná-la um refúgio seguro para os primeiros cristãos, perseguidos que eram pelas autoridades que governavam Jerusalém desde os primeiros tempos, depois da morte de Jesus.

De qualquer forma, se a reconstrução realizada por Salcito e Guerreschi for exata, então ela documenta um momento da história do Sudário durante o qual esse objeto não era exibido para a veneração dos fiéis, mas, ao contrário, era escondido. Quem levantasse a tampa do jarro não teria percebido senão um anônimo rolo de tecido, tão enrolado em si mesmo a ponto de ocultar os numerosos traços de sangue.

Como se sabe, a cultura religiosa tradicional dos judeus tinha horror a sangue e julgava necessário destruir tudo o que teve contato com

---

157. Guerreschi e Salcito, *Tra le pieghe*, p. 62-71.

cadáveres, por se tratar de algo impuro capaz de contaminar os lugares, as pessoas e os objetos.[158]

Entre os séculos XII e XIII, os Templários possuíam dezenas de instalações nos territórios da Síria-Palestina, mas não resulta a nós que tivessem qualquer contato direto com Qumran. No momento, as escavações arqueológicas mostram que a cidadela dos essênios foi abandonada no ano 68 d.C. e, depois, reaberta quase 20 séculos mais tarde. Parece bem possível que, há mais de mil anos, o Sudário chegou a estar perto de Qumran antes de passar para as mãos dos Templários.

---

158. Lipinski, *Sangue*, p. 1161; Sacchi, *Storia del Secondo Tempio*, p. 417-421.

Terceiro Capítulo

Contra Todas as Heresias

Mapa de um massacre

Graças às suas características únicas, o Sudário de Turim era um objeto capaz de deixar um sinal indelével sobre a espiritualidade de uma ordem religiosa como a dos Templários e, efetivamente, foi o que ocorreu.

A característica mais singular da tela é que em uma das faces do tecido aparecem a impressão e a imagem de um indivíduo que praticamente se fundem uma na outra, revelando a forma de um homem como se ele tivesse sido envolto nela. Trata-se de um homem adulto, mas jovem, contraído no típico *rigor mortis* que caracteriza a musculatura dos cadáveres nas primeiras horas depois do falecimento, apresentando, de modo geral, os sinais de muitos traumas e violências.

Esse indivíduo envolto no lençol, quem quer que fosse, foi literalmente massacrado. Além das inúmeras feridas disseminadas em toda a superfície do corpo, sabemos que foi golpeado no rosto repetidamente e com muita violência: foi-lhe quebrado o septo nasal, que apresenta uma grande fratura, além do sangue derramado pelas narinas que impregna o linho. A parte direita do rosto está totalmente entumecida.[159]

A impressão sobre o Sudário é composta principalmente de sangue, suor, uma mistura de essências aromáticas, traços de terra, a respeito dos quais já falamos, assim como fragmentos de pele lacerada durante as torturas. Todas essas substâncias deixaram traços na tela pelo contato direto, ou seja, quando o corpo foi envolto com o lençol.

O sangue é humano do tipo AB, como foi demonstrado por uma equipe de peritos em medicina legal dirigida por Pier Luigi Baima Bollone, profissional de medicina legal da Universidade de Turim. Esse sangue contém uma grande quantidade de bilirrubina, própria nas pessoas que sofrem morte violenta.

A impressão hemática perto do rosto parece ligada ao singular fenômeno da hematoidrose ou "suor de sangue", um processo raro que se apresenta quando um indivíduo sofre um fortíssimo estresse emotivo em consequência do qual os vasos sanguíneos da cútis se dilatam provocando uma espécie de hemorragia nas glândulas sudoríparas.

Próximo ao crânio, há a impressão de 13 feridas provocadas por objetos pontudos, todos do mesmo tipo, dispostas na parte superior da cabeça formando um tipo de capacete e causando filetes de sangue. Essas feridas também estão presentes na área do rosto onde surge um derramamento pelo qual o sangue assumiu a forma estranha de um "3" invertido. O fluxo é abundante, pois deriva da ruptura da veia frontal, enquanto a forma depende do fato que se coagulou sobre uma fronte já contraída de rugas em consequência do atroz sofrimento.

Diversas análises puderam verificar que as hemorragias que entraram em contato com o tecido derivam em parte das feridas infligidas enquanto o indivíduo estava vivo e, por outra parte, quando ele já estava morto. O caminho desses filetes de sangue demonstra que o homem ainda se encontrava na posição vertical. O exame do fluxo sanguíneo e de suas características parece ter demonstrado que ele foi envolto na tela não mais do que duas horas e meia após sua morte.[160]

Em quase toda a superfície do corpo é possível ver, sob a luz ultravioleta, uma grande quantidade de feridas provocadas por laceração e contusão, com exceção do rosto e da área em volta do coração,

---

159. Baima Bollone, *Sindone e scienza*, p. 99.
160. Baima Bollone e Gaglio, *Applicationi di techniche*, p. 169-174; Baima Bollone, Jorio e Massaro, *La determinazione del gruppo*, p. 175-178 e Id., *Ulteriori ricerche*, p. 9-13; Id., *Gli ultimi giorni*, p. 95-97; Heller e Adler, *Blood on the Shroud*, p. 2742-2744; Adler, *Aspetti chimico-fisici*, p. 165-184.

infligidas ao indivíduo quando estava nu. Essas feridas estão dispostas, com certa simetria, em grupos de seis, como se tivessem sido causadas por um instrumento dotado de seis pontas, com o qual ele foi golpeado diversas vezes (talvez 120).

Na região das escápulas, essas feridas foram ulteriormente ampliadas e abrasadas como se um objeto de material rígido tivesse sido esfregado nas costas com violência, provocando lacerações da pele perto da projeção dos ossos. Todas essas feridas e escoriações desenham outras tantas manchas de sangue, como também o pulso perfurado que encobre o da mão direita, o qual não é visível, e as perfurações das plantas dos pés.

A perfuração nos pulsos e nos pés, a posição contraída do tórax e dos músculos das coxas, as lacerações nas costas provocadas por um grosso instrumento rígido indicam que o condenado foi justiçado pela técnica da crucificação, um suplício praticado desde a Antiguidade por muitos povos, como os assírios, os celtas, os romanos. Consistia em pendurar o condenado em um poste por meio de técnicas variadas e esperar sua morte que demoraria a chegar depois de indizíveis sofrimentos.

As lacerações nas costas mostram que o supliciado teve de carregar, por um bom tempo, um objeto com a forma do *patibulum*, um grosso eixo de madeira que era ancorado ao poste e servia para fixar o corpo de maneira a impedir que a vítima se movesse.

Na época de Dario, o rei da Pérsia (522-485 a.C.), executava-se a técnica da amarração ao poste; porém, mais tarde, passou-se a usar a técnica mais comum da pregação das mãos e dos pés do supliciado na madeira. Uma passagem do livro do profeta Isaías, que viveu entre os séculos VIII e VII a.C., mas principalmente um verso do Salmo 22 ("perfuraram minhas mãos e meus pés"), parece fazer referência a essa pregação, enquanto em uma época posterior (século III a.C. – século I d.C.) tornou-se um fato tristemente comum, como também documentam alguns fragmentos dos manuscritos de Qumran.[161]

Em junho de 1968, foi encontrada perto da área de Giv'at ha-Mivtar, na zona ao norte de Jerusalém, uma tumba familiar de notáveis dimensões que hospedava os ossos de quase 20 pessoas; dentro de um ossário, havia restos de um homem crucificado com cerca de 30 anos de idade. Um prego ainda estava preso no osso do calcanhar e tinha sido impossível extraí-lo no momento do enterro por conta da ponta que se torcera dentro do osso.[162]

---

161. Sal 22, 17-19. Puech, *Notes*, p. 103-124.
162. Naveh, *The Ossuary Inscriptions*, p. 33-37; Tzaferis, *Jewish Tombs*, p. 18-32; Puech, *Notes*, p. 120 e nota 33.

Na época da dominação de Antíoco IV Epifânio (175-164 a.C.), a crucificação tornou-se um fato tragicamente conhecido, que logo entrou em desuso no reinado de Herodes, o Grande (39-4 a.C.), para, depois, ser restaurado pelo legado romano Públio Quintílio Varo. Os romanos instituíram rapidamente esse tipo de suplício e o reservavam às solenes execuções públicas de pessoas que não possuíam a cidadania romana, perigosos inimigos públicos que haviam cometido crimes graves ou que tivessem causado transtornos à ordem constituída, como, por exemplo, em sua época, o caso da rebelião dos escravos guiados por Spartacus, em consequência da qual quiseram aplicar uma punição exemplar, e as cruzes nas quais morreram os rebeldes foram implantadas às margens da Via Appia, em um percurso de várias milhas.

Segundo os historiadores gregos Políbio e Plutarco, esse suplício era reservado aos criminosos que cometessem delitos contra o Estado. Segundo Cicerone e Tito Lívio, para o cidadão romano a crucificação era considerada a condenação mais cruel e vergonhosa. Os enormes sofrimentos em uma crucificação excitavam os ânimos da mesma forma macabra que levava os romanos aos jogos dos gladiadores e, quando nesses mesmos espetáculos eram também previstas algumas crucificações, elas eram proclamadas em anúncios publicitários que os especificavam como se fossem eventos especiais para animar a vontade das pessoas, da mesma maneira que era feita a distribuição gratuita de frutas e gêneros alimentícios, e até de dinheiro.

A crucificação era frequentemente escolhida quando era necessário eliminar inimigos políticos, pois além dos sofrimentos atrozes havia também o insulto de uma morte infamante, e a história do povo hebraico lembra diversos episódios desse gênero por meio do qual se procurava tornar espetacular o suplício transformando-o em uma horrenda execução em massa. No ano 162 a.C., o sumo sacerdote Alcimo, em um único dia, condenou à crucificação 60 judeus devotos que a ele se opunham, enquanto, no ano 88 a.C., o rei Alexandre Janeu mandou crucificar 800 fariseus. Apenas 13 anos mais tarde, outras 80 pessoas sofreram a mesma condenação, acusadas que foram por praticar bruxaria.[163]

Na crucificação por pregação dos membros, o condenado geralmente morria por asfixia, porque o peso do corpo pressionava a caixa torácica e somente lhe permitia inspirar, enquanto, para expirar, ele precisava executar movimentos que lhe causavam dores insuportáveis.

---

163. Radermakers, *Croce*, p. 378-379; de Fraine e Haudebert, *Crocifissione*, col. 379; Sabbatini Tumolesi, *Gladiatorum Paria*, p. ex., p. 107, nota 79.

No Sudário, a presença das numerosas feridas permite precisar que se tratou de uma crucificação praticada segundo o costume dos romanos, ou seja, fazendo preceder ao próprio e verdadeiro suplício uma forma de tortura adicional, a flagelação, pela qual o condenado era golpeado com o *flagrum*, um chicote de madeira ao qual eram presas tiras de couro com bastonetes pontudos de chumbo ou de osso nas extremidades. Aplicados com violência, esses punções literalmente dilaceravam a pele. Por outro lado, não parecem ligadas ao costume romano as outras duas formas de violência que esse homem sofreu, isto é, a prática que lhe causou as feridas pontudas no crânio e na nuca, além da ferida por arma pontuda e de corte infligida entre a quinta e a sexta costela, na metade direita do tórax. Talvez essa lesão esteja ligada ao fato de que o supliciado não teve as pernas quebradas, prática usada no hebraísmo a fim de apressar a morte dos crucificados e poder enterrá-los antes do final do dia, segundo mandava um preceito constante do livro de Deuteronômio. Essas alterações aos procedimentos de costume encontrariam uma explicação nos textos dos Evangelhos. O processo contra Jesus Nazareno foi desenvolvido em um contexto político-social muito particular e, por esse motivo, também o seu enterro não obedeceu aos costumes normais.[164]

O "cinto de sangue" e o "Sinal de Jonas"

A maior impressão de sangue de todas encontra-se na parte direita do tórax, próxima ao quinto espaço entre as costelas. Ela resulta de uma grande ferida, de 4,5 centímetros de comprimento por 1,5 centímetro de largura, com margens retilíneas e ligeiramente abertas, o que é típico de armas pontudas e cortantes. O grande fluxo de sangue, que dela saiu e impregnou o tecido, desceu ao longo do flanco e acabou por derramar-se em toda a largura das costas, criando uma faixa horizontal. Essa vistosa estria avermelhada salta aos olhos de modo particular quando se visualiza a impressão dorsal do Sudário, por seu formato e pela impressão que ela desperta. Os peritos chamaram-na de "cinto de sangue" (Fig. 6b).

Essa enorme quantidade de fluxo sanguíneo faz pensar que a ferida tenha provocado a ruptura do pulmão ou da aurícula direita do

---

164. Blinzler, *Il processo di Gesù*; Brown, *La morte del Messia*, p. 1354-1357; Martini, *La condanna a morte di Gesù*, p. 543-557; Miglietta, *Il processo a Gesù*, p. 767-784; Id., *Riflessioni*, p. 147-184; Fabbrini, *La deposizione di Gesù*, p. 97-178.

coração. Além disso, foi observado que esse sangue é dividido em seus dois componentes, ou seja, a parte serosa e a corpuscular (os glóbulos vermelhos), sendo que a divisão ocorre somente depois da morte. Portanto, a ferida que provocou a fenda no tórax foi infligida quando o indivíduo já se encontrava morto.[165]

O historiador moderno está acostumado a olhar para o Sudário com olho científico, ou seja, à luz das inúmeras análises químico-físicas desenvolvidas de maneira praticamente incessante desde o início do século XX. Entretanto, é necessário dar um longo passo para trás e tentar entender como o enxergavam os homens da Idade Média.

Da fenda do costado, propriamente onde, segundo o Evangelho de João, havia sido infligido a Jesus o golpe de lança, apareceram os sinais de uma grande hemorragia. O sangue teria se derramado ao longo do flanco, impregnando a tela em toda a largura do tórax, de parte a parte. Vermelho profundo sobre fundo branco marfim do linho, esse sinal salta imediatamente aos olhos, vivo e impressionante. Para quem estava acostumado a ouvir frequentemente a respeito da Paixão de Cristo, como acontecia aos Templários, o cinto de sangue devia ter um sentimento indizível.

Teria sido justamente esse "cinto" vermelho de sangue que sugeriu aos Templários uma especial associação de ideias com a cordinha que diariamente portavam ao pescoço? Anteriormente, seus cintos haviam sido consagrados ao tocarem a pedra do Santo Sepulcro que havia recebido o corpo de Jesus e presenciado a sua ressurreição. Também o Sudário, segundo a tradição, havia envolvido o corpo de Cristo e "viveu" o ressurgir da morte, mas com algo a mais: sobre o tecido ainda restava um pouco de seu sangue. Para o homem da Idade Média, isso era algo que não tinha preço. Mais tarde, o teólogo franciscano Francesco della Rovere, futuro papa Sisto IV (1471-1484), em seu tratado intitulado *De corpore et sanguine Christi*, indicaria o próprio Sudário de Turim como relíquia que continha o verdadeiro sangue do Senhor.[166]

Conforme já mencionado, na época de São Bernardo o cinto dos Templários tinha um valor apenas simbólico, representando o voto de castidade. Depois, no transcorrer do século XIII, esse significado acaba sendo esquecido e substituído por um significado muito superior, quase teológico: o cinto é consagrado por meio do contato com relíquias e locais materiais que presenciaram a vida na Terra de Jesus. Ele é, então, impregnado de um especial poder sagrado e proporciona aos frades

---

165. Baima Bollone, *Sindone e scienza*, p. 99-100.
166. Savio, *Pellegrinaggio di san Carlo*, p. 436.

que o portam no corpo um contato material com a dimensão humana de Cristo. Estou convencida (como já disse) que as especiais liturgias noturnas, desenvolvidas pelos Templários junto ao Santo Sepulcro, fossem vigílias de oração durante as quais os dignitários consagravam, por contato com relíquias, as cordinhas que seriam, depois, doadas a todos os futuros membros da Ordem, a título de garantia de proteção contra os inimigos do corpo e da alma. Eu não me surpreenderia se um dia viéssemos a descobrir, por meio de novos documentos, que a grande fama popular da qual os dignitários do Templo gozavam, considerados em sua época como verdadeiros peritos em matéria de relíquias, dependesse também do fato de que os maiores benfeitores da Ordem pediam, de forma excepcional, o favor de consagrar alguns objetos pessoais (anéis, lenços, etc.) durante essas mesmas liturgias junto ao Santo Sepulcro, a fim de ter tantas outras relíquias preciosas para consagrar cordinhas templárias. Sabemos, com certeza, que o rei da França, Luís VII, assim procedeu e, tal como ele, quem sabe quantos outros.[167]

Ao entrar em contato com essa pedra que havia presenciado a ressurreição de Cristo, o cinto dela absorvia, de alguma forma, o poder e, provavelmente, ela mesma representasse essa mesma garantia de ressurreição para o Templário que estava pronto para viver e morrer segundo o espírito da Ordem.

Em 1187, Jerusalém foi perdida, e podemos apenas imaginar qual tremendo contragolpe teve esse fato sobre o moral dos Templários. Depois, certo dia, aparece essa tela incrível, com a impressão de um homem literalmente massacrado, tal como acontecera a Jesus segundo os Evangelhos. A tradição mais autorizada o indica como o verdadeiro lençol fúnebre de Cristo. O que se vê nessa tela não é apenas tremendamente realista, é até embaraçoso e, de fato, obriga o cristão a refletir.

Existem realidades que o homem da Idade Média tinha condições de enxergar muito melhores do que nós podemos atualmente, desacostumados que somos com certas imagens que não mais fazem parte de nossa prática de vida, mas que, naquela época, eram bem comuns. O corpo que foi envolto no Sudário está totalmente rígido, com o pescoço virado sobre o peito, os dedos das mãos estendidos, os músculos em plena tensão. Somente depois de uma a três horas do falecimento é que ocorre o estado de *rigor mortis*, completado depois de 10-12 horas, para então desaparecer, depois de 36-48 horas, quando então ocorre o fenômeno natural da decomposição.[168]

---

167. Tommasi, *I Templari e il culto delle reliquie*, p. 202.
168. Baima Bollone, *Sindone e scienza*, p. 101-103.

Os homens da Idade Média eram perfeitamente conscientes de tudo isso por experiência direta, uma experiência comum que acontecia no viver cotidiano. Os corpos dos entes queridos extintos eram expostos sobre uma cama da casa, cercados de velas acesas, ali permanecendo por muitas horas sob os olhares dos parentes que os honravam com demoradas vigílias de oração e das quais participavam as pessoas da vizinhança.

Os corpos dos papas e de outros personagens importantes permaneciam expostos durante vários dias, para proporcionar a todos a possibilidade de oferecer sua derradeira saudação. Havia também a visão horrível e piedosa dos campos de batalha onde os cadáveres permaneciam ao ar livre por tempo indeterminado, atacados por chacais à procura de comida e visitados pelos pobres atrás de algum dinheiro, até que um passante misericordioso providenciasse de alguma forma seus sepultamentos.

O homem da Idade Média percebeu imediatamente que esse indivíduo havia permanecido dentro do Sudário por um tempo preciso, não mais do que três a quatro dias. De fato, a impressão havia sido provocada antes que desaparecesse o *rigor mortis*, antes que se iniciasse a natural dissolução da carne. A mente voltava-se rapidamente para as palavras dos Evangelhos: "Assim está escrito: Cristo devia partir e, no terceiro dia, ressuscitar dos mortos".[169]

Na linguagem das Sagradas Escrituras, esse era chamado de "Sinal de Jonas", fazendo referência ao episódio bíblico de Jonas que permaneceu três dias dentro do ventre da baleia. Jesus usara essa comparação para anunciar a sua morte e futura ressurreição e, na arte cristã, a história simbólica de Jonas que sai da boca do monstro marinho proporcionava uma boa sorte, pois consentia que o autor deixasse vagar fantasticamente a sua mente. Também era uma maneira eficaz para ilustrar o mistério da ressurreição às pessoas simples e incultas.[170]

Os Templários eram membros de uma ordem religiosa e observavam as liturgias ordinárias dos Cânones do Santo Sepulcro. Sua vida cotidiana compreendia um ciclo fixo de horas durante as quais ouviam a leitura do Velho Testamento e dos Evangelhos. Eles sabiam perfeitamente o que significava o "Sinal de Jonas" e o seu exato valor. Se eles viram a imagem do Sudário, o realismo incrível daquele corpo tensionado e dilacerado deve ter lhes provocado emoções muito além do que hoje poderíamos intuir.

Também em Constantinopla a visão do costado perfurado havia, sem dúvida, causado uma profunda emoção e estupor, como testemunham as

---

169. Le 24, 46 (edizione Nestle-Aland, p. 753).
170. Gn 2, 1-11; Mt 12, 38-42; Dulaey, *I simboli cristiani*, p. 70-91.

palavras de Gregório, o Referendário, o primeiro a encontrar-se diante dessa imagem, quando, em 944, o *mandylion* foi retirado de um relicário e submetido a um reconhecimento profundo para que tivesse certeza de estar levando para a capital o objeto correto. Mas, para os Templários, a imagem era muito mais forte, porque a Ordem havia sido fundada para a defesa armada dos cristãos e, em sua ideologia específica, estava a ideia de que o sacrifício do Templário morto para salvar os mais fracos era a imitação do sofrimento de Cristo.

Durante o processo de Chipre, um laico apresentou-se para defender a inocência dos Templários e explicou tudo isso aos bispos comissários de maneira muito clara, lembrando o sacrifício realizado pelo Grão-Mestre Guilherme de Beaujeu que, na prática, aceitou a morte para encobrir a retirada dos companheiros: "Ele preferiu morrer para defender a fé católica e escolheu derramar o próprio sangue por Cristo contra os inimigos da fé, assim como fez Cristo pela nossa redenção".[171]

A cerca de um quarto do comprimento do Sudário aparece outra série de buracos, esses também dispostos de maneira especular nos dois lados, porque derivam de uma queimadura provocada enquanto a tela estava dobrada. São quatro buracos dos quais três estão enfileirados e o último mais ao lado. Já, no passado, havia sido notado que um Sudário com essas mesmas características é retratado no sugestivo manuscrito Pray, um códice realizado entre 1192 e 1195 em uma abadia beneditina da Hungria, conhecido pelos estudiosos por conter os primeiros depoimentos redigidos na língua húngara (Fig. 11). Um estudo recente de Marcel Alonso, Éric de Bazelaire e Thierry Castex colocou em evidência que a miniatura da visita das três Marias ao Santo Sepulcro tem um desenvolvimento muito particular: o anjo mostra às mulheres o Sudário que estava no rosto de Jesus caído de lado, enquanto o Sudário está ainda estendido sobre a pedra onde havia sido depositado o corpo. Com a linguagem típica do século XII, o artista retrata a tela do Sudário que tem uma face superior em trama espigada e sobre a qual se notam quatro buracos na forma exata daqueles mesmos que aparecem no Sudário de Turim, causados por queimaduras acidentais. Do lado oposto há um forro branco decorado com cruzes vermelhas, do tipo grego, como aquelas que eram um sinal de distinção e de orgulho dos Templários.[172]

O indício é realmente interessante e faz pensar que também em Constantinopla foi aplicada à tela um forro para dar-lhe mais consistência, tal como seria feito em Chambéry, no século XVI. Porém, não

---

171. Schottmüller, II, p. 156.
172. Villanueva, *Viagem literario*, V, p. 207-221.

é certo dizer que as cruzes vermelhas sejam necessariamente ligadas à Ordem do Templo. Trata-se, de fato, de uma decoração simbólica muito usada em Constantinopla. Em um lindo ícone do século XIV que apresenta Cristo como Sumo Pontífice, nota-se que sua suntuosa veste está repleta de cruzes, tal como são vistas na miniatura do códice Pray. Assim também muitos outros santos são retratados em ícones bizantinos com vestes sobre as quais são desenhadas essas cruzes típicas.

Mais do que um contato direto com a Ordem dos Templários, esses motivos ornamentais do códice Pray podem, no mínimo, confirmar que, em 1192-1195, o Sudário estava de posse do imperador de Bizâncio. Entretanto, a ideia de alguma relação com a Ordem do Templo não deve ser tão absurda. Os Templários tinham um costume funerário especial que concedia ao frade que vivera com honra o privilégio de ser sepultado dentro de um Sudário de linho sobre o qual era costurada uma cruz feita de um tecido de lã vermelha, a cruz patente de tipo grego que era o sinal e o orgulho da Ordem. Trata-se de um costume particular e incomum, visto que, de maneira geral, nas ordens religiosas ocidentais os frades eram sepultados com seu costumeiro hábito monástico.[173]

Até o momento não sabemos se a abadia onde foi produzido o códice Pray tinha alguma ligação especial com a Ordem do Templo, mas é certo que os Templários possuíam diversas instalações nessa região. Além disso, eles tinham uma familiaridade com a corte bizantina, pois alguns dos dignitários haviam sido contratados pelos imperadores para cumprir delicadas missões diplomáticas.[174]

De qualquer forma, as miniaturas do códice Pray representam uma pista privilegiada de pesquisa sobre a história antiga do Sudário. Ao representar a sepultura de Jesus, elas mostram um realismo muito incomum para a época: José de Arimateia desce da cruz um cadáver em completa rigidez, coloca-o nu sobre o Sudário, mas não consegue colocar as mãos sobre o púbis, uma sobre a outra, pois os braços já se encontram em *rigor mortis* (Fig. 11). Isso corresponde exatamente ao que se vê do homem no Sudário. Considerando a rigidez dos músculos, para encostar as mãos uma sobre a outra, muito provavelmente foi necessário amarrar os pulsos.[175]

---

173. Arquivo Secreto Vaticano, Reg. Aven. 48, c. 441v, edit. por Schottmüller, II, p. 57-58; Curzon, *Règle*, § 469; Tréffort, *L'Église carolingienne et la mort*, p. 67-70, 74.
174. Barber, *The New Knighthood*, p. 244-245.
175. Berkovits, *Illuminierte Handscgruften*, p. 19-20; Bazelaire, Alonso e Castex, *Nouvelle interpretation*, p. 8-23.

Outro fato de grande importância é que Jesus no códice Pray não tem visíveis os polegares das mãos. Isso é estranho em toda a tradição da iconografia cristã, mas pode derivar apenas da visão do Sudário, no qual o polegar é dobrado para dentro (e, portanto, não visível) em consequência da lesão causada pelo prego ao nervo mediano. Este detalhe surpreendente bem como o da trama espigada e a presença dos quatro buracos dispostos em esquadro indicam que o autor das miniaturas não queria pintar um Sudário qualquer, mas, ao contrário, queria retratar de maneira precisa o Sudário de Turim, um objeto bem representativo, famosíssimo, único e com detalhes inconfundíveis. A miniatura Pray contém, enfim, o conjunto de identificação do Sudário tal como aparecia, no século XII, aos peregrinos (entre os quais provavelmente se encontrava o anônimo miniaturista) que tiveram o privilégio de vê-lo exposto em Constantinopla por ocasião de cerimônias muito solenes, munido de um precioso forro no qual constavam os sinais do sumo sacerdócio, segundo a cultura religiosa bizantina.

Faz-se necessário mencionar que o rei da Hungria, Be'la III, havia desposado a filha do imperador bizantino Manuel I Comneno (1143-1180). Esses são fatos de grande importância histórica, pois o códice Pray é muito mais velho com respeito ao momento no qual o teste de C^{14}, desenvolvido em 1988, queria datar a criação do Sudário. Parece claro que, na dinâmica desse teste, alguma coisa não funcionou, provavelmente por uma simples falta de dados essenciais.

E, para concluir, no momento não temos informações precisas quanto à data em que o Sudário entrou na posse dos Templários, como também não sabemos precisamente quando ele passou para outras mãos. Muito provavelmente, com o encerramento da Ordem imposto por motivos políticos, em 1312, seguido da morte na fogueira do último Grão-Mestre, dois anos mais tarde, ele deve ter sido entregue, forçosamente, a outros guardiões.

Por outro lado, não há dúvida sobre o fato de que o Sudário, graças às suas propriedades únicas, deixou rastros indeléveis na espiritualidade e nos costumes litúrgicos dos Templários, já indicados por Ian Wilson em 1978. Esses rastros também induziram a uma convicção semelhante à dos grandes estudiosos da história templária, Malcolm Barber e Francesco Tommasi. As pesquisas sistemáticas por eles desenvolvidas sobre o processo contra o Templo em seus últimos anos de existência nada mais fizeram do que confirmar suas intuições e, talvez, elas nos permitam agregar algo mais.

Imagens

Na tela do Sudário estão presentes traços de aloé e mirra, substâncias utilizadas na Antiguidade para favorecer a conservação dos corpos. Elas eram misturadas para formar um unguento oleoso ou usadas como pós para serem espargidos sobre o corpo. Segundo alguns pesquisadores, essas essências tiveram um papel determinante no mecanismo que permitiu a formação dessa muito estranha imagem.

A partir dos traços de terra, já mencionados, presentes junto aos calcanhares, traços típicos de um indivíduo que andou descalço, e junto ao joelho direito, onde, na imagem, há uma evidente tumefação, como se o homem tivesse caído batendo violentamente contra o chão, pois a mesma terra está também na ponta do nariz, foi deduzido que o supliciado deve ter caído ao chão sem poder proteger o seu rosto com as mãos.[176] Esse também é um detalhe a respeito do qual o historiador deveria refletir. Nenhum dos quatro Evangelhos menciona quedas de Jesus durante a subida para o Gólgota, enquanto, na especial liturgia da *Via Crucis*, celebrada durante a Semana Santa, é lembrado que Jesus caiu três vezes sob o peso da cruz.

As aparentes tumefações no joelho e no rosto do homem que foi envolto no Sudário poderiam plenamente motivar a ideia de várias quedas ao chão, de maneira que seríamos levados a pensar que a liturgia da *Via Crucis* pode ter sido influenciada pelo exame desse impressionante e evidente detalhe que, no passado, foi julgado, sem dúvida, como sendo uma relíquia autêntica.

Pelo que sabemos, a *Via Crucis* nasceu na Síria-Palestina de uma tradição local muito antiga que recebeu uma primeira forma fixa por obra de São Petrônio, no século V. Depois, durante a época das cruzadas e no reino cristão de Jerusalém, assumiu um papel muito importante na devoção das pessoas, uma peregrinação especial, a etapas, aos lugares de Jerusalém onde ocorreu a Paixão.

Mais tarde, no fim da Idade Média, essa liturgia recebeu um grande incentivo por obra dos frades franciscanos e carmelitas. Todas as suas estações lembram fatos descritos nos Evangelhos, com exceção de três: o encontro de Jesus com sua mãe, o gesto piedoso da Verônica que limpa o seu rosto cheio de sangue e as três quedas. Acredita-se que eles derivem da própria tradição religiosa popular de Jerusalém, um patrimônio de informações sobre a morte de Jesus

---

176. Pellicori e Evans, *The Shroud*, p. 34-43.

que, provavelmente, foram passadas à comunidade cristã local e transmitidas de pai para filho.[177]

A dupla imagem (frente e verso) presente no Sudário resulta dessa grande impressão feita por sangue, suor e outras substâncias como mirra e aloé. Ela foi formada depois que todos esses componentes entraram em contato com o tecido, penetrando-o. Como já foi lembrado, essa imagem tem a característica de ser visível somente se a pessoa que a observa se posiciona, com respeito à tela aberta, a uma distância que varia entre dois e nove metros. Caso essa pessoa se aproxime mais ou se afaste além desse limite, ela somente distinguirá manchas de sangue. Dessa forma, quando corretamente posicionado, é possível identificar um homem adulto com 170-180 centímetros de altura, corporatura retilínea e musculatura bem definida em função da rigidez cadavérica já observada anteriormente.

O indivíduo devia ter entre 30 e 40 anos a julgar pela escassez de massa adiposa de seu físico; comia pouco e estava acostumado com trabalhos manuais. Ele apresenta o pescoço completamente dobrado para a frente, com o queixo tocando o osso esterno; o tórax enrijeceu enquanto ele estava flexionado para a frente e as pernas também aparecem ligeiramente dobradas; os braços descem ao longo dos flancos e as mãos, uma sobre a outra, unem-se para cobrir o púbis. A impressão das duas mãos não mostra o polegar que, conforme já mencionado, está relacionado à ferida no meio do pulso. O objeto que o perfurou afetou o nervo mediano, fazendo com que o polegar se dobrasse totalmente para a parte interna da mão. Os pés também estão ligeiramente sobrepostos e o direito aparece quase amassado, embaixo da tela, como se a rigidez cadavérica ocorrera quando o homem se encontrava com esse pé totalmente aderido a uma parede dura e vertical. O homem tem bigode e uma barba de dimensões médias, dividida em duas pontas e parcialmente arrancada. Os cabelos compridos caem até os ombros e ao longo do eixo das costas se unem como se estivessem presos, em uma espécie de rabo de cavalo, enquanto, dos lados do rosto, eles estão ligeiramente levantados como se tivessem sido fixados em um suporte.[178]

Em maio de 1898, o advogado de Turim Secondo Pia realizou fotografias do Sudário e o resultado foi um verdadeiro e próprio choque, pois, pela primeira vez, foi evidente que o lençol se comportava como um negativo fotográfico. Aquela pálida e indistinta imagem amarelada, visível a olho nu, transforma-se em uma fotografia

---

177. Brandys, *Via Crucis*, col. 1348-1350; Berre, *Via Crucis*, p. 1310-1311.
178. Baina Bollone, *Sindone e scienza*, p. 94-96.

bem nítida, hiper-realista e repleta de detalhes impressionantes (Fig. 5b). A imagem resulta indelével, não foi pintada como também não é colorida. Não existem traços de pinceladas. A cor sépia ocorre pelo fato de que as fibrilas superficiais do linho amarelaram graças a um processo que provocou a oxidação, a desidratação e a conjunção das moléculas de celulose que compõem o linho. O fenômeno afetou a própria fibra apenas em uma espessura infinitesimal (125 mícrons) deixando intacta toda a outra parte, de maneira que a imagem não é visível na parte oposta da tela.

Em cerca de um século de estudo foram realizadas centenas de análises experimentais, entre as quais muitas foram feitas para reproduzir a imagem por meios técnicos de vários tipos. Logo, os cientistas começaram a reproduzir novos Sudários por meio de vários artifícios, chegando a criar cópias que possuem, no mínimo, alguma das estranhíssimas propriedades do original. Essas tentativas são louváveis e até muito úteis quando realizadas de maneira científica, porque permitem descartar os procedimentos que não dão frutos e canalizar as energias para objetivos mais profícuos. Porém, infelizmente, acontece que frequentemente elas são exploradas para fins comerciais e, por meio de enganos e falcatruas, são vendidas a um público composto de simples apaixonados pelo assunto, mas sem a cultura científica necessária para poder defender-se das mistificações.

De tempo em tempo surge do nada algum escritor ocasional, o qual, depois de ter fabricado um pano sujo, lança um livro de revelações sensacionalistas acompanhado por uma fanfarra publicitária.[179]

Uma dessas mistificações diz respeito à hipótese de que o homem na imagem do Sudário de Turim é, na realidade, o último Grão-Mestre do Templo, Jacques de Molay. Não quero, sobre esse assunto, estender-me muito, mas deixarei que os leitores tirem suas conclusões. Jacques de Molay morreu queimado vivo em uma ilhota do Rio Sena, em Paris, em 18 de março de 1314. Seu corpo foi reduzido a cinzas e sabemos, por meio de uma testemunha ocular do evento, que o povo de Paris avançou em massa para poder apossar-se de um punhado dessas suas cinzas, por considerá-las poderosas relíquias.

Mas existe ainda outro fato. Quando De Molay morreu, ele tinha 64 anos, em uma época em que a velhice começava a se pronunciar a partir dos 60 anos, e ele passara os últimos sete anos entre os horrores

---

179. Escolhi não citar esses livros porque o seu caráter de ficção científica não está em linha com os critérios-guias deste texto. Quem, por outro lado, deseja ter informações sérias e gerais sobre a questão, encontrará ótimas referências em Baima Bollone, *Sindone e scienza;* Barberis-Savarino, *Sindone, radiodatazione;* Marinelli e Petrosillo, *La sindone, storia di un enigma;* Zaccone, *Sulle tracce della sindone.*

das prisões de Felipe, o Belo. O homem que deixou a sua imagem no Sudário era, sem dúvida, muito jovem e forte, e, seguramente, tinha menos de 40 anos.[180]

Durante os últimos anos, o progresso da Informática abriu novas direções de pesquisa, tornando possíveis atuais tipos de análises que, em tempos atrás, nem eram imagináveis. E, assim, descobriu-se que o Sudário não é uma fotografia. Diferente da fotografia, a imagem contém, em sua parte interna, informações tridimensionais. Trata-se de uma espécie de projeção ótica, algo que, de certa forma, lembra a holografia. Foi verificado que a imagem se formou depois do derramamento de sangue, o qual, já presente na tela, esquematizou esse derramamento de maneira que, embaixo das manchas hemáticas, o linho não reproduz a imagem.

A nova fronteira da pesquisa aponta na direção de algumas hipóteses que parecem particularmente prováveis. A hipótese mais estudada pressupõe o efeito de uma radiação muito poderosa, de grandíssima intensidade e de reduzidíssima duração (algum centésimos de segundo), capaz de impressionar o tecido e oxidar suas fibras superficialmente, mas sem queimá-las. De fato, por meio desse modelo seriam explicadas muitas coisas que, do contrário, não encontraríamos razão de ser, como, por exemplo, o fato de que a intensidade da imagem deriva da distância relativa ao corpo envolto no Sudário.

Sobre a maneira pela qual essa estranhíssima imagem foi formada, foram cogitadas inúmeras hipóteses no transcorrer do tempo, mas o fato permanece que nenhum cientista conseguiu reproduzir um objeto com as mesmas características próprias do Sudário. O fenômeno continua sendo desconhecido. As várias tentativas para explicá-lo, embora importantíssimas no plano científico, são apenas modelos puramente teóricos.

Recentemente foram levantadas novas hipóteses a respeito da discutida datação por meio do radiocarbono. O físico Christopher Bronk Ramsey, diretor do Radiocarbon Accelerator Unit de Oxford, um dos três laboratórios encarregados de efetuar a datação, declarou-se a favor da possibilidade de que, no futuro, a experiência do C^{14} seja repetida.

Uma interessante entrevista atual, pela BBC, trouxe à luz quanto a tecnologia evoluiu desde a época em que foram realizados testes no Sudário, e hoje o método emprega um tempo mais longo e mais confiável. O procedimento baseia-se na medida de quanto carbono existe ainda sobre um objeto arqueológico a ser datado. O carbono é um elemento químico existente em toda matéria orgânica, sendo que

---

180. Demurger, *Jacques de Molay*, p. 19-24.

há diversas variedades de carbono. O tipo mais difundido na matéria vivente (igual a 98,89%) é formado de átomos cujo núcleo, por sua vez, é formado por seis prótons e seis nêutrons, mas também existem tipos diferentes como o carbono 13 (cujo núcleo tem seis prótons e sete nêutrons) e, em seguida, há o carbono 14, cujo núcleo é formado por seis prótons e oito nêutrons. Tanto o carbono 13 quanto o 14 são isótopos do tipo mais difundido, mas o C^{14} é instável, ou seja, naturalmente radioativo. Com o passar do tempo, ele se desintegra aos poucos e, durante esse processo, emite um elétron e uma partícula neutra (o neutrino).

O C^{14} está presente na atmosfera e os seres viventes o absorvem continuamente. Quando o organismo morre, a absorção para e os seus restos começam a perder o radiocarbono que não é mais reintegrado. Caso se conheça a velocidade pela qual o C^{14} decai com o passar do tempo e se for possível calcular quanto C^{14} ainda está presente em certo objeto, então é possível determinar o tempo que passou desde o falecimento do organismo do qual o objeto deriva. Para um tecido de algodão, por exemplo, é possível, teoricamente, remontar ao período em que a fibra foi colhida para confeccionar o tecido.

Se o princípio do funcionamento parece ser muito simples, por outro lado sua medição revela-se extremamente complexa. Pelo método antigo era preciso contar o número de átomos desintegrados em uma determinada unidade de tempo, prestando atenção para não incluir na medida outras desintegrações de átomos presentes, mas que nada tem a ver com o teste (por exemplo, a radioatividade do ambiente).

Existe um segundo método para realizar a contagem, mas nenhum dos dois é absolutamente seguro. De fato, cada medição tem em si certa margem de incerteza e outras possíveis interferências que podem alterar o resultado.[181] Muito raramente acontece que uma amostra arqueológica permaneça isolada do mundo depois de sua fabricação, em geral os objetos entram em contato com as pessoas ou com várias substâncias justamente porque eles são usados de alguma ou outra forma.

Um ótimo costume do passado era o de reciclar os objetos muitas vezes, na prática, até serem literalmente destruídos pelo uso. Também onde havia grande riqueza, nada era jogado fora. Um vestido de mulher da Idade Média passava de mãe para filha ou era doado para a igreja que o transformava em uma veste litúrgica para o sacerdote. Quando, então, já era inútil para esse uso, ele era cortado para ser usado em retalhos e, mesmo esses, ao se tornarem inúteis, eram utilizados para fabricar papel.

---

181. Marion e Courage, *La sacra sindone*, p. 104-108.

Aquele pano de algodão a respeito do qual apresentamos um exemplo pode ter passado por infinitas vicissitudes, pois vestiu, foi tingido com substâncias vegetais ou animais, foi usado para limpar a casa, para ajudar a tampar uma garrafa de azeite ou talvez usado como fralda para um recém-nascido; cada um desses usos o colocou em contato com outros seres viventes ou outro material orgânico e, em cada uso, pode ter sido enriquecido de C^{14} que não era dele. Na realidade, o método do radiocarbono é um dos tantos métodos científicos com o qual é possível conseguir datar uma amostra. Ele não é nem melhor nem mais confiável do que os outros, ao contrário, em certas situações ele se revela totalmente inadequado.

Para os peritos do setor, são conhecidos casos famosos de datação com o C^{14} que acusaram resultados paradoxais e até ridículos, por exemplo, o sítio pré-histórico de Jarno; submetido ao teste quatro vezes, o radiocarbono apresentou resultados diferentes: 4700 a.C., 10000 a.C., 7000 a.C. e 6000 a.C. Algumas ferramentas primitivas em osso de caribu de Old Crown, Alasca, foram analisadas por meio desse método que apresentou a data de 27 mil anos atrás. Os estudiosos não ficaram convencidos do resultado porque, com base na análise arqueológica, elas pareciam realmente muito mais recentes e, então, eles passaram a analisá-las mais a fundo e perceberam que a datação apurada se referia ao material da parte externa do osso. Analisando as ferramentas novamente na parte interna (talvez menos contaminada), o resultado remontava a 1.350 anos antes.

Mas, sem dúvida, o caso mais divertido foi o que aconteceu no laboratório de Tucson. Ocorreu quando um chifre viking foi analisado, o qual, por todos os outros aspectos, podia remontar ao século X, mas o teste do radiocarbono revelou que aquele chifre pertencia a uma vaca que ainda viria a nascer.

É claro que esses são casos paradoxais, porém úteis para os cientistas porque mostram como é possível acontecer erros grosseiros até mesmo usando a melhor tecnologia disponível naquele momento. O teste também pode ser realizado da maneira correta, mas a falta de dados essenciais pode comprometer totalmente a conclusão dos resultados.[182]

Sobre a datação do Sudário com o radiocarbono, apareceram muitas dúvidas e polêmicas pouco depois de sua publicação. Foi denunciado que todo o procedimento levava à aproximação e que havia falta de rigor científico. Também cientistas não envolvidos no caso haviam observado que o modo de proceder era, no mínimo, inusitado. Durante a retirada de

---

182. *Ibidem*, p. 108-123.

amostras, não foi redigido nenhum texto correspondente, rotina que os laboratórios sempre observam porque, no transcorrer do trabalho, podem acontecer imprevistos a respeito dos quais é preciso tomar em consideração. O peso específico das amostras retiradas (300 miligramas) era quase o dobro em relação ao peso específico do Sudário para aquela superfície (161 miligramas), enquanto, tratando-se da mesma tela, o peso específico deveria ser praticamente idêntico. Além disso, haviam sido feitas outras análises, a portas fechadas, sem avisar a comunidade científica e, de fato, começaram a aparecer aleatoriamente certos resultados que, segundo o protocolo concordado, não deveriam existir.

Parece que interferiram fortíssimos interesses pessoais e políticos, além de uma verdadeira guerra entre laboratórios especializados que queriam adjudicar-se à análise a todo custo porque se previa que ocorreriam enormes repercussões publicitárias. A história toda parecia ser um verdadeiro romance de espionagem em vez de um simples teste científico e, acreditem, livros foram escritos para relatar essa incrível história.[183]

Hoje, a comunidade científica internacional tende mais a acreditar que, se erros aconteceram, isso resultou da escolha da tecnologia que ainda não estava pronta para datar um objeto tão complexo. Grande parte da história do Sudário ainda não é conhecida e não temos ideia de quais contaminações ele pode ter sofrido. Por outro lado, é de vital importância saber por quais manipulações passou uma amostra a fim de realizar um trabalho confiável. Trata-se de um conceito muito simples: uma análise de urina conservada em um tubo de ensaio contaminado não é válida.

Conhecemos em detalhes a história do Sudário somente dos últimos 650 anos aproximadamente. Dentro de seu passado estão escondidas tantas variáveis que o uso do radiocarbono ainda parece ser inadequado, considerando ainda o risco de o Sudário ser retalhado, amostra por amostra, antes que se possa chegar a resultados confiáveis.

Um exemplo significativo é a presença de um revestimento bioplástico sobre as fibras de linho por conta da ação de uma bactéria que contaminou a amostra e pode muito ter "rejuvenescido" o linho, contribuindo com uma grande quantidade de C^{14} que nada tinha a ver com o Sudário. O revestimento bioplástico foi descoberto há alguns anos, depois do teste de 1988, e, obviamente, a sua presença nesse teste – assim como a sua contaminação – não foi tomada em conta.[184]

---

183. Marion e Courate, *Nouvelles découvertes*, p. 131. Entre os testes mais atuais, os de Emanuela Marinelli, *La Sindone*, e Marco Tosatti, *Inchiesta sulla sindone*, ambos publicados em 2009.

184. Adler, *Updating*, p. 223-228; Gove *et al.*, *A Problematic Source*, p. 504-507.

Quantos outros agentes contaminantes podem estar presentes na tela ainda hoje, ao nosso total desconhecimento?

O contínuo progresso da ciência promove a esperança de que dentro de alguns anos sejam implementadas técnicas de datação muito mais refinadas e principalmente não destrutivas. Essa é uma das maiores preocupações: cada milímetro de Sudário destruído é um grande valor subtraído para sempre a exames posteriores os quais, seguramente, terão em mãos instrumentos de medição muito mais sofisticados do que os atuais.

Enquanto isso, está sendo realizada uma investigação com particular cuidado à área dos cabelos, da qual se esperam bons resultados. Parece que ela exclui a hipótese de que a imagem tenha sido formada por contato, o que teria feito parecer que os cabelos estivessem amassados; ao contrário, estão suaves e fluidos, como se estivessem livres de qualquer pressão.

Misteriosos traços de escritura

Em 1978, o químico Piero Ugolotti examinava um negativo do Sudário conseguido de algumas fotografias tiradas cerca de dez anos antes. Ele percebeu, de repente, alguns sinais que, decididamente, saltavam aos olhos. Não se tratava de manchas; pareciam mais formas geométricas, todas orientadas da mesma maneira que muito lembravam os caracteres do alfabeto e, além disso, apresentavam-se agrupadas. Enfim, tinham toda a aparência de serem palavras. A história das escritas sobre o Sudário começa nesse dia de 30 anos atrás e continua até hoje. Neste livro serão fornecidas algumas menções porque, do contrário, o discurso nos levaria para longe, ao longo dos confins da Síria-Palestina na época do Segundo Templo, dentro do Judaísmo da era romana, e seríamos obrigados a tratar de questões por demais distantes da história dos Templários.

De qualquer forma, a presença dessas escritas e, particularmente, algumas em caracteres judaicos, também tem a sua importância para os propósitos do nosso discurso e, talvez, elas possam nos ajudar a entender por que os Templários escolheram manter em segredo a existência do Sudário no crucial momento histórico pelo qual ele chegou às suas mãos.

Piero Ugoletti tinha conseguido distinguir claramente a silhueta de algumas letras gregas e latinas, mas, mesmo sendo uma pessoa instruída, ele não quis tentar sozinho uma leitura e preferiu confiar a um especialista. O escolhido era Aldo Marastoni, docente de literatura antiga da Universidade Católica de Milão, que havia cuidado de importantes edições das obras de Sêneca e outros autores latinos, colaborando também com a prestigiosa coleção Teubner da Deutsche Akademie der Wissenchaften de Berlim.[185]

Marastoni rapidamente individualiza as letras, mas percebe também outras coisas que captam a sua curiosidade e, por conseguinte, ele pede novos negativos ao Centro Internacional de Sindonologia de Turim, o mais célebre e confiável instituto de estudos sobre o Sudário. Ao receber os negativos, os dois começam a trabalhar. Esses traços de escrita são observados somente graças ao contraste dos tons claros e dos tons escuros na foto. Também são necessárias várias revelações e cópias a fim de evidenciar os sinais ao máximo possível.

O resultado é eletrizante. Sobre o Sudário se distinguem traços de escrita em grego, latim e hebraico. Não se trata de caracteres traçados diretamente sobre o linho, mas partes de palavras escritas sobre um objeto diferente, palavras que foram parcialmente transferidas para o tecido. Olhando diretamente para o Sudário (que, conforme já dissemos, age como um negativo), é difícil distinguir alguma coisa, quase nada. Mas no negativo (que espelha a imagem realista de um homem como se fosse o próprio positivo da foto), os caracteres tornam-se reconhecíveis.

Como é natural, em razão do contexto, a imaginação voou diretamente para as palavras do Evangelho: Pilatos havia ordenado que se colocasse sobre a cruz de Jesus uma placa na qual constasse o motivo de sua condenação, o famoso *titulus crucis*. Os três textos sinóticos (Marcos, Mateus e Lucas) referem-se ao fato de forma breve, citando apenas a verdadeira e própria causa pela qual o Sinédrio e os escribas haviam denunciado Jesus ao governador romano, apresentando-o como um chefe de revoltosos, ou seja, que ele se proclamava "rei dos judeus". O Evangelho de João, ao contrário, oferece uma descrição mais ampla e detalhada:

> E Pilatos escreveu também um título, e o colocou sobre a cruz; e nele estava escrito: JESUS NAZARENO, O REI DOS JUDEUS.
> Muitos dos judeus, pois, leram este título, porque o lugar onde Jesus foi crucificado era próximo da cidade; e estava escrito em hebraico, latim e grego.

Mas, depois do compreensível entusiasmo inicial, a situação pareceu muito estranha para Marastoni e até decepcionante. De fato, o que se lê no Sudário não coincide com a descrição dos Evangelhos, porque

---
185. *Papini Stati Silvae*, recenseado Aldus Marastoni.

faltam detalhes essenciais reportados por João e, ao contrário, ali coisas estranhas estão presentes e que nada têm a ver com os Evangelhos.

Sobre a sobrancelha direita (à esquerda no negativo), nota-se a presença de pelo menos três caracteres em escrita hebraica quadrada: תיץ, um *tau*, um *uau* ou um *iod* e, depois, um sinal que parece ser um *tsad,* na forma usada somente em final de palavra. Em seguida, um caractere um pouco confuso que lhe parece o *soph pasu*, um sinal de pontuação comparável ao nosso ponto. Ele acredita que seja parte de uma palavra em hebraico ou aramaico, mas não coincide com as descrições das escritas que estavam na cruz de Jesus, segundo os Evangelhos.

Ao centro da fronte há uma sequência de caracteres gregos, IBEP e, particularmente, o grupo IB, que lhe parece se repetir logo depois, paralelo, mas ligeiramente deslocado para a direita. Marastoni pensa que a sequência possa ser o restante do nome TIBEPIOS, escrito em grego, nome venerado pelos romanos desde a época etrusca e, portanto, por muitos imperadores, entre os quais o primeiro, filho adotivo de Otaviano Augusto, que reinou justamente na época em que os Evangelhos indicam a morte de Jesus (14-37 d.C.).

A descoberta lembra imediatamente outra, ocorrida em 1979, graças ao padre jesuíta Francis L. Filas, um teólogo da Universidade S. Ignácio de Loyola, de Chicago. Dentro da impressão da órbita direita, nota-se um pequeno círculo no interior do qual são formadas pequenas letras. A sequência individualizada graças a uma série de ampliações é UCAI, colocada em arco ao redor de uma curiosa forma que parece a extremidade de um bastão pastoral como aquele usado pelos bispos. Filas realiza uma pesquisa e acredita que essas impressões correspondam a uma particular moeda cunhada por Pôncio Pilatos durante o seu governo na Judeia, de 26 a 36 d.C. A moeda tem uma legenda que apresenta um curioso erro de gramática, um fato não incomum nas províncias do Império Romano onde o grego era falado até pelo povo, pois constituía uma espécie de língua universal, conhecida por toda a orbe; porém, certamente era repleta de erros gramaticais, assim como tantas formas de dialetos que a tornavam diferente da língua falada em Atenas.[186] A menção em grego TIBEPIOU KAICAPOS ("Tibério César") estava errada, ou seja, mencionada como: TIBEPIOU CAICAPOS. A sequência UCAI corresponde à parte central dessa legenda.[187]

Marastoni acredita que esses sinais tenham sido escritos em um objeto que foi colocado na cabeça do condenado. É possível que se

---

186. Ver, p. ex., Teodorsson, *The Phonology*, p. 197-199; Milani, λ/ρ, p. 221-229.
187. Baima Bollone, *Sindone e scienza*, p.132-137.

tratasse de um cartucho de infâmias colocado na cabeça de Jesus para humilhá-lo, o que provavelmente provocou a dupla impressão dos caracteres IB na fronte, um fato que precisava ser explicado. O professor ainda tem duas expressões escritas em latim na vertical, ao longo do lado esquerdo da face (à direita no negativo) e paralelas uma à outra. A maior apresenta uma série de letras que lhe parecem formar a sequência NEAZARE, com o "Z" escrito ao contrário, e a outra, em caracteres menores, forma a palavra INNECE, o que resta da expressão latina *in necem* ("à morte").

Mais abaixo, no quadro inferior, há a letra "T" maiúscula e justo abaixo do queixo há um sinal formado por dois N, um sobreposto ao outro. Enquanto isso, um perito de informática, Aldo Tamburelli, tentou submeter o Sudário a um teste de recente aplicação, descobrindo, assim, outra surpreendente característica da imagem, o fato de que ela é tridimensional, embora se comporte como uma fotografia. Portanto, a imagem não deriva de um procedimento igual ao fotográfico, porque as fotografias são bidimensionais.

Marastoni entrou em contato com Tamburelli para verificar se a escrita continuava visível na elaboração tridimensional do Sudário. O resultado foi positivo; aliás, graças às aplicações informáticas, os caracteres apareceram com maior nitidez.[188]

O termo NEAZARE parece imediatamente uma possibilíssima deformação do original ΝΑΖΑΡΕΝΟΣ, presente nos Evangelhos de Marcos e de Lucas. Trata-se do adjetivo que indica a procedência geográfica de Jesus e significa "habitante de Nazaré".[189] A palavra INNECE também parece ser bem pertinente em função do contexto. É uma palavra latina que significa "à morte", e é evidente que o Sudário serviu para envolver um condenado à morte.

E, finalmente, sobre o negativo de algumas fotos tiradas em 1931, Marastoni descobre uma última escrita e, dessa vez, bastante clara e articulada. Ela está um pouco acima do joelho direito, organizada em volta de uma cruz e, a julgar pelos traços, parece ter sido escrita com pena e tinta sobre um suporte diferente (por exemplo, um papiro ou pergaminho) que entrou em contato com o linho. Os fragmentos das palavras que compõem essa escrita (ISSIE, ESY, SNCT, I SERE, STR) são imediatamente identificados pelo professor da Universidade

---

188. Tamburelli, *La sindone e l'informatica*, p. 240-254; Id., *Studio della sindone*, p. 1135-1149; Marastoni, *Le scritte*, fig. 4.
189. Schaeder, Ναζαρηνός, col. 833-848; Eusebio di Cesarea, *Onomasticon*, 138, 24ss.

Católica como parte de uma oração em latim: *Iesu sanctissime miserere nostri* (Jesus Santíssimo tenha piedade de nós).

O formato das letras é o gótico rudimentar e a sua presença corresponde muito bem ao uso difundido durante a Idade Média de colocar sobre as relíquias bilhetes de pergaminho ou de papel com fórmulas de oração para torná-las, elas mesmas, relíquias, em virtude da crença de que pudessem impregnar-se de poder espiritual pelo próprio contato. Em virtude da época à qual parece remontar a forma dos caracteres, pelo que é possível estimar, essa mensagem da oração poderia ter sido escrita pelos Templários.

Títulos?

Em 1994, Marcel Alonso e Éric de Bazelaire, dois membros do Centro Internacional de Estudos sobre o Lençol de Turim, em Paris, tiveram a ideia de retomar a questão das escritas e verificar se as tecnologias desenvolvidas desde então poderiam oferecer alguma contribuição a mais. Também decidem consultar especialistas e submeter o problema aos cientistas do *Institut d'Optique Théorique d'Orsay* (Instituto de Óptica Teórica de Orsay), próximo a Paris, um prestigioso centro de pesquisas onde alguns físicos especializados no tratamento digital de imagens trabalham, entre outras coisas, na identificação de manuscritos e de outros textos ilegíveis.[190]

Uma equipe de peritos é logo formada, chefiada por André Marion, pesquisador do CNRS (Centro Nacional de Pesquisas Científicas) e professor do Instituto de Óptica, a fim de analisar os sinais. Durante sete meses, entre maio e dezembro de 1994, eles estudam o procedimento mais adaptado para enfrentar o problema. Depois, em janeiro de 1995, André Marion e sua colega Anne-Laure Courage apresentam em um convênio os resultados de seu longo trabalho.

Em toda a volta do rosto do supliciado que deixou sua imagem sobre o linho do Sudário aparecem, no mínimo, cinco palavras diferentes em latim e em grego às quais é preciso acrescentar outras três séries de caracteres isolados (Fig. 12).[191] Ao longo do lado esquerdo do rosto (lado direito no negativo) são identificadas duas sequências paralelas colocadas na vertical, uma em caracteres latinos INNECE (interna perto

---

190. Marion e Courage, *Nouvelles Découvertes*, prefácio por Christian Imbert, p. 7-10.
191. Marion, *Discovery of Inscriptions*, p. 2308-2313; Marion e Courage, *Nouvelles découvertes*, p. 218-226.

do osso zigomático) e a outra em caracteres gregos, ΝΑΖΑΡΕΝΟΣ (mais externa). Trata-se das mesmas palavras já identificadas por Marastoni, mas a segunda é corrigida. Segundo o computador, a palavra não é NEAZARE mas ΝΑΖΑΡΕΝΟΣ, sendo que os dois "N" parecem feitos da mesma maneira curiosa (como dois "N" fundidos juntos) que Marastoni já identificara dentro de INNECE e como sinal isolado embaixo do queixo, presença que também foi confirmada. Mas tem mais: sempre na mesma região, um pouco mais abaixo do sinal isolado feito pelos dois "N", há uma sequência que Marastoni não havia notado e que parece absolutamente pertinente: é o grupo ΗΣΟΥ, logo reconhecido como parte central da palavra (I)ΗΣΟΥ(Σ). É o nome de Jesus em grego e associado à outra palavra grega que diz exatamente "Jesus Nazareno". Verticalmente, ao longo do osso zigomático esquerdo, é possível ler outras duas palavras, também paralelas, mas bem relevadas. A primeira mostra o grupo em caracteres gregos ΨΣ separados por um espaço em branco como se fosse o fim de uma palavra e, depois, outra sequência de três sinais, entre os quais KI, aparecem bem nítidos enquanto o último é duvidoso e poderia fazer pensar que seja um A. A escrita menor, sempre em grego, é PEZω e tem a singularidade de aparecer na parte clara do negativo, enquanto as outras aparecem na parte escura e, portanto, deve ter sido realizada com uma tinta ou material diferente.

Quanto aos grupos isolados, Marion e Courage individualizaram, acima da cabeça, quase no centro, mas um pouco deslocada para o lado direito, uma sequência que lhes parece formada pelos caracteres IC (que em latim significariam *i* e *c*, em grego *i* e *s*). Junto a ΝΑΖΑΡΕΝΟΣ aparece o grupo ARE, uma segunda vez, e as duas escritas estão uma sobre a outra, como se a mesma escrita tivesse sido aplicada duas vezes sobre o linho em momentos diferentes, deixando dois traços distintos, colocados, mais ou menos, no mesmo ponto.

Mais externamente, e com a mesma orientação, eles leem ainda outro grupo de quatro sinais, dos quais os três primeiros (em caracteres gregos AΔA) são nítidos, enquanto o último (que para os cientistas franceses parece um U ou talvez um M arredondado) é recoberto por uma espécie de mancha, sempre perto da palavra ΝΑΖΑΡΕΝΟΣ; mas, para baixo e com orientação invertida, aparecem os sinais SB.

Nesse ponto, trata-se de fornecer uma tentativa de interpretação. Marion e Courage submeteram sua pesquisa a alguns especialistas em disciplinas que dizem respeito à história do mundo antigo e da Idade Média. É uma verdadeira rosa de nomes famosos que trabalham junto à

Sorbonne e outros institutos franceses de pesquisas.¹⁹² As duas escritas ortogonais ΗΣΟΥ(Σ) e ΝΑΖΑΡΕΝΟΣ não parecem apresentar grandes problemas, por tratar-se simplesmente do nome, em grego, de *Jesus Nazareno*, com uma pequena variante daquele constante dos Evangelhos que tem a vogal *ETA* (isto é, H) no lugar da *EPSILON* (isto é, E) e, portanto, é ΝΑΖΑΡΗΝΟΣ. A confusão entre as duas vogais era um fato muito comum no Oriente Médio da era romana e nos depoimentos escritos em grego dessa época é tão frequentemente encontrado que muitos repertórios de epigrafia nem sequer a mencionam entre as particularidades. A sequência INNECE também não apresenta dificuldade em função do contexto que diz respeito a um condenado à morte, enquanto a identificação do restante (várias outras palavras fragmentadas) parece mais complexa.

Com respeito ao objetivo dessas escritas, os dois físicos não têm uma opinião formada em razão das tantas hipóteses. Uma dentre as mais interessantes sugere que essas palavras estivessem em um relicário ou um invólucro de algum tipo. Tratava-se de uma espécie de legendas que foram, casualmente, transferidas para o tecido de linho. Recentemente, outro perito em análise de sinais, o francês Thierry Castex, aplicou o mesmo método atualizado por Marion e Courage, e conseguiu identificar novos traços de escrita em caracteres hebraicos na área embaixo do queixo, os quais me enviou para fins de consulta. Essa descoberta é publicada pela primeira vez com a sua permissão (Fig. 13).

Entre os sinais visíveis parece possível distinguir os caracteres *mem*, *sade* e *alef*, correspondendo à raiz *ms'* muito comum tanto em hebraico quanto em aramaico, que significa "encontrar"; há também uma segunda sequência de dois sinais que podem ser *nw* ou *ky*, por conta das suas formas semelhantes e das dificuldades de leituras objetivas. Portanto, o todo pode ser *"nw ms'"* ("nós encontramos") ou *"ky ms'"* ("porque encontrado").¹⁹³ A questão parece muito interessante, pois essas palavras, parte de uma frase mais longa, correspondem de maneira exata a uma passagem do Evangelho de Lucas que se refere

---

192. Marion e Courage, *Nouvelles découvertes*, p. 11-12.
193. Agradeço a Émile Puech e Simone Venturini por me ajudarem nesta leitura. Destaco ainda que esses dois estudiosos receberam uma foto das simples escritas em hebraico e as identificaram sem ter a mínima ideia que se tratasse de sinais encontrados no Sudário de Turim. Este procedimento é necessário para obter opiniões absolutamente "asséticas", ou seja, livres de qualquer condicionamento que possa proceder da história desse famoso objeto. Durante a pesquisa, de fato, achei que o evento do radiocarbono contaminasse o panorama da cultura de maneira gravíssima, criando um prejuízo irresistível capaz de ofuscar até as mentes dos estudiosos mais objetivos.

justamente ao contexto do processo contra Jesus. Precisamente Lucas 23, 2, ou seja, o ponto no qual o sumo sacerdote e os membros do Sinédrio entregam Jesus a Pôncio Pilatos acusando Jesus e dizendo: "Nós encontramos aquele que instigava a nossa gente, impedia que os tributos fossem pagos a César e afirma ser o Cristo rei". Ainda um estudo, publicado em 1989 por Roberto Messina e Carlo Orecchia, havia assinalado a provável existência de outras escritas em caracteres hebraicos junto à área da fronte.[194]

Dessas estranhas escritas no Sudário não há nenhum vestígio da tradição bizantina, e à pergunta se elas foram feitas pelos Templários, é preciso responder que não: apenas aquela que menciona a oração *"Jesus Santíssimo, tenha piedade de nós!"* corresponde à sua época. Segundo os peritos consultados por Marion e Courage, quase todas as escritas em grego e em latim foram realizadas séculos antes de a Ordem do Templo ser fundada. De fato, parecem remontar à era paleocristã, o período entre os séculos I e III. Tratava-se de escritas devocionais feitas por algum devoto para esclarecer quem era aquele homem do qual restava a imagem, ou talvez cártulas com algum valor legal (e, portanto, um documento), tal como, em sua época, foi sugerida a hipótese de Grégoire Kaplan.[195]

Os traços de escritas em caracteres hebraicos sugerem que, talvez, fossem realizados na Síria-Palestina (ou em Qumran?) em uma época muito antiga. Tudo induz a excluir que tenham sido feitas pelos Templários. É possível que os frades do Templo conhecessem sua existência, conforme será discutido em seguida. E, se assim fosse, isso confirma o desejo de manter o Sudário unicamente para o Templo.

A pista do "problema judaico"

Segundo a opinião de vários peritos que muito estudaram a tela de Turim, a nitidez da imagem está diminuindo com o decorrer do tempo em consequência do fenômeno natural da degradação causado pelos efeitos da luz; nos séculos passados, a imagem podia ser distinguida mais nitidamente. De fato, algumas antigas representações do Sudário mostram a impressão em tonalidade de sépia muito mais intensa, mesmo não podendo excluir a hipótese de que os pintores tenham carregado na tinta para tornar o conceito mais evidente. No

---
194. Messina e Orecchia, *La scritta in caratteri ebraici*, p. 83-88.
195. Kaplan, *Le Linceul de Turin*, p. 19-22.

momento de realizar suas pesquisas, os físicos, chefiados por André Marion, preferiram trabalhar sobre alguns negativos tirados por Enrie em 1931, talvez porque esse tipo de fotografia analógica, usado nessa época, contivesse maior quantidade de informações ou porque havia uma forte suspeita de que a imagem fosse nitidamente mais intensa do que hoje e, portanto, mais rica em detalhes. Os traços da escrita distinguem-se propriamente graças ao contraste tom sobre tom, porque são como tantas outras manchas de cor marfim em forma de letras sobre o fundo sépia-claro da imagem. Hoje, para poder vê-las é preciso recorrer ao negativo fotográfico, o qual acentua muito o jogo dos contrastes. Mas, se os cientistas estiverem certos de que antigamente a imagem era mais escura, provavelmente algumas escritas poderiam ser vistas a olho nu. Esse não é um fato insignificante se considerarmos com cuidado a história social da Idade Média. As palavras em grego e latim não teriam sido um problema, mas não podemos dizer o mesmo para as escritas em caracteres hebraicos.

Na tardia Antiguidade e, depois, na Idade Média, a relação entre o poder político e os judeus foi oscilante. Depois do Edito de Milão de 313 d.C., o imperador Constantino promoveu a expansão do Cristianismo de maneira forçada e, certamente, isso não os favoreceu. Porém, mais tarde, quando todo império já era cristão, Teodósio I (379-395 d.C.) emitiu uma série de decretos destinados a proteger essa minoria que já não representava qualquer perigo à sua política religiosa.

No Ocidente, os papas os protegeram frequentemente, principalmente Gregório Magno que colocou a campo uma verdadeira e adequada estratégia para defendê-los de seus inimigos que eram, essencialmente, as autoridades da população local.

Temos ainda seis cartas desse pontífice que condenava os atos de violência contra os judeus e sabemos que as comunidades espalhadas nos vários países do universo cristão costumavam referir-se ao rabino o qual orientava a comunidade romana para que intercedesse junto ao papa e que esse último fosse o mediador político com os reis e os imperadores. A mais famosa dessas cartas, intitulada *Sicut Iudaeis*, foi depois retomada nos séculos seguintes por vários papas. Seu conceito básico era uma frase já expressa pelo imperador Teodósio I a qual, no entanto, era muito difícil de ser incutida na mentalidade das pessoas. A frase era: "Não existe lei que proíba a religião hebraica".[196]

No decorrer da Idade Média, a Europa sofreu frequentes episódios de antissemitismo, atos de uma violência impressionante que nascia

---

196. Simonsohn, *The Apostolic See*, p. 39-40.

de forma espontânea por um senso de hostilidade difundido entre as pessoas; uma hostilidade gerada pela intolerância que os governantes (quer fossem papas, imperadores ou reis) sempre procuraram erradicar por ameaçar a ordem pública. Porém, foi no fim da Idade Média que a questão assumiu proporções alarmantes.

A partir de 1150 e depois, ainda mais nos séculos XIII e XIV, grandes ondas de antissemitismo se seguiram, uma à outra, provocando verdadeiros massacres. Surgiu do passado o espectro de uma obscura e antiquíssima lenda popular: os judeus haviam mantido em cativeiro, durante um ano inteiro, um rapaz cristão. Durante todo esse tempo, eles o alimentaram abundantemente para fazê-lo engordar e, quando ficou "no ponto", mataram-no e comeram suas carnes durante um de seus sacrílegos banquetes ritualistas. Essa lenda macabra já circulava no Império Romano, na época de Celso, o filósofo (século II d.C.). Ela era usada indiferentemente contra os judeus e os cristãos da população pagã que nutria desgosto por certos seus costumes orientais, como, por exemplo, a circuncisão.

Quando atingiu o auge quase mil anos mais tarde, encontrou terreno particularmente fértil e difundiu-se com efeitos devastadores. No ano 1144 foi descoberto em Norwich o cadáver de um rapazinho, assassinado por um desconhecido. A culpa foi colocada nos judeus do lugar que acabaram sendo eliminados. Vinte anos mais tarde, em 1164, foi espalhado um rumor em Gloucester que um jovem chamado Harald havia sido barbaramente torturado e, em seguida, crucificado pelos judeus. A partir de então, os casos multiplicaram-se como um surto epidêmico. Em Bury St. Edmunds, Bristol e Winchester, no fim do século XII e depois, no início do século XIII, também em Lincoln, Stanford e Londres.

Da Inglaterra, a lenda passou rapidamente para a França, deixando em todo lugar uma sugestão perversa. Era quase como se todo evento trágico de tons obscuros fosse necessariamente resultado da presença dos judeus. Em 1171, acreditou-se ter encontrado as provas de um desses "delitos ritualísticos" em Pontoise, França. A vítima foi sepultada em Paris, na igreja dos Santos Inocentes. O rumor foi espalhado de que aquele jovem havia operado milagres e muitas pessoas iniciaram uma peregrinação junto à tumba desse rapaz, considerado um mártir da "perfídia judaica". Foi inclusive criado um ritual especial para celebrá-lo. No mesmo ano, Thibaut, conde de Blois, condenou à fogueira 32 judeus por causa dessa lenda e até procurou destruir a comunidade judaica local.

Por outro lado, o seu vizinho, Thibaut IV, conde de Champagne, como também o rei Luís VII da França e o imperador Enrique VI proclamaram oficialmente que a lenda não tinha qualquer base real e procuraram erradicá-la, mas sem sucesso. Durante o século XIII, o mito obscuro expandiu-se por toda a Europa, encontrando grande repercussão na credulidade popular. A sugestão foi tão forte que a lenda foi enriquecida por outro detalhe terrível: os judeus precisavam encontrar sangue humano para confeccionar o pão de ázimo que comiam durante o rito pascal.[197]

Em 1235 houve um caso muito famoso na cidade alemã de Fulda. Os judeus foram acusados de ter matado os cinco filhos de um moleiro e foram submetidos a torturas tão cruéis a ponto de fazê-los confessar que o pão de ázimo da Páscoa era realmente feito com sangue humano. O resultado foi outro homicídio em massa. O episódio teve uma repercussão tão grande que chegou a preocupar o imperador Frederico II. Homem de enorme cultura, dotado de uma mentalidade incrivelmente aberta para a sua época, Frederico II possuía grande familiaridade com os costumes orientais, pois havia sido criado na Sicília e, criança, havia vivido incógnito no seio de uma família muçulmana que o acolheu e o escondeu para protegê-lo de seus inimigos.

O imperador era bem cético sobre a questão. Porém, como o episódio teve repercussão mundial, quis aproveitar a oportunidade e formou uma comissão de peritos composta de judeus convertidos ao Catolicismo para que examinassem o problema com a máxima precisão possível. Obviamente, os peritos demonstraram que o Antigo Testamento proibia absolutamente beber ou comer sangue, até o sangue dos animais que eram mortos para se tornar alimento. Frederico II acreditou resolver de vez o problema associando quem perseguisse os judeus aos culpados de lesa-majestade, o crime mais grave, para o qual o réu era condenado à pena máxima. No mesmo ano, porém, também nas comunidades de Lauda e Pforzheim ocorreram outros massacres. O papa Gregório IX teve de promulgar uma nova versão da bula *Sicut Iudaeis* na qual ordenava aos bispos da França punir severamente os cristãos que cometessem atos violentos contra a população judaica ou contra suas propriedades.

Foi justamente durante esses anos que explodiu uma das perseguições mais violentas e calcula-se que 2.500 a 3 mil pessoas de religião judaica tenham sido assassinadas pelos cruzados que participavam da sexta cruzada, inclusive mulheres e crianças, enquanto

---

197. *Ibidem*, p. 48-50.

outras centenas foram forçadas a se batizar. Talvez esse tenha sido o momento de maior tensão.

Exacerbada pelo surgimento de heresias e pela contestação religiosa, a Igreja começou a condenar alguns livros hebraicos tradicionais como o Talmud, que não era considerado um texto sagrado, mas continha algumas passagens irreverentes sobre Jesus, nascidas da literatura popular. O sentimento antijudaico foi instigado pela ideia de que os judeus profanassem propositalmente a Eucaristia.

Também se espalhou o rumor de que as amas de leite cristãs contratadas por ricos judeus para amamentar seus filhos, caso comungassem durante a Páscoa, eram obrigadas a jogar na latrina seu leite durante três dias depois de ter comungado para que, dessa forma, a Eucaristia não contaminasse o judeu recém-nascido por meio leite. Contam-se mais de 50 casos de milagres ocorridos a judeus profanadores que haviam conseguido, por meio do engano, hóstias consagradas para violá-las e as viram transformar-se, nas próprias mãos, em carne e sangue autênticos.

Na metade do século XIII, papa Inocêncio IV deixou-se condicionar por essas sugestões e aprovou o decreto de expulsão que o arcebispo de Viena havia emitido contra os judeus de sua diocese. Na realidade, foi um caso raro porque os papas continuavam a emitir bulas em defesa da população judaica que as pessoas ignoravam constantemente, mas era exatamente esse ser enraizado na mentalidade popular que tornava o preconceito invencível. Ao fim do século, as expulsões tornaram-se fenômenos de massa. Em 1290, foi a vez dos judeus da Inglaterra; depois, em 1306, a vez foi da França por ordem de Felipe, o Belo.

Entre os anos de 1298 e 1337, houve na Alemanha uma onda de antissemitismo de proporções imensas: 150 comunidades locais foram destruídas por causa desses rumores sobre a profanação das hóstias, e os historiadores calculam que durante essas orgias sangrentas foram assassinados entre 20 e 100 mil judeus.[198]

Esse era o clima no qual se encontravam os Templários quando, muito provavelmente, a Ordem entrou na posse do Sudário de Turim. A grande maioria dos frades era bem ignorante, mas alguns dos dignitários eram pessoas muito instruídas. Os traços da escrita seguramente não podiam ser distinguidos pelos peregrinos que passavam rapidamente diante da relíquia, sempre mantendo uma distância de segurança, mas é possível que conseguissem vê-los por meio de um exame mais cuidadoso, preciso e prolongado.

---

198. *Ibidem*, p. 51-60.

Se algum dos frades percebeu que sobre a tela havia escritas em hebraico, como também é possível, chegaríamos a entender ainda melhor porque as hierarquias do Templo quiseram manter o mais absoluto segredo sobre a relíquia. A Ordem não podia mesmo permitir que o Templo a perdesse. De fato, por certos motivos pensava que lhe fosse indispensável contra um mal que estava afligindo a inteira cristandade. Um mal com raízes antiquíssimas que também no Templo havia começado a fazer algumas vítimas.

Seguir o caminho de Pedro

Em 1143, o abade Erwin di Steinfeld avisou São Bernardo de Chiaravalle que perto da cidade alemã de Colônia haviam sido presos certos adeptos de uma particular seita herege que se declaravam membros de uma igreja antiga, que se manteve oculta desde a época dos mártires, havendo sobrevivido na Grécia e outros países sob a orientação de alguns "apóstolos" e bispos. Da segunda metade do século XII até o fim do século XIII, a sociedade cristã foi transtornada pela proliferação de um enorme movimento de dissidência religiosa. Ele não apenas colocava em discussão alguns dogmas básicos e a tradição da Igreja, mas associava ao protesto teológico fortíssimas acusações contra os maus costumes do clero e fortes reivindicações de fundo político.[199] Nesse clima tão oscilante, as relíquias e os objetos ligados à vida terrena de Jesus representaram para a Igreja uma espécie de âncora de salvação, algo que podia ajudar os cristãos a não se desviarem do reto caminho para seguir novas doutrinas. Tratava-se de permanecer dentro do caminho já traçado e manter o mesmo caminho indicado pelos apóstolos.

Pouco antes de morrer, o velho pescador de Betsaida, na Galileia, Shimon chamado de Pedro, havia ditado aos discípulos uma carta que eles, depois, compuseram e despacharam para todos os cristãos que pudessem ser alcançados, como uma verdadeira e própria encíclica. A carta expressava algumas de suas profundas preocupações e recomendava aos cristãos que se afastassem de certas teorias recentes que davam a Jesus Cristo um retrato principalmente intelectual e espiritual, um pouco como se fosse o símbolo de uma completa renovação da humanidade.

Os historiadores atuais chamam essa corrente religiosa de *docetismo*, do grego *dokèin* ("parecer"), porque prega a ideia de que Jesus

---

199. Vauchez, *Contestazioni*, p. 442-455, nas páginas 447-448.

tinha apenas a aparência de um homem. O defeito dessa corrente era dar valor excessivo à interpretação pessoal.

Pedro não era muito culto, mas essas novas e sofisticadas elucubrações que estavam se tornando de moda no pensamento cristão não eram absolutamente de seu agrado. Entretanto, sua raiz não estava na religião hebraica, mas na filosofia neoplatônica, ou seja, no pensamento dos gregos pagãos. Além disso, davam a impressão de exaltar o ser espiritual de Jesus a fim de esconder o ser humano, quase como se esse ser humano fosse uma fraqueza, algo pelo qual se envergonhar. Acima de tudo, tratava-se de mitos. Havendo o seguido durante três anos e vivido pessoalmente o processo, a morte e os eventos sucessivos, ele ainda mantinha uma lembrança bem concreta e não aceitava que as novas gerações o imaginassem como uma espécie de conceito abstrato. Sua reação contra essas novas orientações, pelo que sabemos, foi uma condenação imediata e sem reservas. O Cristianismo era reconhecer que o Messias de Israel coincidia com o homem histórico Jesus de Nazaré e, visto que os seguidores do docetismo recusavam Jesus como homem, aos olhos de Pedro eles simplesmente não eram cristãos.

Querendo etiquetá-la com uma legenda moderna, a religião de Pedro, como também a de Paulo e de João, era uma religião histórica no sentido de que tudo nasceu de alguns fatos fundamentais situados de maneira precisa no tempo e no espaço. Havia realmente existido um homem concreto que realizara certas coisas e cujos passos deixaram suas pegadas na terra de Jerusalém.

Na mensagem que a tradição transmitiu como a Segunda Carta de Pedro, o velho pescador advertia sobre os riscos que podiam surgir ao pretender interpretar os Evangelhos de maneira livre e pessoal. Contra todas as construções intelectuais sobre Jesus, Pedro as contestava com uma verdade simples e imediata, ou seja, com o que ele havia visto e vivido:

> Como não seguimos certos mitos sofisticados para manifestar a força e o retorno do Senhor nosso, Jesus Cristo, fomos, ao contrário, espectadores oculares de sua grandeza [...]. Antes de tudo, saibam isso: a nenhuma profecia da Escritura compete uma interpretação subjetiva.[200]

Oitenta anos depois de sua morte, as coisas haviam se desviado muito além e foram difundidas muitas igrejas independentes para as quais a parte humana de Jesus, o corpo, não era algo de secundário, mas uma parte negativa, a ser descartada. Tendia-se a julgar ser impossível que o Espírito de Deus, do qual era forjado o Cristo celeste, pudesse

---

200. *Segunda Carta de Pedro*, 1, 20-3, 17.

permanecer comprimido dentro de um corpo humano que adoecia e morria. Portanto, o pensamento cristão foi orientado a supor que o Espírito fosse, em certo momento, empossado dessa escória mortal ao puro escopo de comunicar-se com os seres humanos e ensinar-lhes o caminho do conhecimento, para, em seguida, desfazer-se quanto antes do incômodo fardo físico, antes que ele se desfizesse com a crucificação. Essas igrejas definiam-se como gnósticas, da palavra grega *gnosis*, conhecimento, porque, segundo suas crenças religiosas, a salvação do homem não dependia do sacrifício de Jesus, que nunca realmente existira, mas de seu único predicamento, graças ao qual os homens alcançavam o conhecimento de Deus. As correntes docetistas e gnósticas separavam de maneira nítida o Jesus terreno do Cristo celeste, como se fossem duas entidades distintas e inconciliáveis.

Por conseguinte, o Jesus mortal, o Jesus de Nazaré, era apenas um invólucro vazio e sem nenhuma importância, sede temporária do Cristo espiritual. Para algumas seitas, ele era um homem qualquer; para outras, ele nem era um homem de carne e osso, mas uma espécie de ectoplasma. Portanto, tanto para uns quanto para outros, a ressurreição nunca acontecera, pois o Cristo celeste não podia sofrer e muito menos morrer. Nunca houve um sacrifício para redimir a humanidade e a Eucaristia era um ritual sem sentido e, portanto, não era celebrado.

Deus enviara esse seu Mensageiro celeste em meio aos homens sob a falsa aparência de um homem mortal, um indivíduo comum que pudesse pregar à humanidade e, assim, redimi-la de suas falsas convicções. O invólucro físico do Mensageiro era somente uma espécie de ilusão ótica necessária para que as pessoas pudessem vê-lo, mas não possuía uma real consistência. Certos grupos gnósticos extremistas chegavam até a dizer que, na realidade, na cruz havia sido colocado Simão de Cirene. Como se, no momento oportuno, Deus tivesse iludido os soldados para que confundissem os dois.[201]

Deixando de lado esses exageros, o movimento gnóstico possuía uma própria teologia fascinante que exaltava a grandeza espiritual de Cristo e celebrava o modo pelo qual o ânimo humano, por meio dele, realizava um grande percurso de ascensões, chegando a contemplar o vulto de Deus. Desde o fim do século I até à época de Constantino, o Cristianismo católico também foi muito mais fascinado por essa visão intelectual e espiritual de Jesus que colocava em surdina o valor de sua parte humana e interpretava cada passagem dos Evangelhos de modo

---

201. Simonetti, *Note di cristologia gnostica*, p. 529-553; referir-se extensamente a *Testi gnostici in lingua greca e latina*.

alegórico. Diversos expoentes desse pensamento moviam-se sempre aos confins da ortodoxia e eram pessoas de grande fé, como o teólogo Valentino que viveu em Roma durante o reinado de Adriano, do qual ficou um fragmento de esplêndida poesia religiosa: "Então o Pai, o único cheio de bondade, volta para ele o seu olhar, o coração é santificado e resplende de luz e, assim, torna-se beato quem possui tal coração, porque verá Deus".[202]

É desde o fim do século I que os cristãos se mostravam sensíveis a esse tipo de ideias, valorizadas ainda pelo fato de que os gnósticos praticavam uma vida ascética, rigorosa e exemplar. Valentino possuía um intuito especial e parece que tinha, de alguma forma, iniciado essa discussão teológica que, mais tarde, amadureceria no dogma da Trindade.

A beleza de seu pensamento religioso, acompanhado de uma eloquência esmagadora, havia convencido parte do clero de Roma a considerá-lo como futuro papa. Porém, alguma coisa deu errado e, ao término da eleição pontifícia, prevaleceu outro candidato que não possuía grandes dotes teológicos, mas havia apresentado um grande testemunho de fé com a sua vida concreta. Os motivos dessa escolha encontram-se em um caráter particular do pensamento gnóstico já denunciado por Santo Ignácio de Antioquia, um homem que teve papel de primeiro plano na comunidade cristã durante o reinado de Trajiano (98-117 d.C.). Os gnósticos demoram para ajudar os pobres, os doentes, as viúvas e os órfãos, tudo isso em consequência natural de seu aparato teológico. Se a carne nada mais é que pecado e corrupção, por que curar os doentes? Se a vida é apenas cativeiro e exílio, por que ajudar os pobres a sobreviver? Enfim, seguindo o seu ideal de ascetismo exasperado, os gnósticos acabavam por tornar-se quase desumanos. Mas Jesus, ao contrário, tinha sido claro, seguir a sua vida significava amar o próximo em dificuldade e ajudá-lo a qualquer custo.

A Igreja primitiva havia sido, antes de tudo, um grupo de voluntariado religioso feito por gente que colocava em comum os próprios bens para alimentar os pobres e curar os doentes. Não havia dúvida de que essa era a vontade de Jesus, visto que isso já acontecia quando ele ainda estava com os apóstolos e os orientava. Essas seitas interpretavam a mensagem de Cristo como se fosse apenas uma escola de filosofia e descuidavam da caridade para quem passava necessidade. Mesmo que

---

202. Clemente Alessandrino, *Stromata*, II 114, 3-6.

fossem isentos de manchas, os gnósticos acabavam por trair a essência do Cristianismo.[203]

A decepção por não ter sido eleito papa provocou no teólogo Valentino um ressentimento muito forte para com o clero de Roma. Parece que ele saiu da capital e dirigiu-se para o Oriente onde começou a escrever obras bem diferentes das anteriores, nas quais apresentava teorias bem gnósticas contra o corpo humano de Cristo que ele, provavelmente, já havia elaborado, sem nunca tê-las revelado.

A visão concreta de Pedro, que havia deixado em herança o culto de Jesus como o Cristo anunciado pelos profetas, mas sempre como homem de carne e osso, ao final prevaleceu e as doutrinas gnósticas foram rejeitadas. Entretanto, a gnose não desapareceu por estar muito enraizada tanto no Oriente quanto no Ocidente. O historiador atual tem dificuldade em distinguir com precisão a diferença entre uma seita e outra porque são poucas as notícias e muitas vezes procedem de intelectuais cristãos da época, os quais tinham uma grande e pura aversão a essas doutrinas pela grande confusão que provocavam nas pessoas.

Alguns chefes de escolas gnósticas haviam publicado versões manipuladas dos Evangelhos ou escritas de próprio punho. O texto de João, particularmente rico em expressões simbólicas, foi o mais alvejado.[204]

Entre uma escola gnóstica e outra havia grandes diferenças, embora, depois, todas se concentrassem em um credo comum, o qual, em substância, negava a verdadeira humanidade de Cristo. Para os autores da Igreja primitiva, o gnosticismo assemelhava-se à hidra das cem cabeças: um monstro, com raízes antigas, capaz de apresentar-se cada vez com uma nova face.[205]

Sobrevivências

Constantino havia optado por legalizar o culto cristão por simpatia pessoal e propósitos políticos, mas, obviamente, ele queria uma Igreja unida e pacífica, uma organização compacta útil para os seus projetos. Portanto, ele declarou ilegais todas as seitas dissidentes.

---

203. Le 8, 2-3: At 6, 1-6; Ignazio di Antiochia, *Lettera ai cristiani di Smirne*, VI, 1-2.

204. Dubois, *Valentin*, col. 146-156; Mercati, *Anthimi Nicomediensis*, p. 87-98; Janssens, *Héracléon*, p. 101-151; Blanc, *Le Commentaire d'Héracléon*, p. 81-124; Brown, *Giovanni*, p. LXVII-LXXI; Peretto, *L'inno cristologico*, p. 257-274.

205. Grossi, *Lo gnosticismo e i Padri della Chiesa*, p. 69-80; Segalla, *Vangeli canonici e vangeli gnostici*, p. 47-68; Gianotto, *Gli scritti di Nag Hammadi*, p. 36-46; Filoramo, *La gnosi ieri e oggi*, p. 21-35.

A gnose ainda sobreviveu, principalmente na África do Norte e, em certas áreas do Oriente Médio, ela alcançou o auge por meio do movimento maniqueísta do qual, em sua mocidade, até Santo Agostinho de Hipona participara. Durante a época bizantina, ainda permaneceram algumas unidades distribuídas, aqui e ali, nos vastos territórios do império; depois, a corrente retomou vigor dentro do movimento iconoclasta que queria destruir os ícones por apresentar a imagem humana de Cristo e, ao contrário, venerar somente o Evangelho que continha a sua palavra.

Nos séculos VIII e IX, vários imperadores empenharam seus esforços para combater os paulicianos, assim chamados porque seguiam as doutrinas gnósticas de Paulo de Samosata: Miguel I (811-813), Leão V (813-820), Teodora (842-856), os quais haviam declarado ilegal a luta contra os ícones e, finalmente, Basílio I, que no ano 871 os derrotou. Como esses dissidentes eram ótimos soldados, eles haviam sido deslocados para a Trácia e Macedônia como corpo de vigilância dos territórios imperiais. Ali, o movimento cresceu novamente e difundiu-se amplamente na Bulgária, nos Balcãs e em certas áreas da Rússia. Na metade do século X, eles eram conhecidos como bogomilos, do nome de seu fundador espiritual Bogumil, que significa "caro a Deus".

Como uma onda de ressaca, essa corrente de pensamento, pela qual a dissidência religiosa tendia a acoplar-se ao protesto político do século XI, encontrava-se novamente na capital do Império Bizantino. Sob a dinastia dos imperadores Comnenos, a heresia de raiz gnóstica voltou a atingir o auge e medidas de intransigente repressão foram implementadas. Ana Comnena, filha do imperador Aleixo I Comneno e autora de uma famosa *Crônica*, conta que no ano 1117 havia sido descoberta uma conspiração organizada pelos chefes dessas igrejas gnósticas que haviam chegado até o limiar do trono e escondiam-se entre os funcionários mais fiéis.

A fim de aplicar uma lição exemplar, Aleixo condenou-os a serem queimados vivos. Mandou preparar duas fogueiras diferentes, sendo que uma tinha uma cruz no centro e a outra não. A cruz era o sinal da verdadeira fé, e aceitá-la significava aceitar a humanidade real de Jesus, seu real sacrifício voluntário e todas as consequências benéficas para a salvação do gênero humano. Dentre os hereges alguns optaram por morrer embaixo da cruz. O imperador considerou esse gesto como sinal de conversão *in extremis* e concedeu-lhes o perdão.[206]

---

206. Mayer, *Pauliciani*, col. 996-997; Di Fonzo, *Bogomili*, col. 1759-1760; Carile, *Potere e simbologia*, p. 432-433; Kazhdan, *Bisanzio e la sua civiltà*, p. 97-99; Patlagean, *Contestazioni*, p. 434-442.

No século XI, alguns expoentes do movimento gnóstico dos bogomilos passaram pela Europa Ocidental levando sua pregação que rapidamente se espalhou, principalmente no sul da França, na Itália setentrional e na Alemanha. O sul da França, ou seja, toda a área centro-meridional da França, foi a sede de uma próspera igreja gnóstica. No ano 1167, perto de Saint-Félix-de-Caraman, houve até um concílio dessa nova igreja independente cujos membros se definiam como cátaros, da palavra grega *katharòs*, que significava "puro". Vários bispos católicos a ela aderiram passando para o seu credo particular com todos os seus fiéis e, ao mesmo tempo, houve uma união entre os cátaros do Ocidente e os do Oriente. Do concílio também participou o responsável de uma igreja grega chamado Niceta, que portava o título eloquente de *papas*.[207] Uma arriscada confusão doutrinária havia, aliás, se infiltrado também nas hierarquias da Igreja Católica. Um teólogo do peso de papa Inocêncio III foi obrigado a escrever um volume de cartas e tratados endereçados não à gente simples, mas a bispos cujas ideias vacilavam sobre questões de importância capital como os sacramentos.

Tal como acontecera aos imperadores bizantinos Romano I e Constantino VII, quando tiveram de enfrentar os hereges, ele aprendeu uma lição importante, ou seja, que esses objetos podiam ser coisas aparentemente insignificantes ligadas à devoção popular, porém representavam, na tradição, a prova concreta que Jesus havia realmente vivido como homem, que sofrera a Paixão e que fora morto na cruz. Diante daqueles que pregavam que o Cristo celeste havia sido um espírito puro, um conceito, um ser abstrato, até as coisas mais corriqueiras do dia a dia, como o leite materno da Virgem, formavam uma prova fundamental para as pessoas comuns: a prova do que os hereges pregavam a falsidade.

Conforme já tentei explicar, a verdade de uma relíquia é algo que a nossa atitude mental não pode compreender pela ótica do mundo antigo. Os homens da Idade Média, desde o professor da Sorbonne até o último mendigo, percebiam-na de uma maneira muito forte e isso não pode ser simplesmente atribuído à sua estupidez. É verdade que havia em circulação um incontável número de falsas relíquias, sendo famosa a expressão de alguns escritores, como Erasmo de Rotterdam ou João Calvino, que diziam ser possível construir um navio inteiro juntando toda a madeira das existentes "relíquias da cruz de Cristo". Sem dúvida, eles tinham razão, mas, sobretudo, com respeito ao escandaloso abuso que, em sua época, se fazia desses objetos para conseguir esmolas dos peregrinos; alguma outra coisa do gênero havia denunciado com

---

207. Patlagean, *Contestazioni*, p. 436; Vauchez, *Contestazioni*, p. 449-450.

veemência outro eclesiástico que viveu no século XII, o abade cisterciense Guibert de Nogent. Tanto Guibert quanto Calvino ou Erasmo negligenciavam uma questão muito relevante para o historiador atual: se, por exemplo, o imperador de Constantinopla quisesse doar para uma igreja um fragmento da Verdadeira Cruz, ele, seguramente, não daria um grande fragmento, mas limitava-se a mandar retirar uma pequeníssima parte. O valor das relíquias era espiritual e, certamente, não era medido a peso. O importante é que essa madeira havia sido tocada pelo sangue de Cristo. Por causa de sua pequeníssima dimensão, esse fragmento era inserido em outro pedaço de madeira a fim de ser possível vê-lo e mais difícil de ser perdido. Esse mesmo invólucro tornava-se sagrado pelo contato da própria relíquia.

O estudo das relíquias é um capítulo muito fascinante na história da cultura e pode ensinar-nos muitas coisas, desde que seja desenvolvido com bastante respeito. Trata-se, de fato, de processos culturais que o historiador atual deve saber registrar e não pretender analisá-los à luz de um racionalismo recente demais e longe demais para poder julgá-lo.

Em certo sentido, aliás, também o mundo atual tem alguma coisa que se assemelha à antiga fome de relíquias: é a curiosidade acerca do assim chamado "Cristo Histórico", ou seja, todas as pesquisas cujo objetivo é reconstruir a figura humana e terrena de Jesus de Nazaré, da maneira mais realista possível.

Filha do positivismo, do relativismo e até de certo ceticismo que esteve de moda no século XX, a cultura do início do terceiro milênio pretende separar o homem histórico, súdito galileu de Herodes Antipas ou de Tibério César, dos mistérios ligados à sua pessoa que resultaram no centro de uma nova religião. Para poder realizá-lo, os Evangelhos, algumas vezes, são "fatiados", desmontados e recompostos de maneiras diversas para poder, dessa presumida forma, remontar às "palavras autênticas" pronunciadas por Jesus.[208] Eu não tenho a capacidade de dizer se isso é correto no plano teológico, mas é certo que o método histórico é absurdo.

Se alguém se apresentasse em um congresso sobre Dante Alighieri e propusesse deslocar o episódio de Paulo e Francesca do Canto V do *Inferno* para o Canto V do *Paraíso*, ele receberia um coro de insultos. Para um historiador, esse tipo de ideia é inaceitável. Isso faz lembrar um restaurador um pouco louco que quer destruir com solvente uma obra do grande pintor Júlio Romano, convencido que está de que,

---

208. Para um aprofundamento sobre essas tendências cfr. Brown, *Giovanni*, p. XXII-XLIII; Segalla, *La verità storica dei Vangeli*, p. 195-234.

dissimulado na tela, encontra-se o desenho de seu mestre Raffaello Sanzio. De qualquer maneira, mesmo se às vezes se manifesta de forma paradoxal e ridícula o desejo moderno de alcançar o Jesus da história, até quase poder enxergá-lo, é algo muito semelhante ao afeto mórbido que tinha o homem da Idade Média para com os restos de sua passagem terrena.

Pessoalmente apaixonado por relíquias e convencido de que fosse uma arma poderosíssima contra todas as heresias, Inocêncio III compôs um hino para celebrar a Verônica, uma famosa imagem do Vulto de Jesus, guardada em Roma (Fig. 14). Sua tradição está ligada à do *mandylion*. A Verônica também era uma imagem *achiropita*, ou seja, um retrato prodigioso não elaborado pela mão do homem. Dizia-se que fora produzido por milagre quando uma mulher piedosa se aproximara de Jesus no caminho para o Gólgota para limpar o seu rosto cheio de sangue e de suor.[209]

Os Templários sabiam muito bem que esse pontífice amava, ou melhor, ansiava recolher as relíquias de Cristo em virtude do seu significado, e os papas que lhe sucederam não foram diferentes. Um caso famoso que pode dar a ideia dos tempos é o do milagre que ocorreu na catedral de Bolsenas, em 1263. Um sacerdote alemão que peregrinava em Roma estava celebrando a missa no altar de Santa Cristina, mas em seu íntimo (talvez como muitos outros sacerdotes de sua época) ele duvidava que a hóstia consagrada fosse verdadeiramente o corpo e sangue de Cristo. De repente, percebe que sangue escorria desse pão que acabou manchando a toalha da mesa do altar. Obviamente, o evento provocou uma enorme impressão, e o papa Urbano IV quis solenizar o acontecimento instituindo a festa do *Corpus Domini*.[210]

A Ordem do Templo tudo devia pelo favor dos papas. Além disso, conforme já foi mencionado, os próprios estatutos da Ordem declaravam que o pontífice romano era senhor e dono da mesma. Ao tomar conhecimento de que a Ordem estava de posse dessa relíquia, muito provavelmente, o pontífice reinante fez entender ao Grão-Mestre atuante que ele a queria na Cúria Romana. Como os Templários não podiam se furtar a essa solicitação, foi decidido não dizer mais nada a esse respeito e ficar calados.

Nessa época, no sul da França, começou a ser criada uma funesta associação entre o ideal religioso cátaro, que muitos seguiam com

---

209. Mattheu Paris, *Historia Maior*, c. 290, em Potthast, *Regesta Pontificum*, I, p. 450; Spadafora, *Veronica*, col. 1044-1048; Pfeiffer, *Le voile de sainte Véronique*, p. 127-131; Paschalis Schlömer, *Le "sindone" et la "Véronique"*, p. 151-164.

210. Pesci, *Bolsena*, col. 1817-1819.

sinceridade, e a oposição política ao rei Felipe II Augusto que trabalhava para a unificação política do território do reino e criar uma monarquia mais forte. Isso implicava a perda de autonomia dos grandes feudatários do sul.[211] Além disso, o norte, de idioma *oil*, hospedava uma civilização culturalmente muito diferente da meridional. O binômio Igreja autônoma/governo autônomo tornou-se muito percebido e ampliado pelo fato de que as hierarquias católicas praticavam frequentemente um estilo de vida indigno em comparação ao estilo austero e exemplar dos bispos cátaros. O conceito de heresia ampliou-se desmedidamente. Contestar a autoridade de um bispo ou recusar-se a pagar o dízimo ou ainda desobedecer à Igreja Católica foram consideradas provas de adesão à religião dos hereges.[212]

A oposição animou-se também de certo espírito de reforma dos costumes, o que lhe deu um poderoso carisma moral e fez com que muitas pessoas passassem para as igrejas dos cátaros. Tentou-se, antes, compor o conflito apenas com armas religiosas, também graças à fervorosa atividade de pregação praticada por São Domingo de Gusmão; mas isso não conseguiu evitar a tragédia. Em 5 de janeiro de 1208, o legado papal Pietro di Castelnau foi assassinado por um súdito do conde de Tolosa e esse homicídio ficou impune. O assassino estava ligado aos cátaros e o seu senhor parecia protegê-lo. Todo o acontecido parecia muito suspeito. Qualquer que fosse a verdade, esse ato de sangue foi a centelha que fez explodir todo o conflito.

Foi então que Felipe II Augusto promoveu uma verdadeira guerra civil que provocou o massacre de milhares de franceses e a conquista militar da Provença, mas sobretudo de Languedoc. Essa foi chamada de "Cruzada dos Albigenses", porque a repressão ocorreu na cidade de Albi, um dos momentos mais trágicos como também, para fins de publicidade política, quiseram, indevidamente, apresentar essa carnificina a título de cruzada. A operação obteve o seu objetivo político, mas não erradicou absolutamente a igreja cátara do sul da França que continuou existindo ainda por mais de um século, bem como em outros lugares. Segundo Raniero Sacconi, nascido e criado por uma família de cátaros e, depois, convertido e introduzido na Confraria dos Dominicanos, em 1251, a difusão dessa igreja paralela foi impressionante. Até a metade

---

211. Meschini, *Note sull'assegnazione della viscontea*, p. 635-655 (com rica e atualizada biografia).

212. Chiffoleau, *Vie et mort de l'hérésie*, p. 73-99; Griffe, *Le catharisme*, p. 215-236; Becamel, *Le catharisme*, p. 237-251.

do século XIII, ela ainda era muito próspera, e o último chefe do qual se tem notícia, Guillaume Bélibaste, morreu na fogueira em 1321.[213]

Curiosamente, e certamente não por acaso, a área de maior difusão da heresia cátara coincide com aquela na qual encontramos um maior número de depoimentos desses simulacros do Vulto de Cristo entre os Templários.

Entre Provença e Languedoc

Sabemos que na época do saque de Constantinopla, no momento em que o Sudário desapareceu do depósito imperial, um pequeno destacamento templário estava presente na capital bizantina. Seu chefe era chamado Jacopo Barozzi, um cavaleiro que procedia de uma das famílias mais proeminentes de Veneza e que, nessa época, tinha a importante função de Preceptor do Templo para a Província da Lombardia (estendida em grande parte do norte da Itália). Não está bem claro qual era o objetivo de sua presença e a única coisa segura é que ali se encontrava por ordem do Grão-Mestre. Efetivamente, eles não participaram do saque da cidade como também não poderiam absolutamente participar, pois, de um lado, Inocêncio III lançara a excomunhão contra todos aqueles que se manchassem com a agressão a outros cristãos, e, por outro lado, o próprio regulamento templário previa que quem provocasse a violência contra seus correligionários devia ser expulso da Ordem com sanção imediata e irrevogável.[214]

Na realidade, o contingente do Templo já se encontrava na Terra Santa, pronto para a cruzada, e já tinha começado a empenhar-se nas operações militares que, segundo os planos estabelecidos, deviam preceder a reconquista de Jerusalém, ou seja, a consolidação das posições cristãs ao norte da Síria. Esse destacamento, chefiado pelo Preceptor da Lombardia, partiu de Veneza seguindo o exército cruzado, porque, muito provavelmente, a casa templária veneziana havia concedido um grande empréstimo em dinheiro aos barões franceses para ajudá-los finalmente a partir, visto que o débito contratado com a Sereníssima impedia ao exército a sua saída do Lido.

---

213. Da Milano, *Albigesi*, col. 708-712. D'Amato, *Sacconi, Raniero*, col. 1530-1531. Duvernoy, *Le catharisme en Languedoc*, p. 27-56; Henriet, *Du nouveau sur l'Inquisition*, p. 159-173; Dossat, *Les cathares d'après les documents*, p. 72-77.
214. Curzon, *La Règle*, § 226.

Depois da conquista de Constantinopla, o novo imperador latino, Balduíno de Courtenay, encarregou Barozzi de realizar uma missão pessoal e diplomática muito delicada: voltar à Itália para um encontro com o papa e implorar que o pontífice isentasse da excomunhão os chefes da cruzada. Nessa ocasião, o novo imperador doou ao Templo um pequeno patrimônio em dinheiro, objetos de ouro cravejados de pedras preciosas e dois fragmentos de madeira da Verdadeira Cruz, valores que deviam compensar a Ordem por tudo quanto havia desembolsado anteriormente.[215]

É possível que esse tenha sido o momento no qual o Sudário passou do depósito imperial bizantino para as mãos do Preceptor Jacopo Barozzi? Parece que essa hipótese deva ser excluída, pois as fontes históricas atuais não a sustentam, embora o trágico evento com o indigno tráfico de relíquias que tomou conta depois da conquista tenha sido a oportunidade graças à qual os Templários puderam ver mais de perto a relíquia e suas impressionantes qualidades. Com base nos testemunhos que chegaram até nós, a mais antiga presença da "Santa Imagem" na Ordem dos Templários foi na Palestina, junto à torre de Saphed, e remonta a várias décadas mais tarde. Em 1266, o sultão Baibars tomou a sede dos Templários e, maravilhado, deparou-se na sala maior, a sala onde era praticado o capítulo geral dos confrades, com um baixo-relevo representando o rosto de um homem que ele, obviamente, não conseguiu identificar.[216]

Aproximadamente nessa mesma época, esses simulacros apareceram nas regiões da França meridional, principalmente na Provença. Por algum motivo particular, ali, o culto se difundiu antes e melhor do que em qualquer outro lugar.[217] Depois, nas décadas seguintes, houve uma espécie de "explosão" das cópias que levou à sua distribuição, durante o último trimestre do século XIII, em praticamente todos os países que hospedavam uma província do Templo.[218]

Em Paris, a presença do "ídolo" é documentada de maneira constante de 1298 até 1307, durante o último capítulo geral que os Templários

---

215. Frale, *La quarta crociata e il ruolo dei Templari*, p. 447-484.

216. Defremery, *Mémoires d'Histoire Orientale*, p. 363-364; Riant, *Études sur les derniers temps*, p. 388-389; Barber, *The Templars and the Turin Shroud*, p. 222.

217. Dentre as mais antigas menções, aparecem em Saint-Gilles de 1266, em Valence de 1268, em Richarenches de 1272, em Albon de 1278, a Avinhão de 1280, e assim por diante; cfr. Frale, *L'interrogatorio ai Templari*, p. 250, 251, 255, etc.

218. Na Alemanha de 1271, sobre os selos dos Preceptores alemães, em Bulst-Thiele, *Sacrae Domus*, p. 272-274; em Portugal de 1274 e em Puglia de 1292. (Frale, *L'interrogatorio ai Templari*, p. 256 e 254).

puderam celebrar, poucos meses antes da detenção. Também em Chipre, o seu aparecimento parece ter sido bem tardio.[219]

A Provença encontrou-se na vanguarda da difusão do culto em relação ao restante da França por causa de sua posição estratégica, visto que Marselha era o principal porto de embarque para o *Além-Mar*. Mas, talvez, houvesse outros motivos, questões ligadas a determinadas pessoas. Uma voz que circulava na Ordem dizia que os atos indignos do ritual praticado ali (*errores*) haviam sido introduzidos no tempo em que Thomas Bérard era Grão-Mestre e Roncelin de Fos era Preceptor da Provença.[220]

Os Mestres dessa província parecem ter um papel privilegiado na difusão do culto. De fato, há 19 depoimentos que ligam o ídolo de maneira continuada aos Preceptores de Provença e aos seus lugar-tenentes[221] da segunda metade do século XIII: Roncelin de Fos,[222] Pons de Brozet,[223] Guy Audémar[224] e Bernard de la Roche.[225]

As fontes atribuem a introdução do culto ao próprio Roncelin de Fos e em uma data particular: em 1266, o ano em que a fortaleza de Saphed conquistada pelo sultão que ali encontrou a curiosa imagem do Vulto esculpida na sala capitular. Não é difícil imaginar que nessa mesma sala estivesse também guardado, anteriormente, outro simulacro desse mesmo rosto, levado, depois, para o Ocidente, quando o forte passou para as mãos islâmicas.

A respeito de Roncelin de Fos, infelizmente, no momento, temos poucas informações. Com base no precioso estudo dedicado por Anna Marie Bulst-Thiele aos Grão-Mestres do Templo, descobrimos que Roncelin de Fos teve na Ordem uma longa carreira a qual coincide com o período em que Thomas Bérard se tornou Grão-Mestre.

---

219. Em Gastina (Frale, *L'interrogatorio ai Templari*, p. 259) e Limassol (Michelet, *Le Procès* II, 290).
220. Michelet, *Le procès*, II, p. 398-400.
221. Ripert du Puy: 1290 e 1291 (Frale, *L'interrogatorio ai Templari*, p. 246 e 249).
222. Em 1266 (*Ibidem*, p. 250) e 1271 (p. 1251); Antes de 1268 (p. 262); sem data (Finke, II, p.324).
223. 1288: Schottmüller, II, p. 29, e Frale, *L'interrogatorio ai Templari*, p. 270; 1289: Finke, II, p. 321; sem data, Finke, II p. 319 e Schottmüller, II, p. 50; 1290 ou 1291: Schottmüller, II, p. 67.
224. 1288 (Schottmüller, II, p. 28); 1298 (Schottmüller, II, p. 70); 1300 ou 1301 (Frale, *L'interrogatorio ai Templari*, p. 245); sem data (Finke, II, p. 323); 1300 (Frale, *L'interrogatorio ai Templari*, p. 253).
225. 1291: Frale, *L'interrogatorio ai Templari*, p. 265; 1305: *ibidem*, p. 247.

Em 1252-1255 e 1262-1266, Roncelin foi Mestre da Inglaterra e Mestre da Provença nos períodos de 1248-1250, 1254-1256 e 1260-1278.[226] É possível que esse homem tivesse no Templo um poder bem superior àquele que lhe garantia o seu cargo. Em um documento de 1252, ele figura, com o seu consanguíneo Geoffroy de Fos, como membro da *companhia privada* do Grão-Mestre Thomas Bérard, ou seja, um homem entre alguns dignitários que o chefe escolhia como colaboradores de maior confiança.[227]

Os companheiros do Grão-Mestre do Templo deviam pertencer à nobreza. Eles o assistiam de perto em todas as situações mais delicadas e nas questões importantes, tal como os empréstimos de dinheiro da Ordem que não podiam ser realizadas pelo Grão-Mestre sem suas aprovações.[228] De maneira geral, a norma mostra essas figuras como estando sempre estreitamente próximas à pessoa do Grão-Mestre, mas tão próximas que em alguns casos era necessário especificar quais tipos de honras e privilégios fossem uma prerrogativa exclusiva que o chefe templário não podia dividir com seus companheiros.[229] O fato de pertencer ao círculo restrito dos companheiros do Grão-Mestre e a indiscutível confiança que essa honra presume deram, seguramente, a Roncelin de Fos a possibilidade de participar das questões mais reservadas. De Fos foi o primeiro, ao que parece, a difundir no Ocidente o culto particular ao Vulto de tipo Sudário.

Como companheiro do Grão-Mestre, ele, certamente, estava a par de muitas informações restritas aos outros confrades. Em seus documentos de acusação, Felipe, o Belo, especificou que o conhecimento do misterioso "ídolo" era um fato muito elitista, acessível apenas ao círculo dos maiores dignitários. Se eliminarmos os "complementos" agregados, necessários para sustentar a acusação, veremos que na base há um fundo de verdade.

De acordo com as fontes, parece que o culto não ultrapassou os limites geográficos da Provença templária, pelo menos durante os primeiros tempos. Em outros lugares, será preciso alcançar o ano 1270 para ter uma esporádica aparição em Paris e o ano 1271 para a representação dos selos dos Preceptores alemães. Porém, na área subordinada a

---

226. Bulst-Thiele, *Sacrae domus*, p. 235, nota 11.
227. Delaville Le Roulx, *Documents concernant les Templiers*, p. 26-30: a fonte faz entender que a relação entre os dois de Fos e o Grão-Mestre era muito estreita *(frere Recelins de Fox, frere Jofroiz de Foz, compagnons dou Maistre)*.
228. Curzon, *La Règle*, § 82.
229. *Ibidem*, §§ 86, 152, 368.

Roncelin de Fos, a presença desses simulacros é documentada de maneira contínua. Os três testemunhos referidos a de Fos cobrem um arco cronológico muito longo e alcançam de maneira verossímil os limites de sua vida. Depois dele, o sucessor Pons de Brozet "herdou" o culto e impôs sua transmissão a alguns confrades, assim como fizeram também os dois últimos Templários que ocuparam esse mandato.

Com respeito à circulação física do simulacro, não há provas que fosse mantido sempre no interior de um lugar preciso. Ao contrário, alguns depoimentos dizem que a sua guarda era confiada a pessoas específicas em vez de estar ligada à própria sede. Uma dessas pessoas que tiveram uma ligação pessoal com o ídolo é justamente o dignitário provençal Pons de Brozet.[230]

Um vestígio importante encontra-se no primeiro testemunho que faz referência à região central do Templo de Paris.[231] Conforme já foi mencionado, o sargento ao qual o "ídolo" foi mostrado ficou surpreso com o fato de não tê-lo mais visto depois de sua cerimônia de admissão, considerando a antiguidade de seu ingresso (1270) e tendo em conta o fato de que a presença do "ídolo" em Paris foi confirmada de maneira contínua somente de 1298 até 1307. Parece que a exposição dependia mais da pessoa que dirigia a cerimônia de admissão do que da própria sede. Talvez fosse principalmente uma questão de confiança, ligada ao caráter moral do homem.

O ídolo era mostrado aos confrades no início de suas vidas no Templo. Nessa cerimônia pela qual os confrades eram admitidos para fazer parte da Ordem era como se o grande chefe da Ordem quisesse tomar imediatamente o novo Templário sob sua total proteção para, em seguida, continuar a protegê-lo mediante a cordinha consagrada por contato.

Amaury de la Roche

O último personagem que nos resulta tivera uma ligação particular com o "ídolo" é um homem de primeira importância no Templo durante a metade do século XIII. Por certos aspectos, pelo menos no plano internacional, é possível que ele fosse mais influente do que até o próprio Grão-Mestre.

Amaury de la Roche pertencia a uma família importante da nobreza francesa, que já havia proporcionado ao Templo um Preceptor da França

---

230. Finke, II, p. 319.
231. Michelet, *Le Procès*, II, 191.

durante a primeira metade do século XIII.[232] De uma geração mais anciã, com respeito aos dignitários Templários processados por Felipe, o Belo, em 1261, ele havia alcançado na Ordem um papel de grande prestígio: Comendador do Além-Mar, ou seja, comandante de todo o setor oriental. Era o terceiro grau hierárquico do Templo, em virtude do qual ele rubricava todos os documentos emitidos pelo Grão-Mestre. No ano seguinte, ele ainda estava no cargo, mas havia lhe sido agregada uma função mais delicada e importante. Tal como Roncelin de Fos, exatamente dez anos antes, em um documento de 1262, Amaury de la Roche aparece como *compaignon* (companheiro) do Mestre Thomas Bérard.[233]

Em 1264, o Grão-Mestre chamou-o de volta para a França declarando explicitamente que a situação no Ocidente precisava de sua presença. No ano seguinte, o rei francês envolveu-se em uma pequena guerra diplomática porque julgava Amaury um homem muito precioso e não queria perder a ocasião de tê-lo como aliado. Por concessão dos papas, a Ordem do Templo sempre gozara da liberdade de escolher os próprios dirigentes por meio de votações autônomas, sem influências externas de nenhum tipo. Os estatutos templários contemplavam uma única exceção, ou seja, o caso em que um pontífice, por motivos de superior necessidade, interferisse, fazer pesar o seu desejo. Luís IX usou essa exceção e insistiu muito junto ao papa Urbano IV para que favorecesse a candidatura de Amaury de la Roche para Preceptor da França, um papel no qual ele estaria colaborando com a coroa em muitos e diversos aspectos. O papa teve dificuldade para impor a sua ingerência na assembleia do Templo que não julgava justa essa intromissão do rei da França. Mas o rei não cedia e continuava insistindo, exaltando a pessoa de Amaury e destacando como esse homem estava a ele ligado por uma amizade de velha data. O papa não queria contrariar um homem como Luís IX: um rei justo, esposo fiel, devoto exemplar, certamente não era fácil negar o seu pedido e, além disso, em virtude de sua sabedoria, era de imaginar que a escolha de Amaury seria um passo muito oportuno.

Afinal, Urbano IV teve a ideia de pedir ajuda ao patriarca de Jerusalém, uma autoridade religiosa e moral à qual muitos Templários estavam bastante ligados. O Grão-Mestre Thomas Bérard provavelmente não queria se privar desse homem por sua necessidade no Oriente. Mas,

---

232. Olivier de la Roche (1226-1227): Arquivos Nacionais, Paris, Layettes du Trésor de Chartres, II, p. 117, n. 1914, citado em Trudon des Ormes, *Liste des maisons*, p. 57, Agradeço a Luigi Boneschi pelas indicações e os materiais que me forneceu sobre esse dignitário.

233. Platelle, *Luigi IX*, col. 320-338; Curzon, *La Règle*, §§ 77-119; Bulst-Thiele, *Sacrae domus*, p. 245, ata de 31 de maio de 1261; Delaville Le Roulx, *Documents concernant les Templiers*, p. 34.

na prática, os poderes máximos da sociedade cristã da época uniram-se para que Amaury de la Roche se tornasse Preceptor da França e, finalmente, ele teve de ceder.

Mais tarde, a situação reapresentou-se. O sucessor do papa Urbano, Clemente IV, por duas vezes pressionou o Grão-Mestre para que pusesse Amaury à disposição de Carlos de Anjou, confiando-lhe a administração das casas templárias do reino de Nápoles.[234]

Embora suas funções específicas, a partir de então, fossem concentradas em território ocidental, Amaury de la Roche teve no Templo um papel de maneira verossímil muito além de seu mero título graças à confiabilidade de Luís IX. As fontes indicam que ele se ocupou pessoalmente das questões orientais, principalmente da nova cruzada que obcecava os pensamentos do rei. Em 1267, o patriarca de Jerusalém a ele se dirigiu, e não ao Grão-Mestre, para lamentar as dificuldades pelas quais passavam os cristãos da Palestina, pressionados que estavam pelo sultão do Egito, e pedindo que ele intercedesse junto ao papa, ao rei Luís IX e a Carlos d'Anjou, visando obter uma pronta intervenção.[235]

Amaury acompanhou o soberano francês na oitava cruzada e participou do assédio a Túnis.[236] É verossímil que a morte do rei em 1270 interrompesse a sua ascensão no Templo, porém, na recepção por ele oficializada em 1287, ele ainda era Mestre da França.[237] A vida desse homem intercala-se em vários pontos com a história do Sudário, tal como foi reconstruída até agora. Ele tinha a confiança completa de Luís IX, que colocou a campo uma verdadeira e própria política de rastreamento para levar para a França as maiores relíquias de Cristo, que haviam ficado em Constantinopla, e mandou construir para elas um relicário de enorme valor, a esplêndida joia que é a Sainte-Chapelle de Paris: a Verdadeira Cruz, a Lança, a Esponja usada para dar de beber a Jesus crucificado, bem como outros objetos de valor inestimável foram solenemente transferidos para a França, um acontecimento para o qual se providenciaram todos os documentos legais pertinentes.[238]

Em razão das suas funções, sem dúvida, Amaury forneceu a Luís IX assistência em alguns momentos cruciais, supervisionou o reconhe-

---

234. Guiraud, *Régistres d'Urbain IV*, t. II, nn. 760, 761, 773; *Registres de Clément IV*, nn. 855, 1253, 1263; Runciman, *Storia delle crciate*, II, p. 902-933.

235. Servois, *Emprunts de Saint Louis*, p. 290-293.

236. Duchesne, *Historiae Francorum scriptores coaetanei*, V, p. 390-391.

237. Michelet, *Le Procès*, II, p. 401.

238. Riant, *Exuviae*, p. 22-23, 52.

cimento para ter certeza que fossem despachadas as relíquias autênticas e, depois, organizou as medidas de segurança durante o transporte.

As únicas fontes do processo contra os Templários não nos permitem remontar com precisão aos pais desse importante dignitário Templário e devemos contentar-nos em saber que ele pertencia à linhagem dos La Roche, uma família nobre que havia participado da quarta cruzada, fundando um seu feudo perto de Atenas. Foi justamente perto de Atenas, segundo um documento datado de 1205 que chegou até nós graças a uma cópia feita pelo arcebispo de Montreal, monsenhor Benedetto d'Acquisto, no qual constava que o nobre Othon de la Roche decidira guardar o objeto mais precioso conseguido no saque de Constantinopla, ou seja, o Sudário de Jesus Cristo. O documento é uma carta dirigida ao papa Inocêncio III, redigida por Teodoro Angelo, irmão de Miguel, o déspota de Epiro, membro da família imperial bizantina, em exílio, que pedia ao papa pelo menos a devolução dos objetos mais sagrados.[239]

A forma diplomática da carta parece ser genuína, tradução em latim de um original escrito em grego. A chancelaria imperial bizantina produzia documentos escritos em grego, mas eram acompanhados por uma tradução em latim e, provavelmente, o desconhecido autor copiou apenas essa última parte. Até hoje não foram encontrados peritos que duvidassem da autenticidade. De fato, a carta parece estar conforme a outros documentos bizantinos da época, pelo menos a julgar por algumas de suas expressões como, por exemplo, o fato de chamar o pontífice romano de "papa da antiga Roma" ou a estrutura do cabeçalho chamado pelos especialistas de *illi-ille*.[240]

A esse propósito, eu gostaria de citar um fato interessante que poderia estar ligado à presença do Sudário na zona de Atenas. No apurado repertório elaborado por Raymond Janin sobre as igrejas do império de Constantinopla, resulta que perto de Dafne, no antigo caminho sagrado que, antigamente, guiava os peregrinos em visita ao famoso templo do deus Apolo, existia uma abadia dedicada à Mãe de Deus. Em uma carta de 1209, o papa Inocêncio III chama curiosamente essa igreja das Blaquernas, ou seja, com o mesmo e exato nome da famosa Basílica de Constantinopla onde o cruzado Robert de Clari viu exposto o Sudário antes do saque.

---

239. Rinaldi, *Un documento*, p. 109-113.
240. Pieralli, *La corrispondenza diplomatica*, p. ex., p. 41, 43, 45-46. É preciso lembrar que esta é uma carta particular e, portanto, muito mais livre nas formas do que um documento emitido pela Chancelaria Imperial.

Nessa abadia, estabeleceram-se monges cistercienses procedentes do centro francês de Bellevaux, que era ligado à família La Roche; e Janin, que havia analisado em detalhe a história de muitíssimas funções religiosas bizantinas, não conseguia explicar de onde procedia essa nova denominação *das Blaquernas*, que nada tinha a ver com a história desse monastério e que surgia repentinamente logo após o grande saque de Bizâncio.[241] Não seria nenhuma surpresa se a igreja de Dafne fosse assim rebatizada em virtude do raro objeto que veio a hospedar e que, de certa forma, a tornava uma nova basílica das Blaquernas.

O último duque La Roche de Atenas, que também se chamava Othon, morreu em 5 de outubro de 1308 sem herdeiros e foi sepultado no monastério de Dafne. Muito provavelmente, havia muito tempo que o Sudário deixara de ser propriedade de sua família.[242]

Em 1261, o império latino de Constantinopla teve um fim, os imperadores gregos reconquistaram o trono e os bens dos feudos tiveram, necessariamente, de sofrer uma reorganização. Nesses anos, precisamente de 1260 a 1265, Amaury era o comandante do Templo de todo o Oriente e, portanto, tinha grandes poderes militar, político e econômico.

O IV Concílio do Laterão havia proibido, sob pena de excomunhão, o comércio das relíquias e, portanto, o Sudário não poderia ser vendido. Depois do saque de Constantinopla, haviam sido despachados para a Europa vários e preciosos relicários contendo minúsculos fragmentos do Sudário de Cristo e o rei Luís IX da França também havia procurado um para o seu tesouro da Sainte-Chapelle. Mesmo sendo apenas fragmentos, tratava-se de objetos que atraíam intensamente a devoção e a curiosidade das pessoas.

Podemos muito bem imaginar o que teria acontecido se fosse divulgada a existência da tela por inteiro, uma das mais famosas e celebradas relíquias de toda a civilização cristã. Para evitar a excomunhão, era preciso contornar o obstáculo recorrendo a uma cessão espontânea ou uma compra fictícia. De qualquer forma era necessário que a transferência de propriedade ocorresse da maneira mais discreta possível.[243]

Não seria nada estranho se a Ordem do Templo, ávida por relíquias de Cristo, como tantos outros, sabendo das dificuldades financeiras da família La Roche, tivesse oferecido uma soma fabulosa em penhor do Sudário. Um valor que essa família nunca teria condições de devolver.

---

241. Janin, *Les Églises*, p. 310-311; Fedalto, *La Chiesa latina in Oriente*, I, p. 299.
242. Rodd, *The Princes of Achaia*, II, p. 119.
243. Riant, *Exuviae*, p. 7.

Os Templários nunca expuseram o Sudário aos fiéis a fim de obter doações, como também não o usaram para conseguir indulgências, e o esconderam até da maioria dos próprios confrades.

Mas então por que quiseram possuir esse estranho objeto?

Um novo Sepulcro

Conforme já expliquei antes, o quadro das informações que temos nos induz a acreditar que os Templários possam ter dado à sua cordinha um novo sentido espiritual quando a Ordem entrou em contato com o Sudário e descobriu suas singulares propriedades, especialmente o "cinto de sangue". As cordinhas que todos os membros da Ordem portavam no corpo, convertidas antigamente em objetos sagrados por meio do contato com a pedra do Santo Sepulcro, passaram a ser consagradas pelo contato com o Sudário depois que Jerusalém foi conquistada pelos muçulmanos.

De certa forma, o Sudário vinha a ser um "novo Sepulcro". Porém, com respeito à tumba da magnífica basílica de Anastasis, ele possuía um maior poder de sugestão. Um poder que pareceu de vital importância para os Templários em uma conjuntura histórica realmente difícil.

Entre 1198 e 1202, quando os barões franceses estavam organizando os preparativos para a nova cruzada, Inocêncio III planejou uma ampla manobra de reforma a fim de levantar novamente os recursos do Templo e do Hospital. Depois da dramática derrota de Hattin por obra de Saladino, as duas ordens militares estavam de joelhos tanto pela perda dos combatentes quanto pela perda dos bens, como também pelos danos causados à imagem da Ordem diante da sociedade ocidental que os considerava o baluarte do Cristianismo na Terra Santa. O objetivo do pontífice era tornar mais simples o ingresso nas duas ordens e atrair um grande número de cavaleiros laicos para, assim, preencher as fileiras do Templo e do Hospital.

O primeiro passo foi ampliar certos privilégios que, na realidade, já haviam sido concedidos por Inocêncio II em 1139, especialmente o de acolher nos cemitérios das igrejas templárias as pessoas que pedissem para ser ali sepultadas. Em seguida, foi pronunciada a possibilidade de também acolher no Templo os excomungados, uma providência muito audaciosa que conflitava completamente com as vontades expressas, em sua época, por São Bernardo de Chiaravalle. Bernardo havia lutado por muito tempo contra a difusão da heresia cátara no sul, e a sua pregação resultara em muitas conversões que, todavia, não duraram muito tempo. Trabalhando para estilizar o texto da regra templária, o abade de Chiaravalle foi severíssimo: o ingresso no Templo era taxativamente proibido aos excomungados, e os Templários não tinham o direito de aceitar as esmolas dessas pessoas que haviam sido expulsas da Comunhão católica.[244]

Em 1206, a norma foi revogada e o Templo abriu-se também para esses cavaleiros que formavam uma espécie de reserva de energias não exploráveis por terem sido expulsos da sociedade cristã. Inocêncio III havia julgado que a emergência do momento bem valia uma revogação semelhante com respeito aos preceitos de São Bernardo e que, no fundo, fosse possível seguir o mesmo raciocínio empregado, em sua época, pelo papa Urbano II, quando, em 1095, ele havia banido a primeira cruzada. Em muitos países da Europa esses cavaleiros excomungados viviam à margem da sociedade, ganhavam para sobreviver alistando-se como mercenários para algum senhor poderoso que os contratava para algum conflito com inimigos, ou então se tornavam verdadeiros bandidos que causavam sanguinários danos e prejuízos aos agricultores e às igrejas.

Conceder a absolvição caso se tornassem frades Templários ou Hospitalários significava dar-lhes uma segunda oportunidade e teriam condição de salvar a própria alma servindo a Deus e proteger Jerusalém. Além disso, eles seriam um recurso válido para o exército cristão. O episódio é um típico exemplo de uma reforma feita com a melhor das intenções que, porém, acabou provocando um grave dano.

Inocêncio III tinha todo o direito de modificar a norma dos Templários, pois era um preceito constante dos próprios estatutos que declaravam o papa dono e senhor da Ordem depois de Jesus Cristo.[245] Na realidade, os pontífices nunca se intrometeram nas coisas da Ordem e, talvez, a ingerência lembrada há pouco para obter a nomeação de Amaury de la Roche como Preceptor da França tenha sido o único caso conhecido. Por outro lado, a julgar pelo tom da carta papal, parece que haviam sido os próprios Templários que sugeriram essa reforma. O passo foi completado quando foi redigida outra carta apostólica declarando que os privilégios concedidos aos cavaleiros dispostos a se tornarem Templários seriam, por reflexo, transferidos a toda a família. Em 1213, Inocêncio III acabou lamentando a forma generosa pela qual as vontades do papa haviam sido interpretadas; entretanto, o fato está

---

244. Curzon, *La Règle*, § 13.
245. *Ibidem*, § 475.

que a sua carta, da forma como fora formulada, prestava-se a esse tipo de interpretação.²⁴⁶

Dentro de certos limites, o Templo havia se tornado uma espécie de porto livre, um caminho privilegiado para a redenção, útil também para colocar-se ao abrigo das perseguições. Considerando quanto era difundida a heresia cátara no sul da França e em razão do clima que veio a ser criado nos anos da cruzada contra os albigenses, é óbvio que muitas famílias ligadas às igrejas cátaras aproveitaram imediatamente a ocasião dessa anistia a fim de não apenas se colocar ao abrigo da Inquisição, mas também dos homens do norte que se aproveitavam do conflito teológico para golpeá-los politicamente. Muitas passagens de fontes antigas mostram que a atmosfera se tornara insalubre para a vida, chegando até a situações paradoxais. A título de exemplo, as pessoas deixaram de invocar o Espírito Santo porque era de conhecimento geral que os cátaros reconheciam apenas um tipo de sacramento, a transmissão do Espírito Santo que ocorria com a imposição das mãos sobre a cabeça do devoto.

Nos Evangelhos, Jesus havia destacado muitas vezes o poder e a sacralidade do Espírito Santo aos cristãos, mas preferia-se nem sequer nomeá-lo, quase como se não existisse. Até mesmo nos momentos mais íntimos havia sempre alguém que ficava ouvindo, espionando, para, depois, denunciar. A mulher de um cavaleiro de Cestayrols, perto de Albi, foi declarada suspeita por ter exclamado durante o trabalho de parto da filha "Santo Espírito de Deus, ajude-me!".

Em 1254, um habitante de Montgey, em Tarn, gravemente doente, invocava o Espírito Santo implorando a sua cura, mas seu irmão fez com que se calasse por ter medo que atraísse a atenção dos inquisidores.²⁴⁷

Atualmente, não temos condições de calcular estimativas precisas, mas é muito provável que alguns filhos de famílias aristocráticas próximas aos cátaros tornaram-se Templários e, assim, estenderam sobre si mesmos e sobre os familiares o manto da proteção apostólica e, talvez, nem todos esses homens haviam mudado realmente suas ideias religiosas, visto que entraram no Templo por uma questão de sobrevivência. É possível que as atitudes ou os discursos pouco ortodoxos de algum dignitário Templário possam ter provocado um escândalo entre os laicos e cada caso agravando cada vez mais a imagem da Ordem, que já era lesada pela inveja que muitos nutriam por causa de seus muitos privilégios.

---

246. Frale, *La quarta crociata e il ruolo dei Templari*, p. 454-466.
247. P. ex. Mt, 12, 28; Mc, 3, 29, etc.; Dossat, *Les cathares d'après l'Inquisition*, p. 81-82.

Entre os documentos com os quais Felipe, o Belo, motivou a detenção dos Templários da França estava inserida a acusação de que os padres da Ordem não consagravam a hóstia durante a missa. Essa acusação não tem sentido se for formulada de maneira geral, pois muitas pessoas simples iam à missa nas igrejas do Templo, e uma estranheza semelhante no modo de celebrar a liturgia não teria passado despercebida. Mas é possível que os espiões contratados por Nogaret tivessem colhido materiais esporádicos encontrados quem sabe onde, frases isoladas e bem raras que, eventualmente, poderiam parecer um verdadeiro maná para fins de acusação.

Os cátaros realmente não celebravam a Eucaristia porque, segundo sua doutrina, o corpo de Cristo não era importante, pois ele era apenas um invólucro vazio, nem tampouco existira um verdadeiro sacrifício de Cristo que justificasse essa renovação ou essa lembrança por meio da celebração desse sacramento.

Cristo, o mensageiro celeste de Deus, segundo os cátaros, não poderia absolutamente morrer porque sua natureza não era composta da vil, inútil escória mortal que forma os homens. No caso de Jesus homem, a morte colheu apenas o invólucro físico no qual Cristo havia se instalado, físico esse que para os cátaros não tinha qualquer importância. De fato, durante o processo foram colhidos alguns testemunhos que podiam seguir esse pensamento. Por exemplo, durante uma cerimônia de admissão, um Preceptor disse ao novo Templário que Deus nunca morrera. Provavelmente sejam essas frases durante uma conversa qualquer que induziram um orientalista como Hammer-Purgstall a escrever livros como *Il Bafometto Rivelato* (O Bafomé Revelado). Lendo as poucas fontes do processo então disponíveis, ele havia intuído essas conexões entre as acusações movidas contra os Templários e aquelas proclamadas contra os cátaros. A moda cultural de sua época, a deformante pressão dos interesses de Metternich como também o método de pesquisa muito aleatório instigaram-no a trabalhar com a fantasia. E, assim, ele imaginou que toda a Ordem do Templo havia dado as costas ao Catolicismo, fazendo reviver, em segredo, obscuros rituais de antiquíssima origem.

Hoje a visão global de todas as fontes do processo nos permite saber que foi apenas um fenômeno muito reduzido e limitado à área do sul da França, onde a repressão contra a heresia foi mais intensa e, sobretudo, com finalidade política. Os Templários da Itália, da Espanha, da Alemanha, da Escócia e da Inglaterra, dos países eslavos, da Síria--Palestina e da Armênia, até onde sabemos, ficaram imunes. No sul da

França, ao contrário, houve uma momentânea e limitadíssima difusão de ideias heterodoxas sobre Cristo, ligada a esse preciso período histórico e à anistia promovida por Inocêncio III, um fenômeno de proporções insignificantes, uma minúscula centelha que, porém, no futuro seria servida a Guillaume de Nogaret para iniciar um incêndio.

Tomé e a ferida

Curiosamente, a área onde houve a máxima contaminação herética também é aquela em que o culto do Sudário de Cristo estava mais arraigado no Templo. Se os Templários tiveram a possibilidade de guardar o precioso objeto, é claro que quiseram mantê-lo pelos mesmos motivos que instigaram Constantino VII a torná-lo a relíquia mais venerada de Constantinopla. Era uma arma de poder mortal contra a difusão das ideias heréticas, um antídoto de maior duração e mais eficaz do que os sermões dos pregadores e até das fogueiras da Inquisição.

Para o homem da Idade Média, frequentemente analfabeto, mas dono de uma intuição que hoje não entendemos plenamente, não havia dissertações cultas que se mantivessem. Os cátaros diziam que Cristo não possuía um corpo humano verdadeiro nem tampouco sangue humano. Uma vez aberta a tela do Sudário, era possível ver a impressão do corpo martirizado pela Paixão, da maneira exata descrita pelos Evangelhos. E, sobretudo, o sangue estava presente em grande quantidade e espalhado em toda a tela. Perto da ferida do costado, o fluxo era de uma grandeza impressionante e a mente logo voava para os Evangelhos. Na Última Ceia, Jesus dissera: "Este é o meu sangue para a nova aliança, derramado para muitos em remissão dos pecados".[248]

O sangue derramado ali estava ainda, diante de todos, infiltrado no linho do Sudário. Era possível vê-lo, tocá-lo e beijá-lo. Era o melhor remédio contra todas as heresias. Dois séculos mais tarde, Martinho Lutero teria escrito: "A cruz somente é a nossa teologia". É uma frase longínqua no tempo, mas encarna perfeitamente o que o Sudário representava para os Templários. Um depoimento apresentado diante do papa, no processo de Poitiers, parece mostrar propriamente essa dinâmica: frade Pons de Brozet, Preceptor da Provença, em 1288, recebe no Templo um jovem recruta e depois da liturgia de rito na cerimônia de aceitação lhe mostra antes o vulto que está sobre o altar e depois uma cruz. Então o Preceptor lhe diz que não deve acreditar na cruz,

---
248. Mt. 26, 27-28.

mas nesse Vulto, porque Deus nunca morrera. E, em seguida, faz com que ele adore e beije o Vulto "tal como se beijam as relíquias". Pons de Brozet é um dos dignitários que pessoalmente guardou o Sudário. Se a cena for imaginada visualizando o Sudário dobrado no relicário que deixava entrever somente o rosto, então tudo adquire um sentido pleno. A imagem milagrosa que documenta como Jesus não ficou no sepulcro por mais de três dias, a imagem que porta impresso o sinal de Jonas, mostra a Ressurreição.

Os hereges pregavam que o homem Jesus estava morto, que esse era o fim natural do homem e que a carne não podia ressurgir. Mas o Templário não deve dar ouvido a essas falsas doutrinas alternativas, não deve acreditar absolutamente que tudo acabou com a crucificação. A cruz foi tão somente o início. O ídolo, a misteriosa imagem que porta os sinais da Ressurreição, é a própria prova.[249]

Há outro fato importante a ser observado: os traços de sangue no Sudário correspondem a derramamentos intensos, muitos dos quais (especialmente os do rosto, das feridas causadas pelos pregos e do costado) derivam da ruptura de veias e são quanto resta de um fluxo muito abundante. Hoje, porém, não existem mais os grossos coágulos que, anteriormente, estavam presos ao linho como se o tecido, por conta de eventos desconhecidos, tivesse perdido a maior parte desse sangue coagulado e seco que originalmente formava acúmulos em relevo sobre a tela, semelhantes a grossas crostas em tantas feridas.

Em Constantinopla, espalhados entre as mais de mil igrejas da capital, existiam muitos relicários que, diziam, continham uma parte do Santo Sangue de Jesus, e muitos desses relicários foram levados para a Europa pelos cruzados depois do saque de 1204. Esse grande movimento das relíquias do Sangue, que muito atiçava a fantasia do homem medieval por estar ligado ao mistério da Eucaristia, poderia ter influenciado a transformação das lendas sobre o Santo Graal, o qual, nas versões mais antigas, era apenas uma admirável bacia descrita em certas sagas celtas; mas, justo nos anos seguintes à quarta cruzada, começa a ser celebrado como a Taça da Última Ceia ou o cálice no qual José de Arimatea teria recolhido o fluxo de sangue derramado do costado de Jesus crucificado.[250] De qualquer forma, esses relicários do Sangue eram pequenas ampolas de cristal ou de cristal de rocha que continham minúsculas quantidades de sangue seco. Em virtude da sua origem

---

249. Arquivo Secreto Vaticano, Reg. Aven. 48, f. 441r; Schottmüller, II, p. 29.
250. Sobre a evolução da lenda, cfr. Scavone, *British King Lucius*, p. 101-142; Loomis, *The Grail*, p. 165-248.

bizantina, tudo faz pensar que esse sangue seco tivesse sido raspado dos próprios acúmulos anteriormente existentes sobre o Sudário. Nesse sentido, essas relíquias eram verdadeiras, ou seja, continham o sangue recolhido de um objeto considerado como sendo o autêntico Sudário de Cristo, e eram certificadas pela autoridade do imperador de Constantinopla. Se isso for verdade, não é surpresa o fato de as pessoas estarem dispostas a pagar fortunas para tê-las.[251]

Se a Ordem do Templo sofria de certa contaminação herética, não é estranho o fato que pensasse em procurar um remédio poderoso para combater a sua guerra por meios privados, discretos, invisíveis. Os outros dignitários da Ordem desempenhavam delicados papéis diplomáticos para os imperadores bizantinos e conheciam bem o palácio de Constantinopla com sua sala das maravilhas.

Preocupada com a expansão do pensamento cátaro que havia invadido grande parte da sociedade cristã e da Igreja Católica, a Ordem do Templo pensou curar a incredulidade de certos seus expoentes da mesma maneira, simples e eficaz, pela qual, em sua época, foi vencida a de São Tomé. O apóstolo havia declarado que não teria acreditado em Jesus ressuscitado se antes não visse e tocasse a ferida em seu costado. Assim também os Templários que caíram na dúvida seriam salvos pelo fato de poder ver com os próprios olhos os sinais da humanidade de Cristo impressos na estupenda relíquia. Ver e tocar! Como já foi mencionado, os Templários conheciam as fontes históricas e costumavam venerar o Sudário com uma liturgia que previa o beijo sobre as feridas dos pés.[252]

À luz dessas reflexões, não mais parece estranho se os inquisidores que dirigiram o inquérito do Languedoc calcaram a mão tão pesadamente sobre questões de heresia e de bruxaria, de maneira tão exagerada e abusiva. É possível que nesses territórios, no passado, tivesse ocorrido algum escândalo, rumores ou até mesmo modos de agir pouco ortodoxos a ponto de difundir a sombra da suspeita. Talvez apenas um caso ou dois. Mas, mesmo assim, um caso ou dois, nesses lugares, seriam mais do que suficientes.

Um fato curioso é que muitos fiéis modernos tendem a ver o Sudário de Turim como a prova de que Jesus realmente ressuscitou. Por outro lado, os Templários o guardavam, como tudo leva a acreditar, por estarem à procura de uma verdade completamente diferente. Sobre o fato de que Jesus havia ressuscitado, eles não tinham dúvidas. Para

---

251. Riant, *Exuviae*, p. ex, p. X, 48, 61, 96, 107, 113, 124, 149, etc.
252. Paris, Arquivos Nacionais, J 413 nº 25, páginas não numeradas (f. 9); Finke, II, p. 323-324.

eles servia ver que Cristo estava realmente morto. A opção dos chefes Templários em manter em segredo a existência e o culto ao Sudário na Ordem, com o tempo, revelou ter sido um erro dramático. Sobre ser justo ou não escrever a história em retrospecto e lançar-se em conjecturas sobre o que poderia ter sido, existem fatos absolutamente evidentes. A identidade do Sudário e o seu carisma tinham condições perfeitas de proteger a Ordem do Templo de qualquer tentativa de acusação por atos contra a religião. Se o mundo tivesse conhecido com certeza o que era realmente o misterioso ídolo dos Templários, se todos pudessem vê-lo e verificar de que forma os chefes do Templo o veneravam, a lenda de Bafomé nunca teria nascido e todas as acusações lançadas por Felipe, o Belo, teriam sido reduzidas a um punhado de comentários maldosos de cortesãos.

Para o momento, as fontes em nosso poder não nos permitem entender quando precisamente o Sudário entrou no Templo e dele saiu para passar às mãos de outros guardiões. A única coisa que sabemos é que esse objeto permaneceu dentro da Ordem durante certo tempo e deixou vestígios indeléveis em sua espiritualidade. Alguns autores, como Dubarle, Zaccone, Raffard de Brienne e Alessandro Piana, acreditam que a tela, depois do saque de Constantinopla, passou diretamente para as mãos da família La Roche, e eu também concordo com essa ideia baseada nas fontes históricas disponíveis.

O historiador Willi Müller pensa, ao contrário, que, por certo tempo, o Sudário foi guardado na Alemanha e teve contato com a figura do imperador Frederico II. A seu favor, é preciso dizer que o vulto do Sudário deixou vestígios muito claros na tradição templária alemã que o representou no verso dos selos dos Preceptores alemães. Todas essas reconstruções não estão em contradição, mas são apenas etapas diferentes de uma longa viagem da qual, no fundo, ainda sabemos muito pouco.[253]

De fato, a história do Sudário permanece aberta às hipóteses até à metade do século XIV, quando esse relatório se torna objeto de tantos escritos a ponto de não deixar mais espaço a sérias dúvidas. Para os séculos precedentes, a reconstrução de Ian Wilson é, sem dúvida, a que mostra o maior grau de probabilidades e verossimilhança. De qualquer forma, fosse ou não a mesma coisa do celebérrimo *mandylion*, a presença do Sudário na coleção imperial de Constantinopla é documentada por várias fontes.

---

253. Raffard de Brienne, *Les duc d'Athènes e le Linceul*, p. 171-176; Dubarle, *Le Linceul de Turín*, p. 173-176; Zaccone, *Le manuscrit 826*, p. 214-216. Müller, *Festliche Begegnungen*, I, p. 2-241.

Em 1200/1201, a cidade estava um caos por causa do golpe de Estado que havia deposto o imperador Isaac II Ângelo. Um motim agitou o palácio imperial e o guardião encarregado das relíquias, o historiador Nicola Mesarites, foi obrigado a enfrentar a multidão de revoltosos, tentando impedi-los de profanar a capela de Pharos. Ele conseguiu acalmar os ânimos dos soldados fazendo apelo à suma sacralidade do local. Os objetos ali dentro reunidos formavam uma nova Jerusalém, alguma coisa que mantinha a Terra em contato com os Céus e devia ficar afastada de qualquer manobra política.

Nicola descreve o Sudário de maneira inequívoca como um lençol fúnebre no qual a imagem de Jesus se destacava como uma silhueta sem contornos: "Ele é feito de linho, material humilde e simples, ainda emanando aroma de mirra. Ele não pode perecer porque cobriu o corpo morto, de contornos indefinidos, nu e espargido com mirra depois da Paixão".[254]

O fato de o linho ainda manter, no século XIII, os aromas funerários pode surpreender até certo ponto. No século XVI, alguns escavadores trouxeram à luz do subsolo de Roma algumas tumbas da era imperial com mais de mil anos e encontraram vários cadáveres mumificados. Em seus relatórios, eles reportaram que os aromas funerários eram nitidamente percebidos.[255]

Essa foi a última descrição do Sudário na capela imperial de Bizâncio.

---

254. Nikolaos Mesarites, *Die Palast-revolution*, p. 30, cit. em Wilson, *Holy Faces*, p. 154-155, nota 30.
255. Chioffi, *Mummificazione e imbalsamazione*, p. 63.

Fontes e Bibliografia

Acta Polycarpi, em *Patrologia Graeca* 5, col. 1029-1046, na col. 1043.

Adler, A., *Updating Recent Studies on the Shroud of Turin,* em "Archaelogical Chemistry" 625 (1996), p. 223-228.

_____ *Concerning the Side Strip of the Shroud of Turin,* em *AXEIPOIIOIHTOΣ,* p. 103-111.

_____ *Aspetti chimico-fisici delle immagini della Sindone,* em *Sindone Cento anni di ricerca,* p. 165-184.

Aguirre Monasterio, R. e Rodríguez Carmona, A., *Vangeli sinottici e Atti degli Apostoli,* ed. It. a/c de A. Zani, Brescia (*Introduzione allo studio della Bibbia*), (6) 1995.

Albright, W. F., *L'archéologie de la Palestine,* Paris 1956.

Alonso, M., *Approches et méthodologies de décryptage du Suaire,* em *Nouveaux Regards,* p. 23-33.

Amarelli, F.; Lucrezi, F., *Il processo contro Gesù,* Napoli (*Quaestiones,* 2) 1999.

Anne Comnène, *Alexiade (Règne de l'empereur Alexis I Comnène. 1081-1118),* ed. B. Leib, 2 vol., Paris (*Collection Byzantine*) 1937-1945.

Anselme de la Vierge Marie, *Histoire généalogique e chronologique de la Maison Royale de France, des Pairs, Grands Officiers de la Couronne et Royaume,* IX vol., Paris 1726-1733.

Apocrifi dell'Antico testamento, a/c de, Sacchi com a colaboração de F. Franco, L. Fusella, A. Loprieno, F. Pennacchietti e L. Rosso Ubigli, Turim 1981.

Apogeo del papato ed espansione della cristianità (1054-1274), em *Storia del cristianesimo. Religione, politica, cultura,* vol. V, a/c de A. Vauchez, Roma 1997.

L'arte paleocristiana. Visione e spazio dalle origini a Bisanzio, a/c de M.A. Crippa e M. Zibawi, Milão 1998.

Aubert, R., *Jérusalem,* em *Dictionnaire d'Histoire et de Géographie Ecclésiastique,* vol. XXVII, Paris 1999, col. 1074-1090.

Auzépy, M. F., *L'iconodulie: defense de l'image ou de la dévotion a l'image?,* em *Nicée II,* p. 157-165.

ΑΧΕΙΡΟΠΟΙΗΤΟΣ, *Acheiropoietos. "Non fait de main d'homme",* Atas do III Simpósio Científico Internacional do CIELT, Nice, 12-13 de maio de 1997, Paris 1998.

Bacci, M., *Relics of the Pharos Chapel: A View from the Latin West,* em *Eastern Christian Relics,* p. 234-246.

Bacher, W., *Hillel,* em *The Jewish Encyclopaedia,* vol. VI, p. 397-400.

Bagatti, B., *Palestina,* em *Enciclopedia Cattolica,* vol. IX, col. 611-626.
_____ *Alle origini della Chiesa.* I: *La comunità giudaico-cristiana,* Cidade do Vaticano, 1981

Bagatti, B. e Testa, E., *Il Golgota e la Croce. Ricerche storico-archeologiche,* Jerusalém 1978.

Baima Bollone, P., *La presenza della mirra, dell'aloe e del sangue sulla sindone,* em *La sindone: Scienza e Fede,* p. 169-174.
_____ *Ulteriori ricerche sul gruppo delle tracce di sangue umano sulla Sindone,* em *Sindon,* 33 (dez. 1984), p. 9-13.
_____ *Sindone o no,* Turim 1990.
_____ *Gli ultimi giorni di Gesù,* Milão 1999.
_____ *Sindone e scienza all'inizio del terzo millennio,* Turim 2000.

Baima Ballone, P. e Copphini, L., *Rilievi anatotomici per la vantuzione delle lesioni da corona di spire,* in *La sindone. Scienza r fede,* p.179-193.

Baima Bollone, P.; Gaglio, A., *Applicazioni di tecniche immuno-enzimatiche ai prelievi della Sindone: la dimostrazione di elementi epidermici,* em *La Sindone, nuovi studi e ricerche.* Atas do III Congresso Nacional de Estudos sobre o Sudário, Trani 1984, Cinisello Balsamo 1986, p. 169-174.

Baima Bollone, P.; Jorio, M. e Massaro, A.L., *La dimostrazione della presenza di sangue umano sulla Sindone*, em Sindon XXIII (1981), 30, 5.

_____ *La determinazione del gruppo di sangue identificato sulla sindone*, em *La sindone. Scienzia e Fede*, p. 175-178.

Balossino, N., *L'immagine della Sindone*, Turim 1997.

_____ *Vent'anni di elaborazione dell'Immagine della Sindone mediante computer*, em ΑΧΕΙΡΟΠΟΙΗΤΟΣ, p. 225-230.

Balzaño, A., *Il cristianesimo nelle leggi di Roma imperiale*, Milão 1996.

Bafomética. Quelques aperçus sur l'ésotérisme du Graal et de l'Ordre du Temple, por A. de Dánann, Milão 2005.

Barbaglio, G., *Gesù ha affermato di essere Messia?*, em *Gesù e i messia di Israele*, p. 107-120.

Barber, M. C., *James de Molay, the Last Grand Master of the Temple*, em "Studia Monastica", XIV (1972), p. 91-124.

_____ *The Trial of the Templars*, Cambridge 1978.

_____ *The Templars and the Turin Shroud*, em Catholic Historical Revue, 68 (1982).

_____ *The New Knighthood. A History of the Order of the Temple*, Cambridge University Press 1994.

Barberis, B. e Savarino, P., *Sindone, radiodatazione e calcolo delle probabilità*, Turim 1997.

Barbero, A., *L'aristocrazia nella società francese del medioevo. Analisi delle fonti letterarie (secoli XI-XIII)*, Bolonha 1987.

Bazelaire, E. de; Alonso, M.; Castex, T., *Nouvelle interprétation de l'image du Linceul de Turin et la lumière du codex Pray*, em Revue Internationale du Linceul de Turin, 30 (dez. 2007), p. 8-27.

Becamel, M., *Le catharisme dans le diocèse d'Albi*, em *Cathares en Languedoc*, p. 237-251.

Beckwith, J., *Early Christian and Byzantine Art*, em Pelikan History of Art, Londres 1970.

Belting, H., *Il culto delle immagini. Storia dell'icona dall'età imperiale al tardo medioevo*, trad. it. Di B. Maj, Roma 2004.

Benvenuti, A., *Reliquie e soprannaturale al tempo delle crociate*, em *Le crociate*, p. 355-361.

Berkovits, I., *Illuminierte Handschriften aus Ungarn vom 11.16 Jahrhundert,* Budapest 1968.

_____ *Bernard Gui et son monde,* em *Cahiers de Fanjeaux* 16, Toulouse 1981.

Berre, L., *Via Crucis,* em *Dizionario Ecclesiastico,* dirigido por A. Mercati e A. Pelzer, III, Turim 1958, p. 1310-1311.

Bersolt, J. E., *Sanctuaires de Byzance. Recherches sur les anciens trésors des églises de Constantinople,* Paris 1921.

Bini T., *Dei Tempieri e del loro processo in Toscana,* em *Atas da Real Academia de Lucca* XIII (1845), p. 400-506.

Blanc, C., *Le Commentaire d'Heracléon sur Jean 4 et 8,* em "Augustinianum", 15, 1975), p. 81-124.

Blinzer, J., *Il processo di Gesù,* trad. it. de M. A. Colao Pellizzari, Brescia 1966.

Bottini, G. C., *Introduzione all'opera di Luca. Aspetti teologici,* Jerusalém 1992.

Brandone, A., *L'analisi per attivazione neutronica di fibre tessili prelevate dalla sindone di Torino,* em *La Sindone. Scienza e fede,* p. 293-298.

Brandys, M., *Via Crucis,* em *Enciclopedia Cattolica,* vol. XII, col. 1348-1350.

Braunn, J., *Die Reliquiare des Christlichen Kultes und Ihere Entwicklung,* Freiburg im Breisgau 1940.

Brezzi, P., *Catari,* em *Enciclopedia Cattolica,* vol. III, col. 1087-1090.

Brown, R. E., *La morte del Messia. Un commentario ai Racconti della Passione nei quattro Vangeli,* Brescia ("Biblioteca di Teologia contemporanea", 108) 2003.

_____ *Giovanni. Commento al vangelo spirituale,* trad. it. de A. Sorsajas e M. T. Petrozzi, Assis 2005.

Buchler, A., *L'enterrement des criminels d'après le Talmud et le Midrash,* em *Revue des Études Juives,* 46 (1903), p. 74-88.

Buchon, J. A., *Histoire de la domination franque dans l'empire grec,* 2 vol., Paris 1881.

Bugnini, A., *La croce nella liturgia,* em *Enciclopedia Cattolica,* vol. IV, Cidade do Vaticano 1950, col. 960-963.

Bulst-Thiele, M. L., *Sacrae Domus Militiae Templi Hyerosolimitani Magistri,* Göttingen 1974.

Bultmann, R., *Cristianesimo primitivo e religioni antiche,* trad. it. de P. Severi, Gênova 2005.

Calderone, S., *Costantinopoli: la "seconda Roma",* em *Storia di Roma,* III, Turim, 193, p. 723-749.

Camelot, P. Th., *Ophites,* em *Catholicisme,* vol. X, col. 100-101.

Capitani, O., *Gregorio VII,* em *Enciclopedia dei Papi,* vol. II, p. 188-212.

Caravita, R., *Rinaldo da Concorezzo, arcivescovo di Ravenna (1303-1321) al tempo di Dante,* Florença 1964.

Cardini, F., *Alle radici della cavalleria medievale,* Florença 1981.
_____ *Francesco d'Assisi,* Milão 1991.
_____ *I poveri comilitoni del Cristo. Bernardo di Clairvaux e la fondazione dell'ordine templare,* Rimini 1992.
_____ *Il pellegrinaggio. Una dimensione della vita medievale,* Manziana 1996.

Cardona, G. R., *Storia universale della scrittura,* Milão 1986.

Carile, A., *Per una storia dell'impero latino di Costantinopoli (1204-1261),* Bolonha 1978.
_____ *Potere e simbologia del potere nella nuova Roma,* em *Comunicare e significare nell'Alto Medioevo,* LII semana de estudo do Centro de Estudos na Alta Idade Média de Spoleto, Spoleto, 15-20 de abril de 2004, 2 vol., Spoleto 2005, vol. 1, p. 395-440.

Carriére, V., *Histoire et cartulaire des Templiers de Provins, avec une introduction sur les débuts du Temple en France,* Paris 1919.

Casalegno, A., *Le opinioni degli anonimi circa l'identità messianica di Gesù nel Vangelo di Giovanni,* em *Gesù e i messia di Israele,* p. 159-173.

Casey, P. M., *Idiom and Translation. Some Aspects of the Son of Man Problem,* em *"New Testament Studies",* 41 (1995), p. 164-182.

Cathares en Languedoc, em *Cahiers de Fanjeaux,* 3 (1968).

Cavalcanti, C., *Croce,* em *Enciclopedia dell'Arte Medievale,* vol. V, p. 529-535.

Cencetti, G., *Lineamenti di storia della scrittura latina*, reimpressão a/c de G. Guerini Ferri, Bolonha 1997.

Cerrini, S., *Une expérience neuve au sein de la spiritualité médiévale: l'ordre du Temple (1120-1314). Étude et édition des règles latine et française*, Thèse de doctorat sous la direction de Mme G. Hasenohr, Université de Paris-Sorbonne (Paris IV), 1997.

_____ *La rivoluzione dei Templari. Una storia perduta del dodicesimo secolo*, Milão 2008.

Chiffoleau, J., *Vie et mort de l'hérésie em Provence et dans la vallée du Rhône du début du XIIIe au début du XIVe siècle*, em *Cathares en Languedoc*, p. 73-99.

Chioffi, L., *Mummificazione e imbalsamazione a Roma ed in altri luoghi del mondo romano*, em *Opuscula Epigraphica*, 8 (1998), p. 8-95.

Cirillo, L., *Correnti giudeo-cristiane*, em *Il nuovo popolo*, p. 265-316.

Claverie, P.-V., *Un "ilustris amicus Venetorum" du début du XIIIe siècle: l'évêque Nivelon de Quierzy et son temps*, em *Quarta crociata*, vol. I, p. 485-523.

Clemente Alessandrino, *Stromata*, em *Patrologia Graeca*, 8, col. 685-1382 e col. 9-602.

Coarelli, F., *L'ellenismo e la civiltà di Roma*, Milão 1970.

Collin de Plancy, J. A. C., *Dictionnaire critique des reliques et des images miraculeuses*, Paris 1821-1822.

Collins, J. J., *The Son of Man in First-Century Judaism*, em *New Testament Studies*, 38, (1992), p. 448-466.

_____ *The Scepter and the Star. The Messiahs in the Dead Sera Scrolls and Other Ancient Literature*, Nova York-Londres-Toronto 1996.

Combes, L., Études sur les sources de la Passion. La vraie Croix perdue et retrouvée, recherche historique, Paris 1902.

Les Conciles Ecuméniques. Les Décrets, 2 vol., Paris, 1994.

Coppens, J., *Le messianisme et sa relève prophétique. Les anticipations vétérotestamentaires. Leur accomplissement en Jésus*, Leuven 1989.

Coppini, L., *Le lesioni da punta e il colpo di lancia visibili sulla Sindone. Rilievi di anatomia topografica e radiologica,* em *La sindone. Indagini scientifiche,* a/c de S. Rodante, Turim 1988, p. 74-91.

Coste, J., *Boniface VIII en procès,* publicação da Escola Francesa em Roma, 1995.

Coüasnon, Ch., *Le Golgotha. Maquette du sol naturel,* em *"BTS",* 149 (1973), p. 10-15.

_____ *La fouille d'août 1974 à l'Anastasis de Jérusalem,* Atas do IX Congresso Internacional de Arqueologia Cristã, Cidade do Vaticano 1978, II, p. 163-166.

Couilleau, G., *Esseni,* em *Dizionario degli Istituti di Perfezione,* vol. III, Roma 1976, col. 1318-1323.

Cox, H., *Rabbi Yeshua Ben Yoseph: Reflections on Jesus' Jewishness and the Interfaith Dialogue,* em *Jesus' Jewishness,* p. 27-62.

Craig, W. L. *The Historicity of the Empty Tomb of Jesus,* em *New Testament Studies,* 31 (1985), p. 39-67.

Crippa, M. A.; Zibawi, M., *L'arte paleocristiana. Visione e spazio dalle origini a Bisanzio,* Milão 1998.

Le crociate. L'Oriente e l'Occidente da Urbano II a san Luigi (1096-1270), catálogo da exposição, Roma, Palazzo Venezia, 14 de fevereiro - 30 de abril de 1997, a/c de M. Rey-Delqué, Roma 1997.

Currer-Briggs, N., *The Shroud and the Grail,* Nova York 1987.

Curto, S., *La Sindone di Torino: osservazioni archeologiche circa il tessuto e l'immagine,* em *La S. Sindone,* p. 59-85.

Curzon, H., *La Règle du Temple,* Société de l'Histoire de France, Paris 1886.

_____ *La maison du Temple à Paris,* Paris 1888.

Dagron, G., *Naissance d'une capitale: Constantinople et ses institutions de 330 à 451,* Paris 1974.

D'Albon, G. *Cartulaire général de l'Ordre du Temple,* vol. II, Paris 1913-1922.

Dalla Riforma della Chiesa alla Riforma protestante (1450-1530), em *Storia del cristianesimo, Religione-politica-cultura,* vol. VII, a/c de M. Venard, ed. it. a/c de M. Marcocchi, Roma 2001.

D'Amato, A., *Sacconi, Raniero,* em *Enciclopedia Cattolica,* vol., col. 1530-1531.

Da Milano, I., *Albigesi*, em *Enciclopedia Cattolica,* vol. I, col. 708-712.

Danielou, J., *Les symboles chrétiens primitifs,* Paris 1961.

Daniel-Rops, H., *La vita quotidiana in Palestina al tempo di Gesù,* Cles 1986.

Danin, A., *Pressed Flowers,* Eretz Magazine, nov.-dez. 1997, p. 35-37 e 69.

De Ambroggi, P., *Anna,* em *Enciclopedia Cattolica,* vol. I, col. 1362.

De Bazelaire, E.; Alonso, M., *Réflexions sur l'encodage de l'image et propositions de recherches à effectuer,* em *ΑΧΕΙΡΟΠΟΙΗΤΟΣ,* p. 7-11.

De Bazelaire, E.; Alonso, M.; Castex, Th., *Nouvelle interprétation de l'image du Linceul de Turin à la lumière du codex Pray,* em *Revue Internationale du Linceul de Turin,* 30 (dezembro, 2007), p. 8-25.

De Fraine, J.; Haudebert, P. *Crocifissione,* em *Dizionario Enciclopedico della Bibbia,* p. 379.

De Fraine, J.; Saulnier, C., *Sadducei,* em *Dizionario Enciclopedico della Bibbia,* p. 1144-1145.

De Francovich, G., *L'origine e la diffusione del crocifisso gotico doloroso,* em *Römische Jahrbuch für Kunstgeschichte,* 2 (1938), p. 143-261.

Defremery, C. F., *Mémoires d'Histoire Orientale,* Paris 1862.

Delaville Le Roulx, J., *Documents concernant les Templiers, extraits des Archives de Malte,* Paris 1882.

_____ *Un nouveau Manuscrit de la Règle du Temple,* em "Annuaire-Bulletin de la Société de l'Histoire de France", 26 (2), 1889.

Delisle, L., *Mémoire sur les opérations financières des Templiers,* em "Mémoires de l'Académie des Inscriptions et Belles-Lettres", t. XXXIII, IIe pars, 1889.

Demurger, A., *Vita e morte dell'ordine dei Templari,* trad. it. de M. Sozzi, Milão 1987.

_____ *Trésor des templiers, trésor du roi. Mise au point sur les opérations financières des templiers,* em *Pouvoir et Gestion,* 5 (1997), p. 73-85.

_____ *Chevaliers du Christ. Les ordres religieux-militiaires au Moyen-Âge (XIe-XVIe siècle)*, Paris 2002.
_____ *Jacques de Molay. Le crépuscule des templiers*, Paris 2002.

De Saint-Laurent, G., *Iconographie de la croix e du crucifix*, em "AA", 26 (1869), p. 4-25.

De Vaux, R., *Histoire ancienne d'Israël*, I, Paris 1971.
_____ *L'archéologie et les manuscrits de la mer Morte*, Londres 1976.

Di Fazio, L., *Lombardi e Templari nella realtà socio-economica durante il regno di Filippo il Bello, 1285-1314*, Milão 1986.

Di Fonzo, L., *Bogomili*, em Enciclopedia Cattolica, vol. II, col. 1759-1760.

Dizionario degli Istituti di perfezione, dirigido por G. Pelliccia e G. Rocca, vol. IX, Roma 1974-1997.

Dobschütz, E. von, *Christusbilder Untersuchungen zur christlichen Legende*, Leipzig 1899.
_____ *Joseph von Arimathia*, em Zeiitschrift für Kirchengeschichte, 23 (1902), p. 1-17.

Dölger, F. J., *IKOYC. II: Der heilige Fisch in den Antiken Religionen und in Christentum*, Münster 1922.

Doré, D., *Apocrifi del Nuovo Testamento*, em Dizionario Enciclopedico della Bibbia, p. 164-171.

Dossat, Y., *Les cathares dans les documents de l'Inquisition*, em Cathares en Languedoc, p. 71-104.

Dubarle, A. M., *Storia antica della Sindone di Torino*, Roma 1989.
_____ *Le Linceul de Turín passe incognito par la Sainte Chapelle*, em ΑΧΕΙΡΟΠΟΙΗΤΟΣ, p. 173-176.
_____ *L'homélie de Grégoire le Référendaire pour la réception de l'image d'Édesse*, em Revue des Études Byzantines, 55 (1997), p. 5-51.

Dubois, J. D., *Valentin, école valentinienne*, em Dictionnaire de spiritualité ascétique e mystique, doctrine et histoire, vol. XVI, Paris 1994, col. 146-156.

Du Buit, M., *Archéologie du Peuple d'Israël*, Paris 1958.

Ducellier, A., *Le drame de Bysance*, 1976, trad. it. de A. Masturzo, Nápoles 1980.

_____ *Il sacco di Costantinopoli del 1204 e la posterità,* em *Le crociate,* p. 368-377.

Ducellier, A.; Kaplan, M., *L'Impero cristiano compimento dell'Impero romano,* em *Bisanzio,* a/c de A. Ducellier, Turim 1988, p. 21-53.

Duchesne, A., *Historiae Francorum scriptores coaetanei,* 5 vol., Lutatiae Parisiorum 1636-1649, t. V, p. 390-391.

Dufournet, J., *Villebardouin et les Champenois dans la quatrième croisade,* em *Les Champenois et la croisade. Actes de la 4e journée rémoises,* (27-28 novembro 1987), Paris 1989, p. 55-59.

Du Fresne Du Cange, C., *Glossarium mediae et infimae latinitatis,* Graz 1954.

Dukan, M., *La Bible Hébraïque. Les codices copiés en Orient et dans la zone séfarade avant 1280,* em *Biblio, 22* (2006).

Dulaey, M., *I simboli cristiani. Catechesi e Bibbia (I-VI secolo),* Cinisello Balsamo 2004.

Dunn, J. D. G., *Jesus – Flesh and Spirit. An Exposition of Romans 1:3-4,* em *Journal of Theological Studies, 24* (1973), p. 40-68.

Dupont-Sommer, A., *Un hymne syriaque sur la cathédrale d'Édesse,* em *Cahiers Archéologique, 2* (1947), p. 29-39.

Dupuy, P., *Histoire de l'Ordre Militaire des Templiers,* Bruxelas 1751.

Durand, J., *Reliquie e Reliquiari depredati in Oriente e a Bisanzio al tempo delle crociate,* em *Le crociate,* p. 378-389.

Durante Mangoni, M. B., *La polemica contro i giudei nel Vangelo di Matteo,* em *Giudei e cristiani,* p. 127-161.

Duvernoy, J., *Le catharisme en Languedoc au début du XIVe siècle,* em *Cathares en Languedoc,* p. 27-56.

Dyonisii Sandelli seu P. Vincentii, *Fassinii De Singularibus Eucharistiae usibus apud Graecos commentarius,* Vindobonae 1776.

Eastern Christian Relics, ed. por A. Lidov, Moscou 2003.

Edbury, P., *The Templars in Cyprus,* em *The Military Orders,* I, p. 189-195.

Efod, em *Grande Enciclopedia Illustrata della Bibbia,* vol. III, p. 453 (voz coletiva).

Egeria, *Diario di viaggio,* trad. e notas de E. Giannarelli (introdução de A. Clerici), Milão 2006.

Eisenman, R. H.; Wise, M., *Manoscritti segreti di Qumran,* ed. it. a/c de E. Jucci, Casale Monferrato 1994.

Emmanuel, M., *The Holy Mandylion in the Iconographic Programmes of the Churches at Mystras,* em *Eastern christian relics,* p. 291-304.

Epifanio di Salamina, *Lettera a Giovanni vescovo di Gerusalemme,* em *Patrologia Graeca,* 43, col. 390-391.

Eshel, H.; Greenhut, Z., *IAM EL-SAGHA, a Cemetery of the Qumran Type. Judean Desert,* em *Revue Biblique,* 100/2 (1993), p. 252-259.

Evagrio lo Scolastico, *Storia ecclesiastica,* IV, 27, em *Patrologia Graeca,* 86, col. 2415-2866.

Fabbrini, B., *La deposizione di Gesù nel sepolcro e il problema del divieto di sepoltura per i condannati,* em *Studia et documenta historiae et iuris,* 61 (1995), em memória de G. Lombardi, p. 97-178.

Fanti, G., *A Proposal for High Resolution Colorimetric Mapping of the Turin Shroud,* em *ΑΧΕΙΡΟΠΟΙΗΤΟΣ,* p. 39-43.

Fanti, G.; Marinelli, E., *Cento prove sulla sindone. Un giudizio probabilistico sull'autenticità,* Padova 1999.

Farina, R., *L'Impero e l'imperatore cristiano in Eusebio di Cesarea. La prima teologia politica del Cristianesimo,* Zurig (Bibliotheca theologica salesiana. Fontes, 2) 1966.

Favier, J., *Philippe le Bel,* Paris 1978.

Favreau-Lilie, M. L., *The Military Orders and the Escape of the Christian Population from the Holy Land in 1291,* em *The Journal of Medieval History,* 19 (1993), nº 3., p. 201-227.

Fedalto, G., *La Chiesa latina in Oriente,* 3 vol., San Giovanni Lupatoto (VA) (*Estudos Religiosos,* 5) 1981.

Fedou, M., *La vision de la Croix dans l'oeuvre de S. Justin "philosophe et martyr",* em *Recherches Augustiniennes,* 19 (1984), p. 29-110.

Filoramo, G., *La gnosi ieri e oggi,* em *Gnosi e vangeli gnostici,* p. 21-35.

Flamant, J.; Pietri, Ch., *La dissoluzione del sistema costantiniano: Giuliano l'Apostata (361-363)*, em *La nascita de uma cristianità*, p. 325-340.

Flori, J., *Culture chevaleresque et quatrième croisade: quelques réflexions sur les motivations des croisés*, em *Quarta crociata*, vol. I, p. 370-387.

Flury-Lemberg, M., *Sindone 2002. L'intervento conservativo. Preservation. Konservierung*, Turim 2003.

Focant, C., *Pubblicano*, em *Dizionario Enciclopedico della Bibbia*, p. 1376-1377.

_____ *Zeloti*, em *Dizionario Enciclopedico della Bibbia*, p. 1072.

Foerster, W., 'Ιμσοῦς em *Grande Lessico del Nuovo Testamento*, col. 909-934.

Forcellini, N., *Lexicon totius latinitatis*, Patavii 1940.

Fraisse-Coué, C., *Il dibattito teologico nell'et*à di Teodosio. Il: *Nestorio*, em *La nascita di una cristianità*, p. 468-518.

Frale, B., *L'ultima battaglia dei Templari. Dal codice ombra d'obbedienza militare alla costruzione del processo per eresia*, Roma 2001.

_____ *Il papato e il processso ai Templari, L'inedita assoluzione di Chinon alla luce della diplomatica pontificia*, Roma 2003.

_____ *The Chinon Chart. Papal Absolution to the Last Templar Master Jacques de Molay*, em *The Journal of Medieval History*, 30 (2004), p.109-134.

_____ *I Templari*, Bolonha 2004.

_____ *Du Catharisme à la sorcellerie: les inquisiteurs du Midi dans le procès des Templiers*, em *Cahiers de Fanjeaux, 41* (2006), p. 169-186.

_____ *L'interrogatorio ai Templari nella diocesi di Bernardo Gui: un'ipotesi per il frammento del Registro Avignonese 305*, em *Arquivo Secreto Vaticano. Miscelânea de textos, ensaios e inventários*, vol. I, Cidade do Vaticano, *Colectanea Archivi Vaticani*, 61 2006, p. 199-272.

_____ *La quarta crociata e il ruolo dei Templari nei progetti di Innocenzo III*, em *Quarta crociata*, I, p. 447-484.

Frei, M., *Il passato della sindone alla luce della palinologia*, em *La sindone e la scienza*, p. 191-200.

_____ *Identificazione e classificazione dei nuovi pollini della sindone,* em *La sindone, scienza e fede,* p. 277-284.

Frolow, A., *La Vraie Croix et les expéditions d'Héraclius em Perse,* em *Revue des Études Bibliques, 11* (1953), p. 88-105.
_____ *La relique de la Vraie Croix. Recherches sur le développement d'un culte,* Paris 1961.

Gadille, J., *Le grandi correnti dottrinali e spirituali nel mondo cattolico,* em *Liberalismo, industrializzazione,* p. 111-132.

Gaier, C., *Armes et combats dans l'universe médiéval,* em *Bibliothèque du Moyen Age, 5* (1995).

Gervasio di Tilbury, *Otia Imperialia III,* em *Scriptores rerum Brunsvicensium,* Hanover 1707, p. 966-967.
_____ *Gesù e i messia di Israele, Il messianismo giudaico e gli inizi della cristologia,* Atas da II jornada de estudos sobre a história do Cristianismo, Nápoles, 1º de dezembro de 2005, a/c de A. Guida e M. Vitelli, Trapani (*"oí crístianoí", 4*) 2006.

Ghiberti, G., *La sepoltura di Gesù,* Roma 1982.
_____ *Sindone, vangeli e vita cristiana,* Roma 1997.
_____ *Dalle cose che patì (Heb. 5,8. Evangelizzare con la sindone,* Cantalupa (To) 2004.

Géraud, H., *Chronique latine de Guillaume de Nangis, de 1113 à 1300 avec les continuations de cette chronique de 1300 à 1368,* 2 vol., Paris 1843.

Gianotti, G. F.; Pennacini, A., *Società e comunicazione letteraria di Roma antica.* III: *Storia e testi da Tiberio al V secolo d.C.,* Torino 1986.

Gianotto, C., *Gli scritti di Nag Hammadi e le origini cristiane,* em *Gnosi e vangeli gnostici,* p. 36-46.

Gillet, H. M. *The Story of the Relics of the Passion,* Oxford 1935.

Gilmour-Bryson, A., *The Trial of the Templars in the Papal States and the Abruzzi,* Cidade do Vaticano ("Studi e Testi", 303) 1982.

Giovanni Damasceno, *Tractatus de imaginibus,* em *Patrologia Graeca 94,* I, 19; *oratio I,* p. 1204-1283; *oratio II,* p. 1285-1318; *oratio III,* p. 1318-1420.
Giudei e cristiani nel I secolo. Continuità, separazione, polemica, a/c de M. B. Durante Mangoni e G. Jossa, Trapani (*"oí chrístianoí"*), 3;

"Nuovi studi sul cristianesimo nella storia / Antichità", coleção dirigida por Sergio Tanzarella) 2006.

Giuseppe Flavio, *Antichità giudaiche,* 2 vol., a/c de L. Moraldi, Torino 1998.

_____ *Gli apocrifi. L'altra Bibbia che non fu scritta da Dio,* a/c de E. Jucci, Casale Monferrato 1992.

_____ *Gli uomini di Qumran,* a/c de F. García Martinez e J. Trebolle Barrera, Brescia 1996.

_____ *Gnosi e vangeli gnostici,* em *Credere Oggi, 159* (maio-junho de 2007).

Godefroy, F., *Dictionnaire de l'ancienne langue française et de tous ses dialectes, du IXe au XVe siècle,* Paris 1880.

Goldstein, I., *Zara fra Bisanzio, regno Ungaro-Croato e Venezia,* em *Quarta crociata,* I, p. 359-370.

Gordillo, M., *Giovanni Damasceno,* em *Enciclopedia Cattolica,* vol. VI, col. 547-552.

Gordini, G. D., *Giuseppe d'Arimatea,* em *Bibliotheca Sanctorum,* vol. VI, col. 1292-1295.

Gove, H. E., *et al., A Problematic Source of Organic Contamination in Linen,* em *Nuclear Instruments and Methods in Physics Research B,* 123 (1997), p. 504-507.

Grabar, A., *Recherches sur les origines juives de l'art paléochrétien,* em *Cahiers Archéologiques. Fouilles de l'Antiquité et Moyen Age, 14 (1964), p. 49-57.*

Grässe, J., *Orbis Latinus Lexicon lateinischer geographischer, Namen des Mittelalters und der Neuzeir,* 3 vol., Braunschweig 1972.

Gregorio Magno, *Epistole,* lib. IX, *indictio II, epist. LII (ad Secundinum),* em *Patrologia Latina 77,* col. 971; *Epist. LIV (ad Januarium),* em *Patrologia Latina 33,* col. 204.

Griffe, E., *Le catharisme dans le diocèse de Carcassone et le Lauragais au XIIe siècle,* em *Cathares en Languedoc,* p. 215-236.

Grondijs, L. H., *L'iconographie byzantine du crucifié mort sur la croix,* Bruxelas 1941.

Grossi, V., *Lo gnosticismo e i Padri della Chiesa,* em *Gnosi e vangeli gnostici,* p. 69-80.

Gualdo, G., *Sussidi per la consultazione dell'Archivio Vaticano,* Cidade do Vaticano (*Coletanea Archivi Vaticani,* 17) 1989.

Guarducci, M., *Epigrafia greca,* 4 vol., Roma 1967-1978.
_____ *L'epigrafia greca dalle origini al tardo impero,* Roma 1987.

Guerreschi, A; Salcito, M., *Tra le pieghe di un mistero,* em *Archeo,* nº 278 (abril de 2008), p. 62-71.

Guerriero, E., *Il sigillo di Pietro,* Torino 1996.

Gugumus, J. E., *Orsola e compagne,* em *Bibliotheca Sanctorum,* col. 1252-1267.

Guiraud, J. (ed.), *Les Registres d'Urbain IV (1261-1264),* 3 vol., Paris 1901-1906: vol. IV: *Tables,* Paris 1958.

Hachlili, R., *Ancient Jewish Art and Archaeology in the Land of Israel,* München 1991.
_____ *Burial practices at Qumran,* em *Revue de Qumran* 62 (1993), p. 245-264.

Hammer-Purgstall, J. von, *Mémoires sur deux coffrets gnostiques du Moyen Age du Cabinet de M. le Duc de Blacas,* em *Bafomética,* p. 84-134.

Heers, J., *Il clan familiare nel medioevo. Studi sulle strutture politiche e sociali degli ambienti urbani,* trad. it. de A. Masturzo, Nápoles 1976.

Hefele, Ch.-J.; Leclercq, H., *Histoire des Conciles,* 5 vol., Paris 1912.

Heller, J. H.; Adler, A. D., *Blood on the Shroud of Turin,* em *Applied Optics,* 19/16 (agosto de 1980), p. 2742-2744.

Hengel, M., *Gli zeloti. Ricerche sul movimento di liberazione giudaico dai tempi di Erode al 70 d.C.,* Brescia 1996.

Henriet, P., *Du nouveau sur l'Inquisition languedocienne,* em *Cathares en Languedoc,* p. 159-173.

Hiestand, R., *Kardinalbischof Matthäus von Albano, das Konzil von Troyes und die Entstebung des Templerordens,* em *Zeitschrift für Kirchengeschichte* 99 (1980), p. 17-37.

Horowitz, S., *Quand les Champenois parlaient le Grec: la Morée franque au XIIIe siècle, un bouillon de culture,* em *Cross Cultural Convergencies in the Crusader Period,* de A. Grabois, Nova York 1995.
Le Icone, a/c de K. Weitzmann, Milão 1981.

Icone, a/c de O. Popova, E. Smirnova e P. Cortesi, Milão 1995.

L'identification scientifique de l'Homme du Linceul, Jésus de Nazareth, Atas do Simpósio Científico Internacional, Roma 1993, Paris 1995.

Ignazio di Antiochia, *Lettera ai cristiani di Smirne*, em *Patrologia Graeca 5*, col. 839-858.

Introvigne, M., *Il "Codice da Vinci": fiction, provocazione o realtà storica?*, em *Gnosi e vangeli gnostici*, p. 116-129.

Jackson, J. P.; Propp, K., *On the Evidence that the Radiocarbon Date of the Turin Shroud Was Significantly Affected by the 1532 Fire*, em *ΑΧΕΙΡΟΠΟΙΗΤΟΣ*, p. 61-82.

Jackson, J. P.; Jumper, E. J.; Mottern, B.; Stevenson, K.E., *The Three Dimension Image on Jesus Burial Cloth*, Procedimentos da Conferência Americana sobre o Sudário de Turim, Albuquerque 1977.

Jackson, R., *Hasadeen Hakadosh: The Holy Shroud in Hebrew*, em *L'Identification*, p. 27-33.

_____ *Jewish Burial Procedures at the Time of the Christ*, em *Sudario del Señor*, p. 309-322.

_____ *The Shroud of Turin: In Light of First Century Jewish Culture*, em *ΑΧΕΙΡΟΠΟΙΗΤΟΣ*, p. 165-169.

Janin, R., *Constantinople byzantine. Développement urbain et répertoire topographique*, Paris 1964.

_____ *Les églises et les monastères des grands centres byzantins*, Paris 1975.

Janssens, Y., *Héracléon. Comentaire sur l'évangile selon saint Jean*, em *Le Muséon*, 72 (1959), p. 101-151.

Jászai, G., *Crocifisso*, em *Enciclopedia dell'Arte Mediavale*, vol. V, p. 577-586.

Jéglot, C., *Le crucifix*, Paris 1934.

Johannet, J., *Un office inédit en l'honneur du culte des images, oeuvre possible de Théodore Studite*, em *Nicée II*, p. 143-155.

Johnstone, P., *Byzantine Tradition in Church Embroidery*, Londres 1967.

Josephus, *The Jewish War*, ed. por H. St. J. Thackeray, 2 vol., Londres 1976-1979.

Jossa, G., *Introduzione. L'idea del Messia al tempo di Gesù. L'orientamento della storiografia contemporanea,* em *Gesù e i messia di Israele,* p. 15-29.

_____ *La separazione dei cristiani dai giudei,* em *Giudei e cristiani,* p. 105-126.

Les journaux du Trésor de Philippe VI de Valois suivis de l'Ordinarium Thesauri de 1338-1339, de J. Viard, Paris ("Documents inédits sur l'Histoire de France") 1988.

Jugie, M., *Iconoclastia,* em *Enciclopedia Cattolica,* vol. VI col. 1541-1546.

_____ *Immagini, culto delle,* em *Enciclopedia Cattolica,* vol. VI, col. 1663-1667.

Jung, W. *Nicolai (Christoph) Friedrich,* em *Deutsche Biographische Enzyklopädie,* vol. VII, p. 446.

Kaplan, G., *Le Linceul deTurin en tant que support d'informations,* em *Nouveaux regards,* p. 19-22.

Kazhdan, A. P., *Bisanzio e la sua civiltà,* trad. it. de G. Arcetri, Bari 1995.

Kenyon, K. M., *Jerusalem: Excavating 3.000 Years of History,* Londres 1967.

Kitzinger, E., *Byzantine Art in the Making, Main Lines of Stylistic Development in Mediterranean Art 3rd and 7th Century,* Londres 1977.

Koch, H. A., *Hammer-Purgstall, Joseph Frh. von,* em *Deutsche Biographische Enziklopädie,* vol. IV, p. 401.

Kohlbeck, J. A.; Nitowski, E. L., *New Evidence May Explain Image on Shroud of Turin,* em *Biblical Archaeology Review,* 12/4 (julho-agosto de 1986), p. 23-24.

Kollek, T.; Pearlmann, M., *Jérusalem Ville sacrée de l'humanité. 40 siècles d'histoire,* Jerusalém 1978.

Landuci, P. C., *Giovanni, Evangelista, apostolo, santo,* em *Bibliotheca Sanctorum,* vol. VI, Roma 1966, col. 757-785.

Lapperrousaz, E. M., *Esseni,* em *Dizionario Enciclopedico della Bibbia,* p. 515-516.

_____ *Morto, manoscritti del mar,* em *Dizionario Enciclopedico della Bibbia,* p. 890-892.

_____ *Tempio*, em *Dizionario Enciclopedico della Bibia*, p. 1265-1266.

Laperrousaz, E. M.; Nahon, G., *La position des bras des squelettes dans les tombes de Qoumrân et d'Ennezat (Puy de Drôme)*, em *Revue des Études Juives*, 64, 1-2 (1995), p. 227-238.

Le Boulluec, A., *Eterodossia e ortodossia*, em *Il nuovo popolo*, p. 260-265.

Le Goff, J., *Documento/monumento*, em *Enciclopedia*, dirigida por R. Romano, vol. V, Turim 1978, p. 38-48.

Lea, C., *A History of the Inquisition of the Middle Ages*, vol. 3, Nova York 1888-1889.

Lebreton, G., *Il mondo giudaico*, em *Storia della Chiesa*, vol. I, p. 60-68.

Leclercq, H., *Judaisme*, em *Dictionnaire d'Archéologie Chrétienne et de Liturgie*, vol. VIII, t. 1, col. 1-254, na col. 239-240 e 240-247.

Légase, S., *Paolo e l'universalismo cristiano*, em *Il nuovo popolo*, p. 106-158.

Legras, A. M.; Lemaitre, J. L., *La pratique liturgique des Templiers et des Hospitaliers de Saint-Jean de Jérusalem*, em *L'ecrit dans la société médiévale*, textos em homenagem a Lucie Fossier, Edições de *Centre National de Recherche Scientifique*, Paris 1991, p. 77-137.

Léonard, G., *Introduction au cartulaire manuscrits du Temple (1150-1317)*, Paris 1930.

Leoni, B., *La croce nell'archeologia*, em *Enciclopedia Cattolica*, vol. IV, Cidade do Vaticano 1950, col. 964-970.

Liberalismo, industrializzazione, espansione europea (1830-1914), a/c de J. Gardille e J.-M. Maylur, ed. It, a/c de P. Stella, em *Storia del cristianesimo. Religione-politica-cultura*, XI, Roma 2003.

Liddel, H. G.; Scott, R., *Dizionario illustrato greco-italiano*, a/c de Q. Cataudella, M. Manfredi e F. Di Benedetto, Florença 1975.

Lidov, A., *The Mandylion and Keramion as an Image-archetype of Sacred Space*, em *Eastern Christian Relics*, p. 268-280.

Lightfoot, J. B., *The Apostolic Fathers*, II, *S. Ignatius-S. Polycarpus*, Londres 1885.

Limpiński, É., *Ebreo*, em *Dizionario Enciclopedico della Bibbia*, col. 444-445.

_____ *Sangue,* em *Dizionario Enciclopedico della Bibbia,* p. 1161.

Lizérand, G., *Le dossier de l'affaire des Templiers,* Paris 1923 (nova ed. 1964).

Loiseleur, J., *La doctrine secrète des templiers,* Paris 1872.

Longnon, A., *Documents relatifs au Comité de Champagne et Brie (1172-1361),* vol. I, Paris 1901.

Loomis, R. S., *The Grail from Celtic Myth to Christian Symbol,* Princeton 1991.

Lyons, M. C.; Jackson, D. E. P., *Saladin, The Politic of the Holy War,* Cambridge 1982.

Maier, J., *Gesù Cristo e il cristianesimo nella tradizione giudaica,* Brescia 1994.

Maleczek. W., *Innocenzo III e la quarta crociata. Da forte ispiratore a spettatore senza potere,* em *Quarta crociata,* vol. I, p. 389-422.

Mannier, E., *Ordre de Malte. Les Commanderies du Grand-Prieuré de France d'après les documents inédits conservées aux Archives Nationales à Paris,* Paris 1872.

Marastoni, A., *Le scritte sulla S. Sindone: lettura e relativa problematica,* em *La sindone. Scienza e fede,* p. 161-164.

Marguerat, D., *Ebrei e cristiani: la separazione,* em *Il nuovo popolo,* p. 190-222.

_____ *Gesù di Nazareth,* em *Il nuovo popolo,* p. 25-71.

Marinelli, E. e Petrosillo, O., *La sindone, storia di um enigma,* Milano 1988.

Marinelli, E., *La Sindone. Analisi di un mistero,* Milão 2009.

Marini, M., *Memorie storiche,* em Regestum Clementis papae V, Roma 1885, p. CCXXVIII-CCXLIX.

Marion, A.; Courage, A. L. *Nouvelles découvertes sur le suaire de Turin,* Paris 1997; trad. it. *La sacra sindone. Nuove scoperte,* Vicenza 1998.

_____ *Discovery of Inscriptions on the Shroud of Turin by Digital Image Processing,* em *Opuscula Epigraphica,* vol. 37 (agosto de 1998), nº 8, p. 2308-2313.

Marion, J. L., *Le prototype de l'image,* em *Nicée II,* p. 451-470.

Markwardt, J., *Was the Shroud in Languedoc during the Missing Years?*, em *ΑΧΕΙΡΟΠΟΙΗΤΟΣ*, p. 177-182.

Marrou, H. I., *L'Église de l'Antiquité tardive (303-604)*, Paris 1985.

Marshall, H., *Luke Historian and Theologian*, Exeter 1970.

Martini, R., *La condanna a morte di Gesù fra "colpa degli ebrei" e "responsabilità dei romani"*, em *Studia et Documenta Historiae et Iuris*, 69 (2003), p. 543-557.

Mayer, A., *Pauliciani*, em *Enciclopedia Cattolica*, vol. IX, col. 996-997.

Mély, F., *Exuviae sacrae Constantinopolitanae. La croix des premiers croisés, la Sainte Lance, la Sainte Couronne*, Paris 1904.

Ménard, L., *Histoire civile, ecclésiastique et littéraire de la ville de Nismes*, vol. I, Paris 1750.

Mercati, A., *The New List of the Popes*, em *Mediaeval Studies*, IX (1947), p. 71-80.

Mercati, G., *Anthimi Nicomediensis episcopi et martyris da sancta Ecclesia*, em *Note di letteratura biblica e cristiana antica*, em *Studi e Testi 5* (1901), p. 87-98.

Merlo, G. G., *Eretici ed eresie medievali*, Bologna 1989.

Meschini, M., *Note sull'assegnazione della viscontea Trencavel a Simone di Monfort nel 1209*, em *Mélanges de l'Ecole Française de Rome*, 116 (2004), p. 635-655.

Messina, R.; Orecchia, C., *La scritta in carateri ebraici sulla fronte dell'Uomo della Sindone, nuove ipotesi e problematiche*, em *Sindon*, n.s., junho 1989, p. 83-88.

Metcalf, D. M., *The Templars as Bankers and Monetary Transfers betwen West and East in the 12th Century*, em *Coinage in the Latin East*, "The Fourth Oxford Symposium on Coinage and Monetary History", editado por P. W. Edbury e D. M. Metcalf, Oxford 1980.

Michelet, J. *Le Procès des Templiers*, 2 vol., *Collection des Documents inédits sur l' Histoire de France*, Paris 1841-1851.

Mignard, P., *Monographie du coffret de M. le Duc de Blacas*, em *Baphometica*, p. 136-221.

Milani, C., *λ/ρ nei papiri: un aspetto dell'interferenza linguistica*, em *Scritti in Onore di Orsolina Montevecchi*, p. 221-229.

Miglietta, M., *Riflessioni intorno al processo a Gesù,* Milão 1994.
_____ *Il processo a Gesù di Nazareth,* Roma 1995.

Morgan, R., *Did the French Take the Shroud to England? More Evidence from the Templecombe Connection,* em *ΑΧΕΙΡΟΠΟΙΗΤΟΣ,* p. 133-140.

Motin, S., *La métrologie du tissue de Turin,* em *ΑΧΕΙΡΟΠΟΙΗΤΟΣ,* p. 107-111.

Motyer, J. A., *Pettorale del Sommo Sacerdote,* em *Grande Enciclopedia Illustrata della Bibbia,* p. 91.

Moule, C. D. F., *The Son of Man. Some of the Facts,* em *New Testament Studies,* 41 (1995), p. 277-279.

Müller, W. *Festliche Begegnungen. Die Freunde des Turiner Grahtuches in zwei-Jahrtausenden,* Band I-II, Frankfurt am Main 1989.

Narratio de imagine Edessena, em *Patrologia Graeca,* 113, p. 422-454.

La nascita de una cristianità (250-430), em *Storia del cristianesimo. Religione-politica-cultura,* vol. II, a/c de C. Pietri e L. Pietri, ed. it. a/c de A. Di Berardino, Roma 2000.

Naveh, J., *The Ossuary Inscriptions from Giv'at ha Mivtar,* em *Israel Exploration Journal 20,* (1970), p. 33-37.

Naz, R., *Images,* em *Dictionnaire de Droit Canonique,* vol. V, col. 1257-1258.

Nicée II, 787-1987, Douze siècles d'images religieuses, por F. Boesflug e N. Lossky, Paris 1987.

Nicol, D. M., *Venezia e Bisanzio,* trad. it. de L. Perria, Milão 1990.

Nicolaj, G., *Lezioni di diplomatica generale,* I: *Istituzioni,* Roma 2007.

Nikolaos Mesarites, *Die Palast-revolution des Johannes Komnenos,* ed. A. Heisenberg, Würzburg 1907.

Nouveaux regards sur le Linceul de Turin. Carte d'identité du Christ, Paris 1995.

Il nuovo popolo dalle origni al 250, em *Storia del cristianesimo. Religione-politica-cultura,* a/c de I. Pietri, vol. I, Roma 2003.

Ordericus Vitalis, *Historia Ecclesiastica, de A. Le Prevost,* Paris 1838-1855.

Orbe, A., *Cristologia gnostica. Introducción a la soteriologia de los siglos II y III,* 2 vol., Madri 1976.

Les ordres religieux militaires dans le Midi (XIIe-XIVe siècle), a/c de A. Demurger, em *Cahiers de Fanjeaux, 41,* (2006).

Ostrogorsky, G., *Storia dell'impero bizantino,* ed. it. a/c de P. Leone, Turim 1968.

Ozoline, N., *La Théologie de l'icône,* em *Nicée II,* Paris 1981, p. 403-438.

Pagano, S., *I documenti del processo a Galileo Galilei,* Cidade do Vaticano (*Colectanea Archivi Vaticani,* 21), 1984, p. 403-438.

_____ *Leone XIII e l'apertura dell'Archivio Segreto Vaticano,* em *Leone XIII e gli sutidi storici.* Atas do Convênio Internacional Comemorativo, Cidade do Vaticano, 30-31 de outubro de 2003, a/c C. Semeroro, Cidade do Vaticano, 2004, p. 44-63.

P. Papini Stati Silvae, recensuit Aldus Marastoni, *editio stereotypa correctior adiecto fragmento carminis de bello germanico, Leipzig* ("Bibliotheca scriptorum graecorum et romanorum Teubneriana, Deutsche Akademie der Wissenschaften zu Berlin Zentralinstitut für alte Geschichte und Archäologie bereich Griechisch-Römische Kulturgeschichte") 1970.

Partner, P., *I Templari,* trad. it. de L. Angelini, Turim 1993.

Paschalis Schlömer, B., *Le "sindon" et la "Véronique",* em *AXEIPOΠOIHTOΣ,* p. 151-164.

Pastore Trosselo, F., *La struttura tessile della sindone,* em *La sindone: indagini scientifiche.* Atas do IV Congresso Nacional de Estudos sobre o Sudário, Siracusa, 17-18 de outubro de 1987, a/c de S. Rodante, Cinisello Balsamo 1988, p. 64-71.

Patlagean, E., *Contestazioni ed eresie in oriente e in occidente.* I: *A Bisanzio: contestazioni e dissidenze,* em *Apogeo del papato,* p. 434-442.

Pellicori, S.; Evans, M. S., *The Shroud of Turin through the Microscope,* em *Archaelogy,* 34/1 (janeiro-fevereiro. 1981), p. 34-43.

Penna, A.,*Apocrifi, libri,* em *Bibliotheca Sanctorum,* vol. I, col. 1627-1633.
_____ *Pietro, apóstolo,* em *Bibliotheca Sanctorum,* vol. X, Roma 1968, col. 588-612.

Penna, R., *I ritratti originali di Gesù il Cristo. Inizi e sviluppi della cristologia neotestamentaria,* 2 vol., Cinisello Balsamo 1996, 1999.

Peretto, E., *L'inno cristologico di Col. I, 15-20. Dagli gnostici ad Ireneo*, em *Agustinianum*, 15 (1975/3), p. 257-274.

Pesci, B., *Bolsena*, em *Enciclopedia Cattolica*, vol. II, col. 1817-1819.

Petersen, L.; Wachtel, K., *Prosospographia imperii romani, saec. I, II, III*, pars VI, Berolini-Novi Eboraci 1998.

Peterson, E., *Giudeocristiani*, em *Enciclopedia Cattolica*, vol. VI, col. 705-708.

_____ *Mani e manicheismo*, em *Enciclopedia Cattolica*, vol. VII, col. 1959-1963.

_____ *Ofiti*, em *Enciclopedia Cattolica*, vol. IX, col. 80-81.

_____ *Sethiani*, em *Enciclopedia Cattolica*, vol. XI, col. 433-434.

Petrosillo, O.; Marinelli, E., *La Sindone. Storia di un enigma.*, Milão 1998.

Pfeiffer, H., *Das Turines Grabtuch und das Christusbild. Das Grabtuch Forschungsberichte und Untersuchungen*, Frankfurt am Main 1987.

_____ *La sindone di Torino e il Volto di Cristo nell'arte paleocristiana, bizantina e medievale occidentale*, em *Emmaus*, 2 (1982).

_____ *Le voile de sainte Véronique et le Suaire entre les treizième e quatorzième siècles*, em *ΑΧΕΙΡΟΠΟΙΗΤΟΣ*, p. 127-131.

Piana, A., *Sindone: gli anni perduti*, Milão 2008.

Pieralli, L. *La corrispondenza diplomatica dell'imperatore bizantino con le potenze estere nel tredicesimo secolo* (1204-1282). *Studio storico-diplomatico ed edizione critica.* Cidade do Vaticano (*Coletanea Arquivi Vaticani*, 54) 2006.

Pietri, Ch., *I successi: la soppressione del paganesimo e il trionfo del cattolicesimo di Stato*, em *La nascita de una cristianità*, p. 381-413.

_____ *La conversione: propaganda e realtà della legge e dell'evergetismo*, em *La nascita di una cristianità*, p. 187-223.

_____ *Lo sviluppo del dibattito teologico e le controversie nell'etá de Constantino: Ario e il concilio di Nicea*, em *La nascita di una cristianità*, p. 243-280.

_____ *Roma christiana. Recherches sur l'Église de Rome, son organisation, sa politique, son idéologie de Miltiades à Sixte III (311-440)*, I, Roma (Bibliothèque Française de l'École d'Athènes et de Rome, 224) 1975.

Piquet, J., *Des banquiers au moyen âge: les templiers,* Paris 1939.

Platelle, H., *Luigi IX*, em *Bibliotheca Sanctorum*, vol. VI, col. 320-338.

Potthast, A., *Regesta Pontificum Romanorum inde ab a. post Christum natum MCXCVIII ad a. MCCCIV,* 2 vol., Graz 1957.

Pratesi, A., *Genesi e forme del documento medievale,* Roma 1987.

Il primato del vescovo di Roma nel primo millenio. Richerche e testimonianze. Atas do simpósio histórico-teológico, Roma, 9-13 de outubro de 1989, a/c de M. Maccarrone, Cidade do Vaticano (*Pontificio Comitato di Scienze Storiche. Atti e Documenti, 4*) 1991.

Puech, É., *Les nécropoles juives palestiniennes au tournant de notre ère,* em *Dieu l'a ressuscité d'entre les morts,* Paris 1982, p. 35-55.

_____ *Inscriptions funéraires palestiniennes: tombeau de Jason et ossuaires (Planches V-VIII),* em *Revue Biblique, 90 (1983), p. 481-533.*

_____ *Notes sur le fragment d'apocalypse 4Q246 – "les fils de Dieu",* em *Revue Biblique,* 101 (1994), p. 533-558.

_____ *Notes sur 11Q19 LXIV 6-13 et 4Q524 14, 2-4. À propos de la crucifixion dans le Rouleau du temple et dans le Judaïsme ancien,* em *Revue de Qumran,* 18 (1997-1998), p. 109-124.

Quarta crociata. Venezia-Bisanzio-Impero latino, relações apresentadas nas sessões de estudo organizadas para o oitavo centenário da quarta Cruzada, 2 vol., a/c de G. Ortalli, G. Ravegnani e P. Schreiner, *Istituto Veneto di Scienze, Lettere ed Arti,* Veneza 2006.

Qumran e le origini cristiane. Atas do 6º *Convegno di Studi Neotestamentari* (L'Aquila, 14-17 de setembro de 1995), a/c de R. Penna, Bolonha 1997.

Radermakers, J., *Croce,* em *Dizionario Enciclopedico della Bibbia,* p. 378-379.

_____ *Giovanni,* em *Dizionario Enciclopedico della Bibbia,* p. 637-638.

Raes, G., *Rapport d'analyse,* em *La Santa Sindone,* p. 79-83.

Raffard de Brienne, R., *Les duc d'Athènes et le Linceul,* em *AXEIPOIIOIHTOΣ,* p. 171-176.

Rametelli, I., *Filosofia e gnosi,* em *Ennio Innocentium, in septuagesimo quinto aetatis suae amici et sodales fraternitatis aurigarum,* Roma 2007, p. 69-94.

Rapp, F., *Il consolidamento del papato: una vittoria imperfetta e costosa,* em *Dalla Riforma della Chiesa alla Riforma protestante,* p. 82-144.

Ratzinger, J. - Benedetto XVI, *Jesus von Nazareth. Von der taufe im Joran bis Zur Verklärung;* trad it. de C. Galli e R, Zuppet, *Gesù di Nazareth,* Cidade do Vaticano 2007.

Ravasi, G., *Il Pentateuco (introduzione e note),* em *La Bibbia,* p. 1-8.

Raynouard, F., *Monuments historiques relatifs à la condemnation des Chevaliers du Temple,* Paris 1813.

Reinach, S., *La Tête magique des Templiers,* em *Revue de l'Histoire des Religions,* 63 (1911), p. 25-39.

Reisland, B., *Visible Progress of Paper Degradation Caused by Iron Gall Inks,* em *The Iron-Gall Ink Meeting,* Newcastle upon Tyne, 4 a 5 de setembro de 2000, ed. por A. Jean e E. Brown, Newcastle 2001, p. 67-72.

Riant, P., *Exuviae sacrae Constantinopolitanae, fasciculus documentorum minorum ad byzantina lipsana in Occidentem saeculo XIII translata spectantium, vel historiam quarti belli sacri imperiisque gallo-graeci illustrantium,* Gênova 1877.

_____ *Études sur les derniers temps du royaume de Jérusalem,* em *Archives do l'Orient Latin,* 14 (1878).

_____ *Des dépouilles religieuses enlevées à Constantinople au XIIIe siècle par les Latins,* Paris 1975.

Richard, M., *L'introduction du mot "bypostase" dans la théologie de l'Incarnation,* em *Mélanges de Sciences Religieuses,* 2 (1945), p. 5-32.

Ries, J., *Introduzione. La controversia sugli idoli, l'antropologia patristica e le origini dell'iconografia cristiana,* em *L'arte paleocristiana,* p. 9-16.

Riesner, R., *Esseni e prima comunità cristiana a Gerusaleme. Nuove scoperte e fonti,* trad. it. de E. Coccia, Cidade do Vaticano 2001.

Rigato, M. L., *Il titolo della croce di Gesù. Confronto tra i Vangeli e la Tavoletta-reliquia della Basilica Eleniana a Roma,* Roma (*Tese Gregoriana. Serie Teologia,* 25) 2005.

Rinaldi, P., *Un documento probante sulla localizzazione in Atene della Santa Sindone dopo il saccheggio di Costantinopoli,* em *La sindone, Scienza e fede,* p. 109-113.

Rinaudo, J.-B., *Nouveau mécanisme de formation de l'image sur le Linceul de Turin, ayant pu entraîner une fausse radiodatation médiévale,* em *L'identification,* p. 293-299.

Rius-Camps, J., *The Four Authentic Letters of Ignatius the Martyr,* Roma, 1979.

Rodd, R., *The Princes of Achaia and the Chronicle of Morea. A Study of Greece in the Middle Ages,* 2 vol., Londres 1907.

Rodorf, W., *Martyre,* em *Dictionnaire de Spiritualité ascétique et de mystique: doctrine et histoire,* vol. X, Paris 1980, p. 718-732.

Rohault de Fleury, Ch., *Mémoire sur les instruments de la Passion de Notre Seigneur Jésus-Christ,* Paris 1870.

Runciman, S., *Storia delle crociate,* trad. it. de E. Bianchi, A. Comba, F. Comba e 2 vol., Turim 1966.

Sabbatini, Tumolesi, P., *Gladiatorum paria: annunci di spettacoli gladiatorii a Pompei,* Roma 1980.

Sacchi, P., *Storia del secondo tempio. Israele tra VI secolo a.C. e I secolo d.C.,* II ed., Turim 2002.

San Basilio, *Omelia sul martire Gordiano,* em *Patrologia Graeca,* 31, 490.

_____ *Tattato sullo Spirito Santo, Patrologia Graeca, 32, 18, 45.*

Sansterre, M., *Eusèbe de Césarée et la naissance du césaropapisme,* em *Byzantion,* 42 (1972), p. 131-195; 532-594.

La Santa Sindone, ricerche e studi della Commissione d'esperti nominata dall'Arcivescovo di Torino, Card. Michele Pellegrino, nel 1969, em *Supplemento alla Rivista Diocesana Torinese,* janeiro de 1976.

Savio, P., *Pellegrinaggio di San Carlo Borromeo alla Sindone di Torino,* em *Aevum,* 4 (1933), p. 423-454.

_____ *Ricerche storiche sulla Santa Sindone,* Turim 1957.

_____ *Ricerche sul tessuto della Santa Sindone,* Grottaferrata 1973.

Scannerini, S., *Mirra, aloe, pollini e altre tracce. Ricerca botanica sulla sindone,* Leumann (To) 1997.

Scavone, D. C., *British King Lucius, the Grail and Joseph of Arimathea. The Question of Byzantine Origins*, em Publications of the Medieval Association of America, 10 (2003), p. 101-142.

_____ *The Shroud of Turin in Constantinople. The Documentary Evidence*, em *Sindon*, n.s., nº 1, junho de 1989, p. 113-128.

Schaeder, H. H., Ναζαρηνός, Ναζωραῖος, em *Grande Lessico del Nuovo Testamento*, vol. VII, col. 833-848.

Schanmberger, J., *Der 14 Nisan als Kreuzigungtstag und die Synoptiker*, em *Bib* 9 (1928), p. 57-77.

Schiller, G., *Ikonographie der christlichen Kunst*, Gütersloh 1968.

Schilson, A., *Lessing, Gothold Ephraim*, em *Lexikon für Theologie und Kirche*, vol. VI, col. 851-852.

Schlumberger, G., *Sigillographie de l'Empire Byzantin*, Paris 1884.

Schönborn, C., *L'icona di Cristo. Fondamenti teologici*, trad. it. de M.C. Bartolomei, Cinisello Balsamo 1988.

Scopelo, M., *Correnti gnostiche*, em *Il nuovo popolo*, p. 317-350.

Segalla, G., *La "terza" ricerca del Gesù storico: il Rabbi ebreo di Nazareth e il Messia crocifisso*, em *Studia Patavina*, 40 (1993), p. 463-515.

_____ *La verità storica dei Vangeli e la "terza ricerca" su Gesù*, em *Lateranum* 61 (1995), p. 195-234.

_____ *Vangeli canonici e vangeli gnostici. Un confronto critico*, em *Gnosi e vangeli gnostici*, p. 47-68.

Servois, G., *Emprunts de Saint Louis en Palestine et en Afrique*, em *Bibliothèque de l'École de Chartres*, 1848, IV s., t. IV, p. 113-131.

Sève, R.; Chagny Sève, A. M., *Le procès des Templiers d'Auvergne*, Paris 1986.

Shalina, I., *The Icon of Christ, the Man of Sorrow, and the Image-relic of the Constantinopolitan Shroud*, em *Eastern Christian Relics*, p. 324-336.

Siffrin, P., *Pallio*, em *Enciclopedia Cattolica*, vol. IX, col. 646-647.

Simonetti, M., *Studi sull'innologia popolare cristiana dei primi secoli*, em *Atti dell'Accademia Nazionale dei Lincei, Memorie della Classe di scienze morali, storiche e filologiche*, série VIII, a. CCXLIX (1952), vol. IV, p. 341-484.

_____ *Studi sull'arianesimo*, Roma 1965.

_____ *Eracleone e Origene,* em *Vetera Christianorum,* 3 (1966), p. 111-141 e 4 (1967), p. 23-64.

_____ *Note di cristologia gnostica,* em *Rivista di Storia e di Letteratura Religiosa,* 5 (1969), p. 529-553.

_____ *Ignazio di Antiochia,* em *Il Grande Libro dei Santi,* vol. II, p. 1084-1088.

_____ *Cornelio,* em *Enciclopeda dei Papi,* vol. I, p. 268-272.

Simonson, S., *The Apostolic See and the Jews. History, Studies and Text,* Wetteren (*Universa,* 109) 1991.

Sindone. Cento anni di ricerca, a/c de B. Barberis e G. M. Zaccone, Roma 1998.

Sindone 2000. Atas do Congresso Internacional, Orvieto, 27-29 de agosto de 2000, a/c de E. Marinelli, San Severo (Fg) 2002.

La Sindone e la scienza. Atas do II Congresso Internacional de Sindonologia, Turim 1978.

La sindone. Scienza e fede. Atas do I Convênio Nacional de Sindonologia, Bolonha, 27-29 de novembro de 1981, a/c de L. Coppini e F. Cavazzuti, Bolonha 1983.

Sindone e scienza. Atas do III Congresso Internacional de Estudos sobre o Sudário, Turim, 5-7 de junho de 1998, a/c de P. L. Baima Bollone, M. Lazzaro e C. Marino, Turim 1998 (edição em CD-Rom).

Siniscalco, P., *Sull'evangelizzazione e la cristianizzazione nei primi secoli. Una rassegna bibliografica,* em *Saggi di storia della cristianizzazione antica e altomedievale,* a/c de B. Luiselli, em *Biblioteca di Cultura Romanobarbarica,* 8 (2006), p. 67-92.

Skubiszewski, P., *Cristo,* em *Enciclopedia dell'Arte Medievale,* vol. V, p. 493-521.

Soyez, E., *La croix et le crucifix. Étude archéologique,* Amiens 1910.

Spadafora, F., *Veronica,* em *Bibliotheca Sanctorum,* vol. XII, col. 1044-1048.

Sterlingova, I., *The New Testament Relics in Old Russia,* em *Xristianskie relikvii v Moskovskom kremle,* redaktor-sostavitel' A. M. Lidov, Moscou 2000, p. 83-93.

Stiernon, D., *Jamnia,* em *Dictionnaire d'Histoire et de Geographie Ecclésiastique,* vol. XXVI, col. 863-882.

Storia della Chiesa, dirigido por A. Fliche e V. Martin I: *La Chiesa primitiva. Dagli inizi alla fine del II secolo,* a/c de G. Lebreton e G. Zeiller, ed. it. a/c de A.P. Frutaz, Cinisello Balsamo 1995.

Storici arabi delle crociate, a/c de F. Gabrieli, Turim 1973.

Stöve, E., *Magdeburger Centuriatoren,* em *Lexikon für Theologie und Kirche,* vol. VI, col. 1185.

Sudario del Señor, Atas do I Congresso Internacional sobre o Sudário de Oviedo, Oviedo, 29-31 de outubro de 1994, Oviedo 1996.

Suetonius with an English Translation, por J. C. Rolfe, 2 vol., Londres 1979.

Sulzeberger, M., *Le symbole de la Croix et les Monogrammes de Jésus chez les premières chrétiens,* em *Byzantion,* 2 (1925), p. 337-448.

Sylva, D. D., *Nicodemus and his Spices (John 19:39),* em *New Testament Studies* 34 (1988), p. 148-151.

Tamburelli, G., *Applicazione dell'elaborazione tridimensionale sindonica ad immagini ottenute per contatto,* em *La Sindone, Scienza e fede,* p. 285-292.
_____ *Studio della Sindone mediante il calcolatore elettronico,* Milão 1983.

Teodorssan, S.-T., *The Phonology of Attic in the Hellenistic Period,* Gotenburgo 1978.

Testa, E., *Il Golgota e la croce. Ricerche storico-archeologiche,* Jerusalém (*Studium Biblicum Franciscanum, Collectio Minor,* 21) 1978.
_____ *Il simbolismo dei giudeo-cristiani,* Jerusalém 1981.

Testi gnostici in lingua greca e latina, a/c de M. Simonetti, Milão 1993.

Testore, C., *Il culto della croce,* em *Enciclopedia Cattolica,* vol. IV, Cidade do Vaticano 1950, col. 959-960.

The Horns of Hattin, a/c de B. Z. Kedar, Jerusalém 1988.

The Military Orders. I: Fighting for the Faith and Caring for the Sick, por M. Barber, Ashgate 1994; II: *Welfare and Warfare,* por H. Nicholson, Ashgate 1998.

Thesaurum Graecae Linguae, Parisiis 1848-1854.

Thiede, C. P.; D'Ancona, M., *Testimone oculare di Gesù. La nuova sconvolgente prova sull'origine del Vangelo,* ed. it. a/c de F. Bianchi, Casale Monferrato 1996.

Thurre, D., *I reliquiari al tempo delle Crociate da Urbano II a San Luigi (1096-1270),* em *Le crociate,* p. 362-367.

Timossi, V., *Analisi del tessuto della S. Sindone,* em *La Santa Sindone nelle ricerche moderne.* Atas do Covênio Nacional de Estudos sobre o Santo Sudário, Turim, 1942.

Tixeront, I., *Histoire des dogmes dans l'Église ortodoxe,* vol. III, Paris 1912.

Tommasi, F., *"Pauperes commilitones Christi". Aspetti e problemi dele origini gerosolimilitane,* em *Militia Christi e crociata nei secoli XI-XIII.* Atas da XI Semana Internacional de Estudo, Mendola (28 de agosto a 1º de setembro) 1989, Milão 1992, p. 443-475.

_____ *I Templari e il culto delle reliquie,* em *I Templari: mito e storia.* Atas do Convênio Internacional de estudos na sede templária de Poggibonsi – Siena (29-31 de maio de 1987), a/c de G. Minnucci e F. Sardi, Sinalunga 1989, p. 191-210.

Tommaso da Celano, *San Francesco. Vita prima,* tradução e notas de A. Caluffeti e F. Olgiati, Torriana 1993.

Tosatti, M., *Inchiesta sulla sindone. Segreti e misteri del sudario di Cristo,* Milão 2009.

Traniello, F., *Giovanni XXIII,* em *Enciclopedia dei Papi,* vol. III, p. 646-657.

Tréffort, C., *L'Église carolingienne et la mort. Christianisme, rites funéraires et pratiques commémoratives,* em *Collection d'Histoire et d'Archéologie Médiévales,* 3, 1996.

Trocmé, E., *Le prime comunità da Gerusalemme ad Antiochia,* em *Il nuovo popolo,* p. 75-105.

Trudon des Ormes, A., *Étude sur les possessions de l'Ordre du Temple* em Picardie, em *Mémoires de la Société des Antiquaires de Picardie,* IV s., II, 1894.

Tucci, U., *La spedizione marittima,* em *Quarta crociata,* vol. I, p. 3-18.

Turchi, N., *Reliquie,* em *Enciclopedia Cattolica,* vol. X, Cidade do Vaticano 1953, col. 749-761.

Tyrer, J., *Looking at the Turin Shroud as a Textile*, em *Shroud Spectrum International*, 6 (março de 1983), p. 35-45.

Tzaferis, V., *Jewish Tombs at and near Giv'at ha-Mivtar, Jerusalem*, em *Israel Exploration Journal*, 20 (1970), p. 18-32.

Upinsky, A. A., *La démonstration scientifique de l'authenticité: le statut scientifique, la reconnaissance, l'identification*, em *L'identification scientifique*, p. 293-299.

Uspenskij, L., *La teologia dell'icona. Storia e iconografia*, trad. it. de A. Lanfranchi, Milão 1995.

Vacari, A., *Sindone*, em *Enciclopedia Cattolica*, vol. XI, col. 692-697.

Valenziano, C., *Liturgia e Antropologia*, Bolonha 1997.
_____ *Il Vangelo di Pietro*, a/c de M. G. Mara, Bolonha 2003.

Vauchez, A., *Contestazioni ed eresie in oriente e in ocidente. II: In occidente: dalla contestazione all'eresia*, em *Apogeo del papato*, p. 442-455.

Vial, G., *Le linceul de Turin. Étude technique*, in Bulletin du Centre International d'Études sur le Linceul de Turin, 67 (1989), p. 11-24.

Vian, G. M. *La donazione di Costantino*, Bolonha 2004.

Vignolo, R., *Giovanni*, em *Il Grande Libro dei Santi*, p. 847-855.

Vignon, P., *The Shroud of Christ*, Londres 1902.

Villanueva, J. L. *Viaje literario á las Iglesias de España*, vol. V, Madri 1806.

Volbach, F., *La Croce. Lo sviluppo nell'oreficeria sacra*, Cidade do Vaticano 1938.

Wehr, W., *Trinità, arte*, em *Enciclopedia Cattolica*, vol. XII, col. 544-545.

Weitzmann, K., *The Mandylion and Constantine Porphyrogenetos*, em *Cahiers Archéologiques*, XI (1960).
_____ *Le icone del periodo delle Crociate*, em *Le icone*, p. 201-236.

Whanger, A. D.; Whanger, M. W., *A Comparison of the Sudarium of Oviedo and the Shroud of Turin Using the Polarized Image Overlay Technique*, em *Sudario del Señor*, p. 379-381.

Wilkins, D., *Concilia Magnae Britanniae et Hiberniae,* 2 vol., Londres 1737.

Wilson, I., *Le suaire de Turin. Linceul du Christ?,* edição francesa por R. Albeck, Paris 1984.

_____ *Holy Faces Secret Places. An Amazing Quest for the Face of Jesus,* Nova York 1991.

Wiseman, D. J.; Wheaton, D. H., *Weights and Measures,* em J. D. Douglas *et al., New Bible Dictionary,* Londres 1967, p. 1321-1322.

Wolf, G., *The Holy Face and the Holy Feet: Preliminary Reflections before the Novgorod Mandylion,* em *Eastern Christian Relics,* p. 281-290.

Zacà, S., *Tessuto sindonico. Aspetti medico-legali,* em *Sindon,* n.s., nº 9-10, dezembro de 1996, p. 57-64.

Zaccone, G., *Sulle tracce della sindone. Storia antica e recente,* Torino 1997.

_____ *La fotografia della sindone del 1898: recenti scoperte e conferme nell'archivio Pia,* em *Sindon,* n.s., nº 3, dezembro de 1991, p. 69-94.

_____ *Le manuscrit 826 de la Bibliothèque municipale de Besançon,* em *ΑΧΕΙΡΟΠΟΙΗΤΟΣ,* p. 211-217.

Zaninotto, G., *La Sindone di Torino e l'immagine di Edessa,* em *Sindon* n.s., 1986, p.117-130.

_____ *La traslazione a Constantinopoli dell'immagine edessena nell'anno 944.* Atas do Convênio Internacional de Sindonologia, Milão 1988, p. 344-352.

Zoca, E., *Icone,* em *Enciclopedia Cattolica,* vol. VI, col. 1538-1541.

Índice Remissivo dos Nomes

A

Adriano (Públio Élio Adriano), imperador 9, 154
Demurger, Alain 11, 27, 109
Alcimo 124
Guerreschi, Aldo 118
Marastoni, Aldo 140
Tamburelli, Aldo 142
Aleixo I Comneno 156
Piana, Alessandro 177
Alexandre Janeu 124
La Roche, Amaury de 102
Comnena, Ana 156
Ananias 94
Ballestrero, Anastácio 8
Dubarle, André-Marie 88
Marion, André 12, 143, 147
Courage, Anne-Laure 143
Anselme de la Vierge Marie 104, 179
Antônio 52
Antônio Abade 52
Sabbatier, Arnaut 70, 71
Atanásio 80
Aymeric de Borgonha 30

B

Bárbara 112
Bartholomé Bocher 63
Basílio 80, 156
Basílio I 156
Bento XIV 56

Bento XVI 85
Gui, Bernardo 57, 59, 190
Saisset, Bernard 40
Berre 133, 182
Blacas 22, 193, 198
Bogumil 156
Bonifácio 35, 36, 40, 42, 104
Bonifácio VIII 35, 36, 40, 42

C

Calvino 157, 158
Carlos Magno 26
Celestino III 99
Celso 148
Nicolai, Christian Friedrich 23
Christian Imbert 143
Bronk Ramsey, Christopher 135
Schönborn, Christoph 12
Cirilo 84
Clemente Alessandrino 154, 184
Clemente IV 167
Clemente V 17, 19, 34, 35, 36, 37, 38, 39, 40, 41, 42, 44, 59, 63, 64, 65, 73
Colombo, Cristóvão 116

D

Daniel 56, 186
Dante Alighieri 16, 28, 158
Charny, Dreux de 104

E

Egeria 96, 189
Elena 85, 96, 112
Levi, Eliphas (Alphonse Louis Constant), 22
Marinelli, Emanuela 77, 138
Puech, Émile 12, 145
Bazelaire, Éric de 129, 143
Estêvão III 98
Troyes, Étienne de 63
Radet, Étienne 24
Eugênio III 31
Cesareia, Eusébio de 88

F

Felipe 14, 16, 17, 25, 26, 28, 34, 35, 36, 37, 40, 41, 42, 44, 45, 46, 58, 59, 65, 69,
Felipe da Suábia 105

Felipe II Augusto 160
Felipe IV 14, 16
Felipe VI de Valois 100
Adorno, Francesco 71
Tommasi, Francesco 12, 110, 113, 131
Assis, Francisco de 50
Filas, Francis L. 141
Cardini, Franco 11
Raynouard, François 14, 20

G

Galileu Galilei 18, 25
Luglet, Garnier de 58
Traynel, Garnier de 107, 108
Montpézat, Gaucerand de 48
Liencourt, Gautier de 62
Pierrevert, Geoffroy de 58
Villehardouin, Geoffroy de 106
Saint-Martial, Gérard de 75
Erail, Gilbert 101
Zaninotto, Gino 88, 99
Giuseppe Ghiberti 10
Lessing, Gotthold Ephraim 23
Kaplan, Grégoire 146
Gregório 17, 51, 80, 88, 91, 92, 93, 94, 110, 129, 147, 149
Gregório II 80
Gregório III 80
Gregório IX 149
Gregório VII 17
Nogent, Guibert de 158
Troyes, Étienne de 40
Beaujeu, Guilherme de 34, 54, 129
Herblay, Guilherme de 62
Guilherme de Tiro 96
Bos, Guillaume 70
Collier, Guillaume 48, 57
Chateauneuf, Guillaume de 112
Nogaret, Guillaume de 17, 36, 42, 46, 53, 62, 65, 174
Paris, Guillaume de 59
Sonnac, Guillaume de 112
Pidoye, Guillaume 68
Audémar, Guy 163
Dauphin, Guy 74, 75

H

Finke, Heinrich 27, 69

Herodes 124, 158
Hiram 16, 19
Honório II 30
Payns, Hugues de 28, 29, 30, 32, 63, 64, 65

I

Wilson, Ian 10, 65, 67, 78, 91, 95, 100, 109, 114, 131, 177
Inocêncio II 30, 170
Inocêncio III 33, 105, 106, 107, 109, 157, 159, 161, 168, 170, 171, 174
Inocêncio IV 150
Isaac II Ângelo 178
Isaías 123

J

Barozzi, Jacopo 161, 162
Milly, Jacques de 111
Molay, Jacques de 34, 35, 37, 42, 53, 54, 59, 100, 101, 102, 111, 112, 134, 135, 187, 190
Jean le Duc 62
Taylafer, Jean 70
Curcuas, João 85
João Damasceno 81
João II 100
João Paulo II 8, 9
João XXIII 18
José de Arimatea 175
Hergenröther, Josef 26
Hammer-Purgstall, Joseph von 20, 27
Michelet, Jules 26

K

Lorenz, Konrad 20
Schottmüller, Konrad 27

L

Leão V 156
Leão XIII 26
Pieralli, Luca 12
Pastor, Ludwig von 26
Boneschi, Luigi 11, 166
Lutero 18, 174

M

Barber, Malcolm 109, 131

Manuel I Comneno 131
Alonso, Marcel 11, 129, 143
Palmerini, Marco 12, 97
Tosatti, Marco 138
Rigato, Maria Luisa 116
Marini, Marino 24
Matteo d'Albano 30
Planisio, Matteo 56, 67
Frei, Max 117
Salcito, Michele 118
Moisés 44, 75, 90
Moisés de Korene, 90

N

Napoleão Bonaparte 13
Nestório 84
Niceta 157
Nicolau IV 34
Mesarites, Nikolaos 178, 199
Quierzy, Nivelon de 108, 184

O

Vitali, Orderico 99
Orsola 68, 193
Otaviano Augusto 141

P

Pedro 6, 48, 52, 55, 61, 63, 69, 77, 85, 89, 103, 104, 151, 152, 155
Pedro I de Courtenay 103
Pedro II de Courtenay 104
Partner, Peter 27
Baima Bollone, Pier Luigi 11, 122
Ugolotti, Piero 139
Allemandin, Pierre 62
Vienne, Pierre de 68
Maurin, Pierre 68
Segron, Pierre 49
Capuano, Pietro 106
Savio, Pietro 99
Pilatos 86, 140, 141, 146
Pio VII 14
Pio XI 9
Placone 110
Policarpo de Esmirna 110
Alundo, Ponce de 57

R

Farina, Raffaele 11
Brienne, Raffard de 177, 202
Raniero Sacconi 160
Gisy, Raoul de 46, 62
Janin, Raymond 168
Rubei, Raymond 48
Larchent, Rayner de 61
Martini, Remo 11
Bonomel, Ricaut 72
Romano I Lecapeno 79
Penna, Romano 12
Fos, Roncelin de 163, 164, 165, 166

S

Saladino 32, 33, 53, 54, 76, 170
Salomão 16, 19, 29
Reimarus, Samuel 23
Pia, Secondo 133
Cerrini, Simonetta 11, 30
Venturini, Simone 11, 145
Sisto IV 126
Harding, Stefano 30
Quincy, Symon de 102

T

Teodora 85, 156
Teodoro Studita 82
Teodósio I 147
Thibaut 68, 148, 149
Gaudin, Thibaut 68
Thibaut IV 149
Castex, Thierry 11, 129, 145
Tomé 6, 56, 174, 176
Tommaso da Celano 51, 64, 208

U

Uberto de Banyas 112
Ugo Capeto 28
Urbano II 171, 185, 208

V

Valentino 154, 155
Vespasiano 9